삼각김밥

혼다씨

삼각김밥
혼다씨

혼다 도시노리 지음 | 오유정 옮김

이콘

'삼각김밥 아저씨'

한국 언론이 붙여준 나의 별명이다.

그 당시 한국에선 아직 낯설었던 삼각김밥 붐을 일으킨 일본인으로서, 그래서 '한국 경제에 영향을 준 10인'(매일경제신문사) 중 한 사람으로서, 한국에서는 '삼각김밥 혼다씨'로 불리게 되었고 그로부터 어느덧 약 17년이 지났다.

1998년, 나는 20년간 일했던 세븐일레븐재팬을 퇴사하고 코리아세븐으로 부임했다. 당시 한국에서는 세븐일레븐 1호점을 개점한 이래 10년이 지나며 점포수는 130개 정도로 늘었지만 경영은 고전을 면치 못하고 있었다. 한국에서 세븐일레븐을 경영하는 롯데그룹의 요청으로 이곳을 되살리기 위해 현지로 향한 것이었다.

미국에서 태어난 편의점의 노하우가 일본에 수입된 것은 1973년이다. 일본 최초의 편의점인 세븐일레븐 1호점이 도쿄의 도요스 지역에 문을 연 것이 벌써 지금으로부터 45년 전이다.

현재 일본 편의점은 세븐일레븐, 훼미리마트, 로손 등 9개사가 있으며 이들 점포수는 모두 합해 54,018개에 달한다(2016년 3월 현재). 게다가 일본의 성공을 본보기로, 편의점 사업은 중국, 한국, 타이완, 태국 등 아시아를 중심으로 한 여러 나라로도 확대되었다.

그러나 일본에서는 성공한 사업이지만 관습이 다른 해외에서 궤도에 올리기란 쉬운 일이 아니다. 형식만 따랐을 뿐 편의점의 내용을 도입하지 않아 알맹이가 빠진 경우도 있다.

내가 한국에서 처음으로 세븐일레븐을 방문했을 때, 일본에서 알던 편의점과는 내부 사정이 너무나 달라 적잖이 당황했었다.

간판은 '세븐일레븐'.

영업시간도 24시간.

확실히 편의점의 형태를 취하고는 있었으나 점원의 대응이나 매장 분위기, 진열된 상품 등은 일본과 너무 달랐다.

가장 놀랐던 것은 푸드가 거의 없었다는 점이다. 삼각김밥, 도시락, 샌드위치, 샐러드, 스파게티 등 일본에서는 익숙한 푸드를 찾아볼 수 없었다.

아니, 있긴 했지만 멋쩍을 정도로 한두 개 놓여 있을 뿐, 매장 측에서는 전혀 팔 생각이 없는 듯이 보였다.

판매할 푸드가 거의 없는 편의점, 과연 진정한 편의점이라 힐 수 있을까. 영업시간만 '편리'할 뿐 그곳에 진열된 상품은 고객 생활을 위해 반드시 '편리'한 것들은 아니었다.

코리아세븐을 완전히 바꾼다.
기한은 5년.

5년이란 숫자는 스스로 정했다. 무슨 일이든 5년간 열의를 다했는데 바뀌지 않는다면 그것은 평생 해도 소용이 없으리란 생각에서였다. 코리아세븐에 맛있는 푸드를 알차게 준비하여 '팔리지 않는 매장'을 '팔리는 매장'으로 바꾸자. 편의점이 고객에게 '방문하면 즐거운 매장'이 되도록 변화시키자.

과연 결과는 어땠을까. 자세한 것은 이 책을 읽어 주셨으면 한다.

사실상의 세븐일레븐재팬 창시자이면서 나의 스승이신 스즈키 도시후미鈴木敏文의 말 중에 이런 것이 있다.

'유통업에 모범답안이란 없다'

이 말을 충분히 이해하고 있었지만, 외국에서 편의점을 회생시키기 위해 일하는 동안 이 말은 몇 번이고 내 머릿속에서 울려 퍼졌다.

노하우만으로 편의점은 성공하지 않는다. 그 나라에 사는 사람들의 관습이 다르면 식생활도 다르고, 미각이나 생활 스타일이 다르면 고객 니즈도 자연히 다르기 때문이다.

이 나라의 고객은, 실제 무엇을 바라고 있을까.

지금 부족한 것은 무엇일까.

소비자 자신이 모르는 욕구까지도 찾아내 구체화한다.

편의점은 고작 30평 정도의 공간이지만 이 30평은 우리들의 일과 꿈, 보람, 이 모든 것들로 가득 차 있다.

일본 특유의 형태로 진화한 편의점이 아시아의 다른 나라에서는 어떻게 받아들여졌을까, 또 앞으로 어떠한 형태로 진화해갈 것인가.

현재도 아직 모색 중인 과제이지만, 하나의 주제로서 이야기 하고자 한다.

제3장 삼각김밥 혁명

제4장 로손 인수

제5장 새로운 슈퍼마켓, 롯데레몬의 탄생

제6장 식문화와 편의점

제7장 한국 유통시장에 부는 바람

제8장 일을 한다는 것

일본의 벚꽃, 한국의 개나리

1998년 봄, 나는 한국 김포공항에 도착했다.

비행기 문이 열리고 탑승교에 발을 내딛자 어렴풋이 김치 냄새가 풍겨왔다. 지금까지 여러 나라를 방문했는데 공항은 그 나라 특유의 향을 지닌다. 일본 공항도 그곳에서 나고 자란 사람은 모르겠지만, 외국인들은 간장이나 생선 냄새가 난다고 말한다.

오늘부터 이 나라에 살면서 새로운 직장에 나간다.

하지만 그런 기대와는 상관없이, 나는 공항에서 보이는 풍경에 잠시 망연자실했다. 달리는 차들은 연한이 오래되어 우글쭈글하고, 눈앞에 펼쳐진 벌판은 제대로 포장되지 않아 흙이 드러난 도로도 있었다. 표지판은 모두 내가 아직 읽지 못하는 한글로만 되어 있고 영어나 한자 표기도 없다.

"어처구니없는 곳에 왔구나……"

솔직히 이것이 한국엔 온 첫날의 감상이었다.

건물 밖에는 재떨이 대신 커다란 김치 항아리가 여러 개 늘어서 있고, 눈앞에는 모래 먼지가 이는 광대한 주차장이 펼쳐져 있었다.

왼쪽 끝 편이 현재 E마트가 있는, 당시의 국내선 터미널이었다. 그중 지금도 변함없는 스카이블루색의 대한항공 리무진 버스만이 빛나보였고 다른 버스나 차량들은 봄에 일어나는 황사 탓인지 먼지투성이였다. 비행기에서 바라본 서울의 거리는, 굽이쳐 흐르는 한강 북쪽으로는 서울타워(당시 남산타워)가 당당하게 우뚝 솟아 있고 남쪽으로는 고층 빌딩군도 늘어서 있었지만. 중심부가 아닌 곳은 아직도 흙먼지 날리는 도로가 남아있는 미개발 상태의 모습이었다.

눈앞 풍경에 문득 떠오른 것은 도쿄올림픽 이전의 일본 모습이었다. 한국도 이미 1988년에 서울올림픽을 성공적으로 개최했지만, 내가 방문하기 1년 전 이 나라를 덮친 아시아 통화위기 탓이었는지, 눈앞에 펼쳐진 풍경과 함께 나의 뇌리를 스친 것은 1960년대 초반의 일본 모습이었다.

공항에는 롯데에서 나를 위해 준비한 비서 이백란 씨가 마중 나왔다. 그녀는 아버지가 KOTRA(대한무역투자진흥공사)에서 근무했던 연고로 고등학교와 대학 시절을 후쿠오카에서 보내 일본어 실력이 출중했다.

공항에서 시내로 향하는 차 안에서 벚꽃 가로수길이 보였다. 일본에서는 이미 다 떨어진 벚꽃을 이곳에서 한 번 더 활짝 핀 모습으로 즐기게 되니 왠지 이득을 본 기분이었다.

하지만 이 아름다운 벚꽃길을 바라보면서 나는 내가 있는 곳을 깨달았다.

벚꽃은 일본과 마찬가지로 아름다웠지만, 그 벚꽃 아래에서 꽃놀이를 즐기는 사람이 없었다.

나는 그녀에게 물었다.

"한국에는 일본과 같은 꽃놀이가 없나요?"

"그렇습니다. 한국인은 술은 즐기지만 그러고 보니 꽃놀이 연회*를 벌이는 사람은 별로 못 봤어요. 게다가 한국인에게 봄꽃이라면 벚꽃보다는 개나리죠. 일본어로 렌교우ﾚﾝｷﾞｮｳ라고 부르는 꽃이에요"

그 말을 들으며 차창 밖을 보니, 진짜로 벚나무 아래로 개나리가 작은 노란색 꽃을 잔뜩 달고 흐드러지게 피어 있었다.

솔직히 개나리가 봄꽃이라는 이미지가 내게는 없었다. 봄이라면 역시 벚꽃이어서 봄을 대표하는 색은 연분홍색

---

* 일본에서는 벚꽃이 피면 개인은 물론, 많은 회사와 단체들이 벚나무 밑에서 연례 행사로 야외 연회를 즐긴다

이다.

하지만, 그런가? 한국인에게 봄꽃은 개나리인가?

한국과 일본은 이웃하고 있어서 봄이 되면 같은 꽃이 핀다. 하지만 여기에는 다른 문화가 있다. '봄'이라는 한 단어에서도 연상하는 것이 서로 다르다. 봄이라면 일본인은 연분홍색 벚꽃을 떠올리지만, 한국인은 개나리의 선명한 노란색을 떠올린다.

일본의 벚꽃과 한국의 개나리.

앞으로 배워야 할 것이 무척 많으리란 생각에 긴장감이 들었다.

일본의 세븐에서 한국의 세븐으로

앞으로 이 책으로 교제를 나눌 여러분에게 간단히 나 자신을 소개하면, 나는 1949년 가나가와현에서 태어났다.

나는 이후 세븐일레븐, am/pm, 훼미리마트와 같은 일본 편의점 업계에서 오랫동안 일했지만 사실 처음부터 유통업을 희망했던 것은 아니었다. 나의 학창 시절은 소위 고도 경제성장이 한창이던 시기여서 취직 활동 역시 완전히 판매자 시장인 시대였다. 취직 빙하기 시대의 사람들에겐 미안할 정도로, 당시는 모든 산업이 성장하던 시대여서 학생들은 미래 사회를 담당할 인재로 어디서든 필요로 했다.

이때는 대학 선배 등의 소개로 취직이 결정되는 경우도 흔했다. 실제로 나도 대학 3학년 때 당시 소속되어 있던 배구부 선배의 소개로 다이와증권大和証券에 취직이 결정되었다. 하지만 진짜로 내가 동경했던 곳은 미쓰비시중공三菱重工이었기 때문에 몰래 미쓰비시중공 취직시험도 보게 되었다.

그런데 오전 필기시험이 끝났을 때 관계인이 나를 불러내더니, 대학 취업센터에서 중단을 요청했으니 오후에 있을 논문 시험은 보지 말고 돌아가라는 것이었다.

당황하여 대학에 전화하니 이렇게 말하는 것이었다.

"혼다 씨는 이미 취직이 정해졌습니다. 다른 학생과의 형평성을 유지하기 위해 미쓰비시중공으로의 추천은 취소합니다."

결국 나는 다이와증권으로 입사했다. 당시는 오일달러가 강세이던 시대여서 외국인 투자자도 많았다. 매일 숫자로 눈이 핑핑 돌았고 익숙지 않은 업무에 쫓겼다. 바쁜 것은 견딜 수 있었지만, 아무래도 나에게 이 일은 적성에 안 맞는 것 같았다.

그즈음 일본의 대형 유통업체인 이토요카도ィトーョーヵ堂에 근무하는 지인으로부터 들어 당시 막 시작한 편의점이라는 것을 알게 되었다. 굉장한 성장 방식을 취하고 있다는 이야기여서, 새로운 것을 좋아하는 나로서는 어딘가 얻어맞은 기분이었다.

그래서 세븐일레븐으로 옮기게 되었다. 1977년의 일이었다.

사람의 인연이란 불가사의하다. 요컨대 나는 '편의점의 가능성에 꿈과 미래를 걸고' 이 업계로 뛰어든 것은 아니었다. 그 후로도 여러 회사를 전전했지만 어느 것이나 "사람의 인연"에 이끌린 경우가 대부분이다.

그런데 이 편의점 업무는 적성에 맞았다.

당시 세븐일레븐재팬 매장은 1,500개 정도였다. 시작부터 참여한 것은 아니었지만 아직 완성되지 않은 소매의 새로운 형태, 유통 구조, 서비스의 가능성, 이런 것들을 찾아 구체화하는 즐거움에, 나는 물 만난 물고기처럼 빠져들었다.

연수를 거쳐 매장에서 점장으로 일하고 이후엔 본부에서 상품 개발 등에 관여했다.

정신없이 일하다 정신을 차려보니 어느새 최연소 이사가 되어 있었다.

이 무렵의 일이다. 한국 롯데그룹으로부터 세븐일레븐의 전무이던 시미즈 히데오清水秀雄에게로, 코리아세븐을 재정비하기 위해 누군가 사람을 빌릴 수 없겠느냐는 상담이 들어왔다. 나는 그 자리로 불려가 "자네 해보겠나?"라는 요청을 받았다.

일본에서의 세븐일레븐 업무가 재미있고 나름의 지위도 있었지만, 내게는 아직 편의점 업계에서 해야 할 일이 있으리란 생각이 들었다. 당시 나는 49세로, 아직은 새로운 것을 시작하고픈 나이이기도 했다. 선천적으로 새로운 것에 호기심이 많은 성격이어서 좀이 쑤셨던 면도 있었다.

나는 한국에 가기로 결정했다. 새로운 곳에서 새롭게 일을 하리란 결의를 다지기 위해선 안정적 지위라는 퇴로는 버리는 편이 낫다. 세븐일레븐재팬을 퇴사했고 대한민국으로의 여로에 올랐다. 1998년의 일이다.

거주할 아파트가 정해질 때까지 잠시 명동 롯데호텔 서울에서 생활했는데, 호텔 뒤편에는 롯데그룹 본사가 있어 여러모로 좋았다.

롯데호텔이라고 하면, 한국에서 일본인에게 가장 친숙한 호텔이지만 명동 부근의 고급 호텔 중에서는 웨스틴 조선호텔이나 코리아나호텔, 프라자호텔보다 늦은 1979년에 만들어졌다.

롯데호텔의 자리는 한국전쟁 이전에 '조선호텔'과 함께 서울의 양대 호텔로 불렸던 '반도호텔'이 있던 곳이다. 롯데호텔은 이 대지를 매입하여 호텔과 백화점, 본사 빌딩을 건설했다.

롯데백화점은 일본인 아키야마 에이이치秋山英一 일행이 힘든 고생 끝에 1979년 개점한 백화점이다. 일본과 관습이 다른 곳에서 현지 사람들과 이런저런 우여곡절을 겪으며 일정이 상당히 지연된 와중에, 크리스마스 판매 전에 빠듯하게 맞춘 12월 17일 개점했다. 이 상황은 『아키야마 에이이치 기록 한국유통을 바꾼 남자-롯데백화점 창립기』(후지이 미치히코藤井通彦 저, 서일본신문사)에 그려져 있다.

그런데 이 아키야마 에이이치를 롯데로 끌어들인 이가 롯데그룹의 신격호 회장이다. 그리고 나는 이 신격호 회장의 차남인 한국담당 신동빈 부회장의 부름을 받았다.

당시는 아직 그룹의 모든 일을 신격호 회장이 쥐고 있었다. 그는 홀수 달엔 한국, 짝수 달엔 일본에서 지내며 한국과 일본의 롯데그룹을 이끌고 있었다. 그리고 한국에서 지낼 때는 그가 머무는 롯데호텔 최상층이 그룹의 사령탑이 되었다.

신격호 회장은 1921년 경상남도 울산시에서 태어나 1942년 일본으로 건너갔다. 전쟁 이후 와세다 실업학교를 졸업했고 손수레로 비누를 팔면서 껌 공장을 설립하여 회사 이름을 롯데라고 지었다. 그는 일본에서 롯데가 손꼽히는 과자 제조업체로 성장하자 이번에는 1967년 한국 롯데를 설립하여 오늘날의 성공을 일구어낸 입지전적 인물이다. 이미 한국 롯데는 제과업체에 머무르지 않고 호텔, 백화점, 테마파크와 석유화학회사에 이르기까지 다양한 기업을 경영하며, 일본 롯데와는 비교가 되지 않을 거대 복합 기업conglomerate을 형성하면서 한국 10대 재벌 중 하나가 되었다.

그 신격호 회장의 방에서 우리는 다양한 이야기를 나누었다. 그의 롯데호텔 방에서는 경복궁과 그 위로 있는 청와대의 코발트블루 지붕, 뒤편으로 북악산 능선을 두르는 성곽 등이 보였다. 그것들을 보고 있으면 이 도시가 풍수에 따라 만들어졌음을 알게 된다.

가까이에서 본 신격호 회장은 나이가 느껴지지 않는 피부 광택에 부드러운 눈동자를 지니고 있었다. 그러나 여기에는 뭔가 형용하기 어려운 위엄이 있었다.

이것은 내가 오랫동안 가까이에서 모셨던 세븐일레븐의 스즈키 도시후미 회장과는 또 다른, 끝이 느껴지지 않는 박력이었다. 이것은 비유하자면 삼국지에 등장하는 수많은 패왕을 상기시키는 것이었다. 이 힘찬 눈빛이 지켜보는 가운데, 코리아세븐은 새로운 출발선을 끊었다.

제1장

코리아세븐

서울로 부임한 그날 밤 일이다. 나는 개인적으로 세븐 일레븐 매장을 둘러보았다. 둘러본 곳은 명동 롯데호텔 뒤로, 입지적으로 관광객이 많은 매장 중 하나이며 지금도 이곳의 중요한 고객층은 일본인 관광객이다.

그러나 발을 들여놓자마자 강렬한 위화감에 사로잡혔다. 30평 정도인 그 매장의 입구에는 몇 개인가의 계단이 있어 안으로 들어가기가 어렵게 느껴졌다. 매장 안으로 들어서자 우선 더러운 식음 공간Eat in Corner이 눈에 들어왔다. 식음 공간은 이곳에서 먹고 마시는 고객들로 인해 가장 더러워지기 쉬운 장소이다. 이것을 알고 있을 텐데도 테이블 위는 컵라면 찌꺼기와 국물 자국이 들러붙은 채였고, 옆에 놓인 쓰레기통은 나무젓가락과 봉지 등의 쓰레기로 넘쳐났다.

당시 나는 아직 혈기왕성한 연령이었고 스즈키 도시후미로부터 받은 훈육도 열정적으로 남아 있었다. 무의식중에 그곳 점장에게 매장 청소를 명령할까도 생각했지만, 부임 당일이었고 게다가 여기서 말할 수 있는 한국어는 '안녕하세요' 정도밖에는 안 되어 결국 단념했다.

'이곳이 일본이었다면 어떻게 되었을까', 애써 참으며 매장을 돌아 삼각김밥이 놓인 냉장 진열장으로 갔다. 놀랍게도 그곳에는 일본과는 비교할 수 없을 정도로 몇 안 되는 푸드가 조촐하게 놓여 있었다. 냉장 진열장의 위에서 3번째 칸에 삼각김밥 몇 개가 샌드위치와 함께 쓸쓸히 놓여 있었다.

그 냉장 진열장 하단에는 과일과 우유, 과즙주스가 많이 있었고 다른 칸에는 햄과 소시지, 치즈 그리고 색이 바랜 듯한 도시락이 초라하게 놓여 있었다.

일본 세븐일레븐에서는 삼각김밥을 맛과 식감이 유지되도록 20℃ 정도에서 철저히 관리하지만 여기선 과일과 주스가 놓인 진열장에 함께 있다. 이곳 온도는 틀림없이 5~10℃ 정도일 것이다. 이 정도 온도인 선반에 놓였던 삼각김밥이라면 필시 차갑고 딱딱해서 맛이 없을 것이다.

삼각김밥을 포장한 시트는 일본과 마찬가지로 뒤에서부터 김을 감싸는 형태였지만 상품명이 한글로만 쓰여 있어, 나로서는 김밥 안에 무엇이 들었는지 전연 알 수가 없었다.

이 중 적당히 글자색이 다른 삼각김밥 2개를 집어 계

산대로 갔다.

말을 몰라 그럭저럭 간신히 계산을 마치고 숙소인 롯데호텔 방으로 돌아와 삼각김밥을 먹어보았다. 삼각김밥을 입에 넣으니, 예상대로 차가운 밥과 정체를 알 수 없는 재료가 혀에서 부슬부슬 흐트러졌다. 이것은 내가 알던 삼각김밥과는 너무나도 다른 것이었다. 덧붙이자면이 삼각김밥은 지금까지 내가 먹어본 한국요리 중 어떤 것과도 다른 이상한 맛이었다.

참으로 말할 수 없는 불편한 감정을 생수로 위장에 흘려 넣으며 나도 모르게 깊은 한숨이 나왔다. 이것은 앞으로 내가 해야만 하는 일이 너무나도 높은 산임을 깨달은 첫 순간이기도 했다.

한국 편의점 사업의 역사에는 코리아세븐 1호점이 1989년 5월 올림픽선수촌 아파트 내에 문을 연 것이 시작이었다고 기록되어 있다.

하지만 롯데백화점을 만든 일본인으로 유명한 아키야마 에이이치의 업적을 기록한 『한국유통을 바꾼 남자』에, 실제는 1981년에 일본의 성공을 맛본 미국의 사우스랜드 아이스 컴퍼니Southland Ice Company가 롯데에, 세븐일레븐을 해보지 않겠느냐고 제의했었던 것으로 쓰여 있다. 하지만 롯데는 높은 로열티 때문에 계약을 포기했고 1983년 '롯데세븐'이라는 브랜드명으로 편의점 3곳을 독자적으로 운영하다가 1년 만에 철수했다.

'롯데세븐'은 뭐라고 말할 수 없는 매장명이어서 그때 롯데가 경영했던 매장은 별개로, 한국 편의점 사업의 역사에서는 세븐일레븐이 한국 최초의 편의점이다.

그러나 그 후 1990년 보광그룹과 제휴한 훼미리마트, LG그룹 유통부문이 만든 한국 독자의 LG25(현 GS25)가 생겨나면서 코리아세븐은 금세 이들에게 뒤지고 말았다.

1994년에는 롯데쇼핑이 코리아세븐을 인수했지만, 훼미리마트나 LG25를 좀처럼 따라잡을 수 없었다.

일본에서 업계 최고인 세븐일레븐의 성장을 뒷받침한 요인 중 한 가지는 삼각김밥과 도시락 등의 충실한 푸드였다. 푸드는 세븐일레븐의 오리지널 상품이기 때문에 당연히 이익률이 높고 경쟁업체와의 차별화도 가능한 품목이었다.

그런데 한국에서는 그 푸드가 팔리지 않았다. 원인 중 한 가지는 길거리에 흔히 있는 구멍가게라는 잡화점의 존재였다. 구멍가게는 평균적으로 한 평에 불과한 크기이지만 거리 곳곳에 있으면서 술과 담배, 음료에 인스턴트라면, 거기에 과자류까지 얼추 다 갖추고 있었다. 이러한 상품군은 편의점과 경쟁하는 딱 그것이었다.

이런 구멍가게가 화근이었는지 아니면 한국인이 전문음식점을 좋아하는 탓인지, 편의점에서 푸드는 일본에서처럼 잘 팔리지 않았다.

물론 한국 기업에서도 일본 편의점을 벤치마킹하므로 편의점 매장은 구멍가게보다는 깨끗하고 길거리 포장마차보다도 청결하다. 그런데도 편의점에서 푸드를 사는 사람은 별로 없고, 편의점보다도 포장마차나 길거리 노점상에서 판매하는 김밥이 더 잘 팔리는 실정이었다.

　이러한 상황에서 나는 한국으로 부임했다. 당시 코리아세븐은 롯데쇼핑 관할로부터 롯데리아의 편의점 사업 본부로 이전해 있었다. 롯데그룹에서 아직 독립할 수 없는 상황이었다.

　나는 한국 사람들에게 편의점의 진짜 모습을 보여주리라 굳게 결심했다.

대학로에 대한 단상

내가 부임했을 때, 코리아세븐의 본사는 대학로 북단에 있는 혜화동 로터리의 세븐일레븐 매장 2층에 있었다. 로터리라 해도 서울 시청 앞에 있는 것처럼 큰 것이 아니라 버스가 돌기 알맞을 정도의 작은 로터리이다. 매장 앞에는 커다란 가로수가 있어 어딘가 멋진 파리의 마을 분위기가 감돌았다.

로터리의 남쪽은 대학로로 이어져 있었다. 대학로라 부르긴 하지만, 그 이름의 유래가 되는 서울대학교는 현재 대학병원만 남아있다. 학생 데모가 끊이지 않자 박정희 대통령 시절에 대학 기능을 강제로 서울시 남측으로 몰아넣었다는 이야기를 들었다. 그러나 거리에는 마로니에 공원과 서울대학병원의 벽돌담, 가로수 등이 남아 있어, 대학가이던 시절의 분위기를 풍겼다.

내가 부임한 무렵부터 대학로 거리는 연극으로 활기에 차 있었다. 거리 곳곳에 소극장이 있어 파리의 대학가인 라탱Latin 지역 같은 분위기였다. 재임 중 이곳에서 연극을 본 적은 없었지만, 최근에는 일본인 관광객도 많이 방문한다고 한다.

시간이 날 때마다 이 거리를 자주 산책했다. 대학로에는 옷이나 잡화를 파는 노점이 즐비하고 곳곳에 오징어 구이와 솜사탕, 구운 과자 등을 파는 포장마차가 있었다.

거리 동쪽으로 눈을 돌리면 약간 높은 언덕이 있고 이 언덕에는 낙산 공원이 있는데, 이곳에서 바라보는 서울의 경치도 아름다웠다.

거리의 주인공은 역시 젊은이들이었다. 대학로에서 한 걸음 안으로 들어가면 세련된 카페도 많은데, 이 가게들 벽에는 빛바랜 옛날 것부터 최신 작품에 이르는 연극 포스터들이 뒤섞인 채로 어지럽게 붙어 있었다. 이런 모습 또한 거리 풍경에 잘 녹아들어 있었다.

나는 부임 초기에 이 나라 시장을 공부하겠다는 핑계로, 아직 읽지도 못하는 어설픈 한글 실력으로 고생해가며 혼자서 거리를 탐험했다. 따뜻한 봄 햇살에 안긴 대학로 거리로 아직은 조금 차가운 바람이 지나간다. 서울의 거리가 나를 부드럽게 맞아주는 듯한 착각에 빠져들던 기억이 난다. 난생처음인 해외생활의 시작이었다. 나에게 대학로는 이 나라에서 맞이한 첫 번째 선생이었다.

이런 거리에 위치한 코리아세븐 본사 사무실은 천정이 낮고 좁았지만 여기서 보냈던 날들은 즐겁고 보람찼다. 일본에서 온 용병들도 좁은 사무실 곳곳에 진을 치고 게거품을 물며 한국인 직원들과 논쟁을 벌였다. 상품에 대해, 매장에 대해 언어가 다름을 넘어선 논의였다. 이곳에서는 모두가 새로운 매장을 민들어간다는 에너지로 넘쳤다. 이것은 확실히 일이 성장할 때에만 나타나는 힘으로, 이것 역시 젊은이로 넘치는 대학로란 거리와 잘 어울렸다.

1998년 부임 초기에는 아직 세븐일레븐 점포수도 적고 직원들도 많지 않았지만, 얼마 안 있어 점포수가 늘어나자 사무실은 순식간에 비좁아졌다.

1998년 부임 당시, 코리아세븐은 아직 회사 조직 없이 롯데리아 내 편의점 사업부문으로 자리매김하고 있었다.

130이라는 점포수는 물류를 구성하기에도 아직 부족하다. 일본 세븐일레븐은 그 전년도에 이미 7,000개 점포를 달성했다.

세븐일레븐재팬 점포 확대의 특징은 좁은 지역에 다수의 매장을 출점시키는 집중출점전략dominant strategy이다. 전국으로 점포망을 단번에 확장하는 것이 아니라, 굳이 같은 상권 안에 여러 개의 점포를 연다. 이 전략 덕분에 재고는 한곳에 모아 보관할 수 있고 물류도 효율적으로 돌릴 수 있다. 이것이 집중출점전략의 장점이다.

이랬던 세븐일레븐재팬에서 온 나의 감각으로는, 한국의 130개 점포 규모는 마치 세븐일레븐재팬 초창기 시절 같았다. 일본 현 단위로 출점의 틀을 넓히기 시작하던 시기가 떠올랐다. 이것을 참고로 코리아세븐도 확장해 나간다면 좋으리란 생각이 들었다.

하지만 이것이 안이한 생각이었음을 훗날에야 깨달았

다. 일본처럼 이미 궤도에 오른 시스템을 따라 출점하는 것과 한국의 사정은 다르며, 외국에서 일하는 것이 얼마나 어려운 일인지를 당시의 나는 아직 깨닫지 못하고 있었다.

내 주변에는 일본어를 구사하는 한국인도 많아 일본 회사에 있는 듯한 착각에 빠지기도 했다. 그런 탓일까, 대학로에 있는 세븐일레븐 본사 창으로 들어오는 햇빛이 제법 봄 햇살다웠던 동안에는 이 정도 점포수에서 시작하는 것이 오히려 행운일지도 모른다고까지 생각했다. 이만하면 내가 아는 편의점 사업의 꿈을 얼마든지 펼칠 수 있으리라, 이 나라에서도 충분히 성공시킬 수 있으리라 생각했다.

하지만 일은 그리 쉽게 진행되지 않았다.

대학로 본사의 1층은 코리아세븐 매장이었는데, 본사의 아래층 매장은 기본적으로 상부에서 주시하기 때문에, 그룹 전체의 모델점인 경우가 많다. 그러나 이 매장부터 문제투성이였다.

우선 편의점의 기본인 깨끗함(청소)과 친절함(접객)부터 갖춰져 있지 않았다. 계산대와 냉동 진열장의 유리문, 상품 진열대에 이르기까지 모든 것이 일본과는 전혀 달랐다. 정돈된 상품 진열과 편안한 고객 맞이 등 일본 편의점에 익숙한 내가 보기에는 모든 것이 이도 저도 아니었다.

매장이 고객을 위해 존재한다는 것은 서비스업의 기본 중 기본이지만 이것이 이해되지 않는 상황이었다. 고객이 매장에 들어와도 인사하지 않는다. 오히려 점원들끼리 수다 삼매경이거나 심한 때는 지정된 유니폼조차 입고 있지 않았다. '유니폼이 비싸서'가 가맹점주의 핑계였지만 유니폼을 입었을 때조차 깔끔하게 세탁되지 않은 경우도 있었다.

아르바이트생, 점원, 가맹점주 등 여러 가지 문제가 있었지만 우선은 프랜차이즈 사업에서 중요한 역할을 하는 매장감독관FC 수준에 문제가 있다고 생각했다.

독자 중에는 FC 단어의 의미를 모르는 분도 있을지 모르겠다. FC란 단어는 일반적으로는 가맹점을 뜻하는 '프랜차이지franchisee' 또는 '프랜차이즈 점포franchise'를 지칭하는 경우가 많다.

하지만 세븐일레븐에서 FC는 'Field Counselor'를 지칭한다. 다른 편의점이나 유통, 외식 산업에서 말하는 SVSupervisor, 즉 지역 관리 책임자에 해당한다. 앞으로 FC란 약어가 나오면 SV를 지칭하는 것으로 생각하면 된다.

그런데 본사 아래층 매장부터 문제투성이니 이것 참

큰일이라고 생각하며 다시금 매장 선반을 찬찬히 둘러보았다. 그러자 뭔가 불편한 감정이 점점 솟아올랐다.

도대체 이 불편한 느낌은 무엇이지. 상품으로 깔끔하게 채워진 선반을 보더라도 이 이상한 감정은 없어지지 않았다.

분명히 선반은 상품으로 채워져 있다. 하지만 뭔가 이상하다.

한글을 읽지 못한다는 치명적인 사실 때문에 이 불편함의 원인을 못 찾고 있었다.

하지만 잠시 후 가까스로 나는 어떤 사실을 깨달았다.

그리고 동시에 부글부글 분노가 치밀었다.

매장 선반을 채우고 있는 상품은 압도적으로 롯데 상품군이었던 것이다.

급히 비서 이백란을 통해 조사해보고 놀랐다. 세븐일레븐 대학로점 선반에는 롯데그룹의 모든 상품이 빠짐없이 진열되어 있었다. 음료, 우유, 햄, 소시지, 과자…… 그곳은 바로 롯데의 전시장이었다.

아무리 코리아세븐이 롯데그룹 경영 하에 있다고는 하지만 이것은 심하다.

여기에 고객의 니즈는 없었다. 있는 것은 경영상의 이기심뿐이었다.

거참 ('코리아세븐'이 아니라) '코리아곤란한세븐'이네
라고 나도 모르게 중얼거렸다.

코카콜라가 없다

편의점의 기본은 고객이 원하는 상품을 얼마나 골고루 갖출 수 있느냐이다. 이 관점에서 볼 때, 아무리 코리아세븐을 롯데그룹이 경영하더라도 매장이 롯데 전시장이라면 좋을 리가 없다. 이것은 완전히 고객이 배제된 매장이기 때문이다.

나는 우선 상품부 책임자에게 이야기를 들어 보았다. 그는 여러 가지 이유를 붙여 설명했지만 결국엔 제조업체의 의향을 그대로 받아들였던 것으로 밝혀졌다.

어찌되었든, 앞으로는 어떻게든 바꿔야만 한다.

하지만 내가 상품부 직원들에게 일일이 '고객이 원하는 상품을 골고루 갖추는 일은 어떤 것인지'를 보여줘서는 결말이 나지 않는다. 그래서 우선 편의점에서 상징적인 상품을 골라 그것을 나 스스로 개선해 보이기로 했다.

그런 후 매장 안을 다시금 둘러보니 정신을 번쩍 들게 하는 부분이 있었다.

믿을 수 없는 이야기지만 코리아세븐 매장에는 코카콜라가 없었다. 일본이나 미국에서는 생각할 수 없는 일이다.

어째서 코리아세븐에는 코카콜라가 없을까.

이유는 간단했다. 롯데의 식음료 회사인 롯데칠성이 펩시콜라를 제조 판매하기 때문이다. 확실히 롯데칠성은 한국 최고의 식음료 제조업체이다. 칠성사이다라는 인기 상품을 중심으로 사업을 전개하고 있었다. 상품부 담당자도 당연하다는 듯이 "한국에서는 압도적으로 펩시콜라가 잘 팔리기 때문"이라고 주장했다.

하지만 아무리 그래도 세븐일레븐에 코카콜라를 비치하지 않는 것은 부당하다. 코카콜라는 전 세계에서 압도적으로 팔리는 상품이다.

나는 코카콜라를 선반에 진열했다.

그러자 곧 롯데칠성 임원이 찾아왔다.

나는 그 임원에게 편의점이라는 업태의 기본 이념을 설명했다.

편의점은 고객의 생활을 지원하는 상품이나 원하는 물건을 판매하는 '라이프 솔루션 매장'이라는 것. 제조업체가 원하는 상품과 고객이 원하는 상품이 각각 있다면 편의점은 고객이 원하는 상품을 비치해야 한다는 것. 그렇게 하지 않으면 고객은 당연히 다른 상점으로 가버려 결국 그 매장은 이익을 놓쳐버리고 만다는 것. 그러면 체인점 사업 자체가 존립하지 못하리란 것 등을 차례로 설명했다.

만약 이것을 모두 참작하고서도 한사코 롯데 상품을 우선하여 비치하고 싶다면 롯데는 편의점 사업을 그만두어야 한다고 이야기했다.

그리고 경쟁업체의 상황을 들어 보니, 어쨌든 타사가 운영하는 편의점에서는 코카콜라가 더 잘 팔리는 것으로 밝혀졌다.

회사 측에선, 나와 롯데칠성 임원 간의 논의 추이를 흥미진진하게 지켜보는 듯했는데, 결국에는 롯데칠성도 양해해 주었다. 이렇게 코카콜라 건은 일단락되었고 코카콜라는 코리아세븐 전 매장에 지금도 비치되어 있다.

나는 이것을 시범으로 보여주며 다음 것부터는 상품부에 맡겼다. 각 부문의 상품을 제조업체의 시선이 아닌 고객의 시선에서 검토하여 바로잡고, 실제로 한국에서 잘 팔리는 상품을 진열하도록 운영 방향을 틀었다. 이후로도 약간의 풍파는 있었지만 롯데그룹에서도 코카콜라 일을 계기로 내 생각을 이해해주어 큰 혼란으로까지 번지지는 않았다.

그러던 어느 날의 일이다. 나는 돌연히 FC 회의 장소를 본사 아래층의 대학로 매장으로 바꾸었다. 그리고 매장을 닫게 하고는 갑자기 "청소 시작합시다"를 선언했다.

내가 직접 손걸레와 대걸레로 청소를 시작했기 때문에, 처음에는 어리둥절하던 주위의 FC들도 어쩔 수 없이 상사를 따라 청소하기 시작했다.

한국에 처음 도착한 그날 밤 들렀던 코리아세븐, 그 더러움에 나는 충격을 받았었다. 매장 밖도, 입구도, 유리창도, 매장 안도, 어느 것이든 모두 편의점으로서 중요한 청결의 기본이 갖춰져 있지 않았다. 하지만 깨끗함이 무엇인지 청결이란 어떤 것인지 그 기준은 사람에 따라, 나라에 따라 다르다. "청소합시다"라고 입으로만 말해서 아는 일이 아니다. 그래서 스스로 청소를 시작했다.

지금은 이사로 코리아세븐에 합류한 몸이지만, 20년 전 세븐일레븐에 입사할 당시에는 연수의 일환으로 실제 매장에서 일하기도 했다. 바닥이 광날 정도로 닦는 요령, 신문지를 사용하여 유리창의 뿌연 것을 지우는 것과 상품을 밀리미터 단위로 예쁘게 진열하는 모든 것이 내 몸에 배어 있다.

일본 편의점의 정돈된 상품 진열은 일본인에게는 이미 당연하지만 아직 해외에서는 놀라워 보일 수 있다.

하지만 이것이 단지 외형에만 신경 쓰면서 쓸데없이 깨끗하게 하려는 것은 아니다. 상품 진열대는 상품과 고객이 만나는 장소이다. 정면에서 깔끔하게 마주 대하지 않으면 손에 잡은 것조차 외면당할 수 있다. 이것을 한국 직원들에게도 알려주고 싶었다.

무엇보다 나 자신도 이것을 처음부터 알았던 것은 아니었다. 일단 매장에 배속되었을 때 실제 현장에서 부지런히 일하며 처음부터 배웠다.

세븐일레븐에 입사하여 첫 연수가 끝난 후 나는 가나가와현 북부의 사가미하라시에 위치한 매장에 배속되었다. 아직은 좌우분간도 못 하던 시절, 스즈키 도시후미와 함께 세븐일레븐을 세운 시미즈 히데오가 매장 점검을 목적으로 방문했다. 내게 장사의 기본을 가르쳐준 선생이었지만 그 분도 스즈키 씨와 마찬가지로 엄격한 사람이었다. 나로서는 깔끔하게 진열했다고 생각한 커피 봉지를 그가 잠시 응시했다. 아무래도 그것이 그의 이상적인 수준에는 아직 미치지 못했던 것 같다.

시미즈 씨에게 꽉 잡힌 커피 봉지는 다음 순간 내 머리로 휙 날아왔다.

"혼다! 정리라는 것은 밀리(㎜) 단위다!"라는 호통과 함께.

지금은 부하들이 나에게 업무방식이 '엄격하다'고 평하지만 당시 나의 상사들은 그 이상이었다. 지금이라면 분명 직장 내 괴롭힘 내지 학대라 평할 정도였지만 당시의 우리는 그러한 열정으로 일했었다.

그 시절 몸에 밴 습성인 걸까. 나는 지금도 매장에 갔을 때 상품이 조금만 흐트러져 있어도 어쩔 수 없이 신경이 쓰인다. 순간 알아차리고는 손이 저절로 움직여 상품의 방향을 가지런히 바로 잡고야 만다. 자사 점포는 물론이고 타사 편의점에 갔을 때도 흐트러져 있다는 생각이 들면 무의식적으로 상품을 가지런히 정리해버리기 때문에 그곳 점원이 나를 이상한 손님으로 봤을 수도 있다.

하지만 아무리 그렇더라도 이곳 한국에서 상품을 내던질 수는 없다. 내가 시작한 청소가 갑작스러운 대청소로 커지면서 본부도 좁은 매장도 야단법석이었다. 하지만 FC에게 매장 청결을 이해시키기엔 이것이 가장 강력하고 효과적인 방법이었다고 생각한다.

편의점의 기본, 청결과 친절

편의점에서 매장 청결과 점원 친절은 모든 것 중에 가장 중요한 요소이다. 이것은 단순히, 고객이 부담 없이 방문하기 편안한 매장으로 만든다는 것만을 의미하지 않는다.

이보다 나중 이야기지만, 롯데 임원과 이야기하던 중에 그가 대형양판점인 롯데마그넷(현 롯데마트) 매장에 손님을 가장한 도둑이 늘어 괴롭다며 고민하던 일이 있었다. 도난 방지책으로 출입구에 센서를 설치했더니 이번에는 센서가 자주 오작동하여 고객에게서 민원이 끊이지 않는다는 내용이었다.

그러나 이것은 내가 보기에 완전히 잘못된 대책의 전형이란 생각이 들었다. 원인과 결과의 프로세스를 오인했기 때문이다.

도대체 왜 이 매장에는 도난 사고가 자주 발생할까.

이것은 '이곳이라면 도둑질을 해도 발각되지 않겠지'라고 도둑이 생각하기 때문이다.

그러면 도둑질을 '할 수 있는 매장'과 '할 수 없는 매장'의 차이는 무엇일까.

이것은 점원이 철저히 매장 내 모습을 파악하고 있는지 여부이다. 적어도 도둑이 과연 그렇게 생각하는지가 중요하다.

점원이 항상 매장을 순시하고 매장 곳곳에 도난 방지 모니터가 있다면 분명 그것들 때문에 도둑은 범행을 주저한다.

하지만 더욱 중요한 것은 매장에서 뭔가 사건이 일어났을 때 바로 알아차릴 정도로 매장 내 질서가 항상 갖추어져 있는가이다.

다시 말하면 올바른 도둑 방지책 프로세스는 이러하다.

1. 출입구에 서 있는 안내인은 항상 고객 눈을 바라보며 제대로 인사한다.
2. 매장은 언제나 깨끗하게 유지한다.
3. 상품이 팔리면 언제까지고 비워 두지 않고 바로 상품을 채워 정리한다.
4. 점원이나 파트타이머가 적극적으로 말을 건다.

이상이다. 보다시피 특별한 것은 아무것도 없다.

그러나 이외로 이것이 모두 제대로 행해지는 매장은

별로 없다.

이것들이 완벽히 가능하다면 앞선 방범 대책이 의미가 있지만, 거기서 일하는 사람의 의식은 개혁하지 않고 기계만 설치한다고 문제가 해결되리란 생각은 오산이다.

사실 코리아세븐도 예전에는 도난이 많은 위스키나 담배 종류는 점원 눈에 잘 보이는 계산대 안측에서 판매했다. 하지만 매장을 청결하게 정돈한 이후에는 일반 매대에 진열했다. 그래도 도난은 이전보다 줄었다.

모든 일의 첫 번째 프로세스는 매장 청결인 셈이다.

친절도 마찬가지이다. 자신이 다른 매장에서 겪어보면 친절이란 무엇인가를 알 수 있다.

어느 날, 나는 두 번 연속으로 기분이 언짢았던 기억이 있다. 첫 번째는 롯데호텔 경식당에서 일어났다. 담당자에 의해 테이블로 안내된 것은 좋았지만 식당 사정 때문인지 구태여 식당의 한쪽 끝에서 다른 쪽 끝까지 걷게 되었다. 좀 배려해주면 좋을 터인데 라는 생각이 들었다.

두 번째는 신관 레스토랑에서의 일이다. 아스파라거스 수프를 주문하면서 그 아스파라거스가 그린인지 화이트인지를 묻자 종업원이 이렇게 답했다.

"아스파라거스는 그린으로 정해져 있습니다."

나는 그의 인식을 바로 잡으려 했고 그러는 모습을 보

왔는지 지배인이 와서 "그는 화이트 아스파라거스를 몰랐기 때문입니다"라고 해명했다.

하지만 내가 문제 삼았던 것은 그가 화이트 아스파라거스의 존재를 몰랐다는 사실이 아니다. 그의 대응 방식이 문제였다.

호텔은 본래 서비스를 판매하는 장소이다. 무턱대고 고객에게 아첨할 필요는 없지만 그렇다고 거만하게 단정하여 대하는 것은 옳지 않다. 호텔에 오는 고객이 불쾌한 인상을 받을 만한 행동은 철저히 삼가야 한다.

하지만 이런 것은 개인의 문제여서 아무리 상사가 부하에게 설명하더라도 관리될 일이 아니다. 평소 종업원 개개인의 도덕성을 높이고자 노력해야만 해결된다.

편의점도 예외는 아니다. 우리는 상품을 파는 동시에 고객에게 서비스를 판다. '남의 언행을 보며 제 버릇을 고치라'까지는 아니지만, 같은 서비스업에 종사하는 사람으로서 다른 업종의 접객에서도 배울 점이 많다.

이야기가 조금 빗나갔지만 코리아세븐의 재건에는, 우선 이러한 청결과 친절의 관점으로 인식을 바꾸는 것에 주안점을 두었다.

나는 업무에 대해선 될 수 있으면 추상적인 말이나 지시는 하지 않는다. 항상 구체적으로 지시해야 비로소 말하는 바가 잘 전달되어 상대방도 움직여 주리라 생각하기 때문이다. 그 결과 구두로 전달하기보다 내가 먼저 움직이는 편이 빠르다면, 이번처럼 내가 현장에서 앞장서 일하기도 한다.

그래서인지 회사 내에 "혼다가 무슨 짓을 할지 모른다"는 긴장감이 생겼지만 그것은 나로서는 잘된 일이었다.

다음으로 나는 푸드 재검토에 착수했다.

부임한 첫날밤에 먹었던 그 맛없던 삼각김밥이 뇌리에 남아 있었다.

우선은 편의점 푸드의 주력인 삼각김밥에 초점을 맞추어 개혁하자. 이를 위해 상품부에 푸드 현황 분석을 의뢰했다.

제2장

맛있는 푸드

삼각김밥의 황야

　상품부에서 보고한 '삼각김밥' '김밥' 그리고 '샌드위치'의 현황 보고서는 일본 세븐일레븐밖에 몰랐던 나로서는 큰 충격이었다.

　실제로 내가 눈으로 봤던 것처럼, 각 매장에서 앞의 상품들은 아주 조금밖에는 팔리지 않았다. '삼각김밥'뿐 아니라 푸드 전반이 그랬다. 요컨대 편의점이지만 코리아세븐에서는 푸드가 거의 팔리지 않는다는 믿을 수 없는 현황이었다.

　충격이었지만 어쩔 수 없다, 이것이 현실이니 받아들이자.

　하지만 내가 화가 났던 것은 이 현황에 대한 분석이 너무나 평면적이었다는 점이다.

　보고서에 따르면 팔리지 않는 이유는 이러했다.

　한국인 중에 차가운 음식을 먹는 사람은 가난한 사람이다. 보통의 경제 형편이라면 동네 식당에서 충분히 저렴하게 따뜻한 국과 밥을 먹을 수 있다. 따라서 편의점의 '삼각김밥'이나 '김밥'은 팔리지 않는 것이 당연하다는 얘기였다.

이 분석도 맞을지 모른다.

그렇다면 밀어붙여서라도 한국인이 편의점의 푸드를 먹도록 지금까지 어떤 대책을 강구해왔는가.

그들에게 물어보았지만, 지금까지 별다른 대책을 취하지 않았던 것만은 쉽게 알 수 있었다.

나는 그들에게 설명했다. 편의점에서 푸드는, 경쟁업체와 차별화하기 쉬운 품목이고 독자적인 상품이기 때문에 이익률도 높아 매장 수익을 올리는 중요한 상품이라고.

하지만 내 열변에도 불구하고 담당자들의 반응은 한 가지였다. 차가운 푸드는 한국에서 팔리지 않으리란 선입관이 그들의 뼛속 깊이 새겨져 있었다.

"차가운 것이 싫다면 전자레인지가 있으니까 데우면 좋지 않을까요"라고 말하면,

"전자레인지로 데운 것도 한국인은 싫어합니다"라며 되받았다.

어쩔 수 없다.

그렇다면 삼각김밥은 제쳐두고 김밥은 어떨까.

확실히 삼각김밥은 일본 음식이므로 한국인에게 친숙하지 않을 수 있다. 그러나 김밥이라면 한국에도 있다. 김밥은 동네 포장마차에서도 팔고 지하철역 출입구 앞에

서 개인이 상자를 들고서 팔기도 한다. 한국인에게도 친숙한 김밥이라면 어떻게든 되지 않을까.

하지만 이번 물음에는 "김밥이라면 전문점을 못 당합니다"란 대답이다.

그렇다면 여기서 발상의 전환이다. 김밥은 전문점이 거리 곳곳에 있어 한국인은 습관적으로 그곳을 이용한다. 하지만 삼각김밥이라면 따로 거리에 파는 곳이 없다. 그렇다면 세븐일레븐이 삼각김밥 전문점이 될 수 있지 않을까.

그렇게 제안하니 이런 답변이 돌아왔다.

"세븐일레븐이 히트 상품을 출시해도 바로 다른 편의점에서 유사품을 만듭니다. 그렇게 되면 결국 오리지널 상품으로서의 가치는 없어지기 때문에, 하더라도 의미가 없습니다."

정말로 단단한 벽이다.

하지만 그들이 이렇게 단정하여 말했던 데에도 이유가 있었다. 당시 삼각김밥을 비롯한 푸드는, 그것을 생산하는 코리아세븐 전용 공급업체가 없었다. 코리아세븐이 푸드를 구매하는 데일리 메이커daily maker*는 훼미리마트(현 CU)나 LG25(현 GS25)를 비롯한 중소 편의점에도 동

---

* 도시락과 같이 하루 내로 유통되는 식품의 제조업체

시에 상품을 납품하고 있었다.

이것은 다시 말하면 그들이 우려했던 대로, 코리아세븐이 푸드에서 히트 상품을 만들더라도 그 제조 방법 등이 다른 편의점 각 사로 즉시 누출될 위험이 있음을 의미했다.

아직은 한국의 편의점 시장이 그다지 크지 않아 이것은 어쩔 수 없는 일이었지만, 그렇다고 해서 자신들이 상품기획을 하지 않아도 좋다는 것은 아니다.

코리아세븐 직원의 생각으로는, 모처럼 경쟁업체와 차별화할 상품기획을 하더라도 그 노하우가 타사로 누설되어 노력이 허사로 끝날 바에는, 처음부터 오리지널 상품 개발에 힘들이지 말고 푸드는 무난하게 NB_{National Brand}● 상품으로 가는 편이 낫다는 것이었다. 애초에 폐기율이 높은 푸드보다는 유통기한이 긴 컵라면이나 레토르트 식품을 파는 편이 가맹점주로서는 손실이 없어 좋으리란 이야기였다.

하지만 그렇다면 편의점의 매력은 아무것도 없는 것 아닌가.

일본에서 세븐일레븐 오리지널 상품의 역사는 오래되었다. 토르티야에 재료를 넣어 말은 '부리토'를 시작으로

● 전국 단위의 유통 지배력을 지닌 기존 제조업체 브랜드

1978년에는 편의점 중 처음으로 삼각김밥을 세상에 내놓았다.

그때까지 집에서 엄마가 만들어주던 주먹밥이, 가게에서 판매하는 '삼각김밥'으로 진화했다. 지금은 가정에서 만드는 주먹밥보다 가게에서 사서 먹는 주먹밥의 수가 압도적으로 많다.

2016년 현재, 세븐일레븐재팬에서는 매장 한 곳에서 하루 평균 약 320개의 삼각김밥이 팔린다. 이것에 점포 수 약 1만 8천을 곱하면 세븐일레븐에서만 하루에 576만 개의 삼각김밥이 팔리는 것이다.

여기에 로손과 훼미리마트 등 다른 편의점을 모두 합하면 일본인은 편의점에서 하루 1,228만 개의 삼각김밥을 구매한다.

즉 1년간 44억 8,220만 개란 어마어마한 숫자의 삼각김밥이 편의점에서 팔린다는 계산이 나온다.

애당초 세븐일레븐을 시작으로 편의점 각 업체가 푸드에 공을 들였던 것은, NB상품 위주의 판매만으로는 매장 주인의 이익에 한계가 있었기 때문이다. 이들의 이익을 조금이라도 늘려주고 싶다는 생각에서 여러 가지 푸드 히트 상품들이 태어난 것이었다.

나는 한국에서 편의점 시장이 발전하려면 결국 오리

지널 푸드를 충실히 갖춰야 한다고 생각했다. 그러기 위해서라도 이곳 상품부의 완고한 사고방식을 어떻게 바꿔야 좋을까. 나는 머리를 감싸 쥐며 고민했다.

여기에는 한국과 일본의 식문화 차이라는 벽과 함께, 개발 리스크를 두려워하는 직원들이 있었다. 말하자면 나와 그들 간에는 넘어야할 막막한 황야가 가로놓여 있었다.

나는 나를 이해해줄 직원이 절실히 필요했다.

MD에 능숙한 인물을 찾아라

당시 한국의 편의점에선 이미 삼각김밥을 팔고 있었다. 그것도 일본과 똑같은 모양의 시트 타입 삼각김밥이었다. 시트를 벗기면 바삭한 김이 나와 밥을 감싸 먹는 방식이어서, 김 본래의 식감을 맛볼 수 있는 것이 특징이다.

그렇지만 당시 한국에는 아직 김 전용 시트를 생산할 만큼의 수요가 있지 않아 시트는 일본에서 수입하고 있었다. 한국에서는 그 시트에 수작업으로 김을 끼워 넣는다. 다행인지 불행인지 삼각김밥이 그다지 팔리지 않기 때문에 이렇게 하더라도 납기는 충분히 맞출 수 있었다.

어쨌든 삼각김밥을 팔리도록 하고 싶었다. 김밥은 상품부가 말한 대로 거리마다 전문점이 있고 포장마차나 노점상에서 쉽게 살 수가 있다. 그렇지 않아도 푸드가 잘 안 팔리는 편의점이 여기에 맞서는 것은 유리한 계책이 아니다. 그러나 삼각김밥이라면 길거리 전문점도 없고 포장마차나 노점상에서도 팔지 않는다. 편의점은 삼각김밥 전문점이 될 수 있을 것이다. 이렇게 확신했다.

그러나 이를 실현하기 위해서는 우선 상품 손실을 이

유로 움직이지 않는 상품부의 사고방식을 바꿔야만 했다. 삼각김밥을 시작으로 코리아세븐의 오리지널 상품을 만들 MD merchandising*를 하려면 어떠한 방법이 효과적일까, 나는 여러 가지 방안을 고민했다.

MD라는 업무는 상사가 시킨다고 되는 일이 아니다. 개개인이 그 필요성을 이해해서 몰두하지 않는 한 고객이 받아들일 만한 '모노즈쿠리モノづくり**'는 불가능하다. 상사란 오케스트라의 지휘자 같은 것이어서 고객에게 감동을 주는 연주는 담당자 각각의 역량이 있어야 비로소 이루어진다.

우선은 MD에 능숙한 인재 육성이 급선무였다. 매번 코카콜라 사건 때처럼 할 수는 없다. 그때처럼 향후에도 내가 모두 움직일 수는 없다. 이를 위해서는 상품부를 활성화할 계기가 되어줄, 촉매 역할을 할 인재가 필요했다.

그 무렵, 아직 점포수가 수십 개에 불과했던 부산으로 출장할 기회가 있었다.

부산은 한국 제2의 도시지만 당시는 서울과의 지역 격차가 꽤 컸다. 전년도 아시아 통화위기의 영향이 도시에 짙게 남아 있어서 유통시장도 서울보다 훨씬 피폐해 있

• 상품화 계획. 적정한 상품을, 적정한 시기에, 적정한 수량으로, 적당한 가격으로 제공하기 위하여 계획하는 일
•• 혼신의 힘을 다해 물건을 만드는 것. 일본 특유의 제조정신이 담긴 용어

었다. 해운대도 아직 지금처럼 도시화되지 않아 해변 옆 호텔이 인상적인 리조트 지역에 불과했다.

그러나 마케팅 관점에서는, 부산은 일본과 가깝고 예로부터 서울보다 일본식 사업이 수월하다고 알려진 곳이다.

부산 사람들은 부관훼리나 카멜리아 라인, 고속선 비틀 등으로 시모노세키나 후쿠오카와 왕래가 잦다. 따라서 일본 편의점에도 익숙하지 않을까 하는 기대감이 있었다. 부산에서의 사업전개도 서울과 엇비슷해 좀처럼 진행되진 않았지만 서울 사람들보다는 편의점이라는 것을 이해해 주리란 느낌이었다. 어쨌든 부산 지역부터라도 '삼각김밥'이란 오리지널 상품의 MD를 할 수 있으리란 생각이 들었다.

부산이란 도시는 산으로 둘러싸여 있다. 시가지 내에도 산을 안고 있어 시내를 이동할 때면 차는 종종 언덕길을 오르내렸다. 조금 높은 장소로 가면 바위나 나무 그늘, 건물들 사이로 부산항의 푸른 바다가 아름답게 보였다. 그 풍경을 바라보고 있노라면 조금씩 희망이 보인다는 생각이 들었다.

부산 시내 매장을 안내해 준 이는 부산에서 지역 MD를 담당하는 젊은 사람으로, 부산외국어대학교 일본어과를 졸업한 유승훈이었다. 젊은 그가 이 역할을 맡은 것은 부산사무소에서 일본어를 제일 잘했기 때문인 듯했다.

한국에서 잘 팔릴 삼각김밥의 재료는 무엇일까

내가 서울에 부임한 지 3개월이 지나자 서울은 장마로 접어들었다.

7월 1일 자로, 지방 MD로 일하던 유승훈이 상품부로 발령이 났다. 내가 시행한 첫 번째 인사였던 탓에 회사 전체적으로 솜씨 좀 보겠다는 분위기가 감돌았다.

그러나 이런 것에 신경 쓸 필요는 없었다. 유승훈은 상품부 내에서도 일본어가 가장 유창해서, 일본 유학 경험이 없는데도 정말 대단하다는 감탄이 나왔다. 서울 사람 중에는 "부산 출신은 사투리 발음이 일본어와 비슷하여 일본어를 잘 하는 건 당연하다"고 짓궂게 말하는 이들도 있지만 그런 것은 아무래도 상관없었다.

내게 중요한 것은 이제 상품부와 대화하기가 쉬워졌다는 점이다.

지금까지 내 앞을 가로막은 어학의 벽은 역시 여러 가지로 업무에 방해가 되었다. 언뜻 보기에 푸드라는 말은 통역하기 쉬울 것 같지만, 어떤 의미에서는 역효과도 있었다. 표면상으로 말이 전해지면 내용도 정확히 전달되

리라 생각하기 쉽지만, 실제 세세한 푸드의 조리 방법이
나 자세한 맛의 표현은 보통의 통역으로는 잘 전달되지
않는다. 거기에도 나름의 전문 지식이 필요했다.

유승훈은 부산에서 푸드와 식품 부문을 담당했기 때문
에 그런 부분을 잘 알고 있었다. 따라서 MD에 대한 내 생
각을 상품부로 이전보다 효과적으로 전달할 수 있었다.

나는 상품부 사람들 앞에서 세븐일레븐재팬의 기본행
동 중 한 가지인 '가설仮說'에 대해 설명했다.

세븐일레븐재팬에서는 '가설'을 세우고, 그것을 '실행'
하여, 그 결과를 '검증'한 후, 다음 가설로 이동하거나 행
동하는 것이, 매장 점원부터 본사 사무직에 이르는 전 직
원에게 기본이었다.

매장에서는 주변 학교 행사나 사무실 정보를 비롯한
일기예보, 단골손님 정보 등을 기반으로 '가설'을 세운
후 주문 상품을 선정하고 수량을 결정한다. 중요한 것은
이 '가설'은 반드시 검증되어야 한다는 점이다. '가설'이
단순히 그 사람의 '억측'이 아니었음을 확인해야만 한다.

MD에서도 마찬가지이다. 상품, 유행, 날씨, 사회 정세
등 다양한 정보를 기반으로 고객이 무엇을 원하는지 '가
설'을 세우고 '실행'에 옮긴다. '가설'에는 반드시 '실행'
과 '검증'이 세트로 따라다녀야만 한다.

‘억측’은 유통업계뿐 아니라 모든 업종에서 가장 무서운 실수의 원인이어서 절대적으로 피해야 할 요소이다. 전쟁터라면 ‘억측’으로 인한 실수는 죽음을 의미한다.

나는 이 ’가설’과 ‘검증’ 방법을 설명하면서 또다시 삼각김밥 개발을 의뢰했다.

하지만 일본이라면 이해해줄 이 생각도 한국에서는 그리 간단히 이해해주지 않았기 때문에, 우선은 내가 행동하는 것으로 사례를 보여주리라 결심했다.

우선 나는 일본 세븐일레븐에서 잘 팔리는 삼각김밥 재료를 떠올렸다. 그리고 그 각각에 ’가설’을 세워 한국에서 잘 팔릴만한 삼각김밥 재료를 ‘검증’했다.

1978년 일본 세븐일레븐에서 삼각김밥을 발매한 이래 가장 꾸준히 팔리는 것은 매실장아찌, 연어, 그리고 다시마조림 삼각김밥이었다. 여기에 그때까지는 샌드위치 재료로 사용되던 참치마요네즈 등 세븐일레븐에는 히트 상품이 많았다.

한국인은 매운 것을 좋아하니 일본의 매운 명란젓 등도 괜찮으리란 생각이 들었지만, 한국백화점에서 판매용 명란젓을 시식해보니 일본 것과는 맛이 매우 달랐다. 알고 보니 한국에서는 명란젓이 찌개 재료였다. 이것 하나만 먹는 경우는 별로 없었다.

시행착오 끝에, 역시 일본에서 가장 잘 팔리는 품목으로 해봐야겠다는 생각이 들었다.

이것은 참치마요네즈였다. 하지만 뜻밖에도 참치마요네즈야말로 한국에서 그 맛을 재현하기가 어려운 재료였다.

맛없는 참치마요네즈

한국에서 살았던 많은 일본인이 경험하는 것이 양념 맛의 차이이다. 언뜻 보면 똑같은 양념 같지만 한입 맛을 보면 완전히 다른 맛이다. 이런 사례는 여럿 있다.

예를 들면 소금과 설탕.

같은 소금이어도 한국 것은 일본보다 담백하다. 미네랄 성분이 일본보다 많은 탓이다. 설탕도 마찬가지로 맛이 미묘하게 다른데, 이 때문에 일본 출신 파티시에들이 한국에서 몹시 애먹곤 한다.

일본의 유명 파티시에라도 한국에서 케이크를 만들 때, 평소처럼 같은 분량의 한국 설탕을 사용하면 반드시 실패한다. 아무래도 자신의 맛이 나오지 않는다. 설탕은 전 세계적으로 모두 비슷해보이므로 좀처럼 원인을 알아채지 못한다. 하지만 여러 시행착오를 거친 끝에 마침내 범인이 설탕임을 알아차리고는 깜짝 놀란다고 한다.

그리고 마요네즈.

한국 마요네즈는 미국의 크림 마요네즈를 따라 만들었다. 일본인 중에는 미국식 마요네즈가 입에 안 맞는 사람이 많은데 그런 사람들에게 한국산 마요네즈는 더더욱 안 맞을 것이다. 이것은 흰자를 주원료로 사용하기 때문이다.

'참치마요네즈 삼각김밥'은 일본에서 태어났다. 당연히 일본 마요네즈를 사용했고, 그 맛으로 히트한 제품이다.

사실 이전에도 한국 편의점에 '참치마요네즈'가 존재했었다. 일본 것을 벤치마킹했었기 때문에 일본에서 잘 팔리는 상품이라는 것은 이미 확인된 사항이다. 그런데 실제로 한국에서 참치마요네즈 삼각김밥을 팔아보니 전혀 팔리지 않았다.

나는 그 이유가 마요네즈 맛이 다르기 때문이라고 생각했다.

이것을 상품부 직원들도 이해하도록 나는 일본 마요네즈를 준비했다. 상품부 직원들은 일본 마요네즈로 만든 참치마요네즈를 먹고 맛을 보더니, 한국에서 '참치마요네즈 삼각김밥'이 팔리지 않은 원인이 한국 마요네즈에 있음을 인정했다.

나는 일본 마요네즈를 사용한 '참치마요네즈 삼각김밥'을 팔 것을 의뢰했고 상품부도 따라주었다. 이번엔 잘 될 것이라며 한시름 놓았었지만 현실은 그렇게 순탄하지만은 않았다.

일본에서 수입한 마요네즈를 사용하자 원가가 너무 높아진 것이다.

당시 삼각김밥 한 개의 가격은 평균 900원. 일본 마요네즈를 사용하면 1,500원에 팔아야 했다. 삼각김밥 한 개에 그 정도 가격은 너무 비싸다. 하지만 한국 마요네즈로는 맛있는 참치마요네즈 삼각김밥을 만들 수 없다.

나는 집에서 달걀, 소금, 식초, 기름 등을 넣으며 한국 마요네즈가 일본풍이 되도록 시도해 보았다. 달걀 노른자와 일본 식초를 넣으면 일본풍 맛이 나긴 했지만 이것 또한 비용이 많이 든다. 한국 식초에도 문제가 있었다. 일본 식초와 비교했을 때 식초의 신맛이 바로 날아가 버려 시간이 지나면 맛이 변한다.

하지만 뭔가 다른 방법이 있으리란 생각이 들었다.

나 혼자 고민하기에도 한계가 있어 나는 지금까지 혼자 시도했던 방법을 상품부에 설명하고 도움을 구했다. 내가 직접 실험하면서 부탁한 것이다. 상품부도 나의 노력을 알아주어 모두가 필사적으로 마요네즈 개선에 매달렸다.

수입 액체달걀이나 신맛이 오래가는 한국산 업체용 식초 등을 상품부에서 찾아냈다. 다른 양념들도 이것저것 넣어보며 두 달의 연구 시간을 보냈고, 마침내 이 정도면 좋다고 할 만한 참치마요네즈를 완성했다.

하지만 새로운 문제가 나타났다. 이전에 상품부가 우려했던 일이 일어난 것이다. 가장 중요한 삼각김밥 제조업체가 다른 편의점 업체와도 똑같이 거래하기 때문에, 곧바로 경쟁업체의 참치마요네즈 맛도 개선해버려 코리아세븐만의 독자적인 맛이 없어져 버린 것이다.

코리아세븐 전용 공급업체vendor가 더욱 절실히 필요했다.

전용 공급업체, 롯데후레쉬델리카를 설립하다

참치마요네즈 삼각김밥이 팔리면서 롯데 전용 공급업체 사업에 본격적인 시동이 걸렸다. 1999년의 일이다.

이 공급업체의 핵심이 된 것은 롯데그룹 내의 롯데중앙연구소와 롯데삼강이었다.

롯데중앙연구소는 롯데그룹 전체의 싱크탱크이다. 서울에서도 서민적인 분위기가 감도는 시내 서부, 한강 남쪽의 영등포구 양평로 롯데제과 본사 공장 앞에 8층 건물이 있는데 이곳이 롯데중앙연구소였다. 이 연구소는 롯데그룹의 식품 사업에 필요한 온갖 정보를 수집, 분석, 연구, 개발, 여기에 검증하는 기능까지 갖춘 신격호 회장의 오른팔과 같은 조직이었다.

롯데삼강은 아이스크림 제조사로 유명하지만, 롯데리아의 식재료, 소스, 양념도 제조했다. 이곳은 또한 냉동 물류 기능까지 갖추어 롯데리아, 세븐일레븐의 일부 물류도 담당했다. 앞서 이야기한 참치마요네즈 삼각김밥용으로 개량한 마요네즈도 사실은 이 롯데삼강에 제조를 위탁했었다. 따라서 세븐일레븐 전용 공급 공장을 만드는 프로젝트팀이 이곳 롯데삼강에 만들어졌다.

이와 동시에 롯데중앙연구소에서 가까운 영등포구 문래동의 롯데삼강 공장 일부에서 세븐일레븐 전용으로 푸드를 제조, 공급하기 시작했다. 문래동 공장은 주변이 아파트로 둘러싸인 결코 큰 공장은 아니었지만, 이곳의 소스 제조설비 중 일부를 푸드 공장으로 바꾸어 가동을 시작한 것이다.

당시 코리아세븐에 삼각김밥을 공급하던 업체는 경기도 광주시에 있는 삼구유통과 ㈜탑슐이었다. 이 두 회사가 서울을 포함한 경기도, 충청북도 지역을 담당했지만 어느 쪽도 세븐일레븐 전용은 아니었다. 경상도는 부산의 유미식품에서, 전라도는 한국외식산업이라는 전주 기업에서 공급했다.

참치마요네즈 삼각김밥이 인기를 끌 무렵 롯데중앙연구소가 기안한 전주비빔 삼각김밥도 인기상품에 올랐다. 또한 이미 판매하던 삼각김밥 중에는 데일리 메이커인 삼구유통이 고안한 참치김치가 인기였다.

솔직히 나는 이 참치김치가 그다지 맛있진 않았다. 참치도 좋고 김치도 좋다. 하지만 이 두 가지를 합친 것은 별로였다. 하지만 젊은 한국 직원들 사이에선 대인기였다. 사실 참치김치를 포함한 이 3가지는 지금도 잘 팔리는 한국 삼각김밥의 대표 메뉴이다.

푸드에도 조금씩 볕이 들었다. 내가 부임할 당시에는 삼각김밥은 팔리더라도 매장당 하루 1개 팔렸지만 이제 10개 정도는 팔린다.

하지만 앞으로도 벽을 넘으려면 더 많은 시간이 필요했다.

전용 데일리 메이커 사업으로, 새로운 회사가 설립되었다. 그리고 롯데후레쉬델리카(통칭 LFD)라 이름 붙여진 이 회사의 전무이사로 내가 취임했다.

롯데후레쉬델리카를 세계 최신의 데일리 메이커 공장으로 만들고자, 일본에서 세븐일레븐과 함께 일해 온 후지푸즈fujifoods사에 전면적인 협조를 구해 설계시공에 들어갔다.

롯데후레쉬델리카의 본사 공장은 롯데가 예전부터 소유하고 있던 서울시 남쪽에 위치한 용인으로 결정되었다. 지금은 시로 승격한 용인시에서 아래로는 경부고속도로가 지나는, 당시로선 미개발 상태의 땅이 펼쳐진 구릉지 한쪽 구석에 공장이 지어졌다. 지금은 이 부근으로 각 기업의 유통센터가 모여 일대 유통기지가 되었으니 이 광경에 격세지감이 느껴진다.

당시 세븐일레븐은 이제야 겨우 매장수가 200개 정도

였지만 롯데후레쉬델리카는 처음부터 1천 개 매장을 감당할 생산량으로 계획되었다. 주변에서 보면 무모한 규모처럼 보였겠지만 이미 나의 뇌리에는 매장이 500개가 넘는 코리아세븐의 모습이 연상되고 있었다.

코리아세븐, 500개 매장 돌파

공장을 새로 만든 이상, 적어도 이 공장에서 만든 상품을 진열할 매장이 있어야만 한다. 당시는 서울 지역에서 간신히 150개 매장을 넘길 무렵으로, 전국을 통틀어도 그해 말에 250개 매장을 넘기는 게 고작이었다.

이처럼 점포수가 200개 정도일 즈음, 실은 가까운 장래에 500개 매장을 달성하기 위한 목표가 세워져 있었다. 이것은 그 당시 물밑으로 진행되던 인수합병이었다. 이에 관한 자세한 이야기는 뒷장에서 다시 언급하겠지만 이것은 코오롱 그룹이 소유한 로손의 인수였다.

로손 인수는 2000년 1월에 이루어졌다.

코리아세븐은 당시 로손이 가지고 있던 248개 매장을 세븐일레븐으로 새로 바꾸어 단번에 500개 이상의 매장을 가질 수 있었다.

일본에서는 좀처럼 믿을 수 없는 이야기지만 세븐일레븐이 로손을 인수한 것은 사실이어서, 현재도 한국에는 로손이 없다.

500호점을 넘기면서 매장이 두 배가 되자 우리는 한

층 더 고삐를 죄며 오리지널 상품 개발을 서둘렀다. 제조업체 상품(NB상품)만 팔아서는 세븐일레븐 가맹점의 이익은 늘지 않기 때문이다.

이 인수합병에 앞서 일 년 전인 1999년 4월 코리아세븐에는 또 한 가지 기쁜 일이 있었다. 롯데리아로부터 독립하여, 정식으로 '주식회사 코리아세븐'이 탄생한 것이다.

한층 도약하기 위해서라도, 이듬해인 2000년 6월에 준공할 롯데후레쉬델리카를 위해서라도, 매장을 더욱 늘려야만 했다. 매장을 늘리려면 로손을 인수했던 것처럼 인수합병 방법도 있지만 역시 기본은 매장개발이다.

나는 롯데의 허가를 받아 세븐일레븐재팬에서 매장개발을 담당했던 스즈키 슈지鈴木修二를 고문으로 영입하여 코리아세븐의 매장개발 지원을 부탁했다. 스즈키 씨는 세븐일레븐재팬을 퇴사한 후 일본에서 매장개발 컨설팅을 하고 있었지만 한 달에 한 번 10일 정도씩 한국으로 출장을 와서 코리아세븐의 매장개발을 맡아 주기로 했다.

그때까지 코리아세븐의 매장개발은 가맹을 희망하는 사람이 오면, 그 매장의 조건이 편의점과 맞지 않더라도 허용해온 경향이 있었다. 어쨌든 점포수만 늘리면 된다는 느낌이었다. 희망자 자신이 편의점이라는 업태를 이해하지 못한 경우도 종종 있었다. 당시는 아직 한국인의 생활 속에 편의점이 친숙하지 않았던 탓도 있다.

하지만 이것도 스즈키 씨가 온 이후엔 점차 상황이 개선되었다. 매장개발 담당자도 편의점의 기본을 이해하며 일하기 시작했다.

이처럼 매장 환경을 조성하며 숫자도 늘려간다면, 역시 다음으로 중요한 것은 오리지널 상품의 개발이다. 향후 코리아세븐 전용 상품을 제조할 예정인 첫 데일리 메이커 회사인 롯데후레쉬델리카 공장도 마침내 설계를 마치고 용인에서 공사를 시작했다.

나도 롯데그룹에서 여러 가지 새로운 업무가 늘면서, 점차 혼자하기에는 능력의 한계가 있음을 절감하기 시작했다.

　도쿄 미쓰이물산 본사에서 보이는 황궁은 녹음에 둘러싸여 여름 햇살에 빛나고 있었다. 서울에서 두 번째 여름을 맞이할 무렵 나는 잠깐 귀국하여 세븐일레븐재팬 시절부터 친하게 지냈던 미쓰이물산 석유화학 범용수지 본부의 합성수지 제3부장인 미즈카미 히로카즈水上博一를 만나러 갔다.

　미쓰이물산과 세븐일레븐의 거래 관계는 미즈카미 씨가 소속된 합성수지 부문과의 교류에서 시작되었다. 세븐일레븐은 푸드 등에 사용하는 용기를 이곳에서 공급받고 있었다. 당시 미쓰이물산의 식품 도매상 전략은 미쓰비시상사三菱商事처럼 전국단위 도매상을 지향하는 방식이 아니라, 주력 지방 도매상에 출자하여 자유 연쇄점 voluntary chain•을 확대시키는 방식을 모색하고 있었다. 편의점이라면 식품 부문과의 관계가 제일 크리라 생각되지만, 미쓰이물산엔 미쓰이식품도 있었고 전국 단위의 도

•　독립된 여러 소매상이 모여 협력관계를 가지고 형성되는 연쇄점. 공동매입, 공동 설비 등을 통해 대형점과 경쟁

매상도 없었기 때문에, 식품이나 유통 부문보다는 식품 용기가 주력인 합성수지 부문과의 연계가 더욱 강했다. 이 합성수지 부문의 소개로 미쓰이물산 식품 부문과의 관계도 점차 구축할 수 있었다.

미즈카미 씨는 햇빛에 그을린 얼굴로 미소지으며, 누구에게 들었는지 나의 한국에서의 고충을 위로해 주었다. 나는 한국에서의 푸드사업 어려움을 토로하며, 롯데그룹이 전용 데일리 메이커 공장 사업을 시작하였음을 이야기했다.

이때 미즈카미 씨의 눈이 빛나는 것을 느낄 수 있었다.

"데일리 메이커 공장을 가동하면 푸드 전문가가 필요하겠죠?"라고, 미즈카미 씨로부터 제안을 받았다. 이것을 미쓰이물산과 시작해보자는 제안이었다. 지금까지 일본인으로는 거의 혼자 맨주먹으로 일해 왔던 나로서는 고마운 제안이었다.

당연히 나 혼자서는 결정할 수 없어 한국으로 돌아간 후 답변하기로 했지만, 미쓰이물산 본사를 나서자 자연스레 발걸음이 가벼워졌다. 습도가 낮은 서울에 익숙해진 나는 도쿄의 습한 날씨와 뜨거운 여름 햇빛으로 힘들었지만, 미즈카미 씨의 제안으로 일순간 내 마음에는 시원한 바람이 부는 듯했다.

미쓰이물산의 제안을 계기로, 한국 최초의 전용 데일리 메이커 공장인 롯데후레쉬델리카 프로젝트를 위해 롯데 내부에도 새로운 인재를 확보하려는 움직임이 시작되었다.

롯데후레쉬델리카의 가동은 이듬해 2000년 6월이 목표였다.

2000년 1월, 미쓰이물산이 가공식품 제조사인 프리마햄プリマハム의 영업직원인 아다치 유키타카足立幸隆를 미쓰이물산의 자회사인 벤더서비스사의 직원으로, 서울로 발령 내주었다.

아다치 씨는 규슈의 후쿠오카 출신이었지만 짙은 눈썹을 지닌, 일본설화 속 영웅인 긴타로 같은 풍모가 믿음직스러운 남자였다. 그는 일본인 직원 중 한국어에 가장 능통했고 한국인 직원들로부터 인망도 두터웠다. 한국과 지리적으로 가까운 규슈 출신이기 때문인지 한국의 음식과 풍토에도 잘 적응하는 멋진 사람이었다. 아다치 씨는 곧바로 상품부 부장이 되었다.

그해 4월에는 또 한 사람의 든든한 일본인 조력자를 얻을 수 있었다. 세븐일레븐재팬에서 시니어 MD를 역임했고 이후엔 고향 후쿠오카에서 편의점 컨설팅을 하던 마나베 아키오眞鍋明男를 코리아세븐 고문으로 영입한 것이다. 마나베 씨는 나보다 나이가 많았지만 풍모는 아직 40대처럼 젊고 항상 웃는 얼굴이어서 한국인 직원 사이에서도 평판이 좋았다. 세븐일레븐 근무 시절엔, 이제는 대표 상품이 된 세븐일레븐 PBPrivate Brand의 전국 지역 라면을 발매하는 등 수많은 히트 상품을 탄생시키기도 했다.

애초 마나베 씨는 후쿠오카에서 해야 할 업무도 있었기 때문에 한 달에 3일간만 한국에서 컨설팅하기로 했다. 하지만 그해 11월, 코리아세븐의 식품 본부장으로 정식 직원이 되었다.

자사 공장에서 푸드를 만들고 싶다

내가 한국에서 처음으로 편의점 삼각김밥을 먹은 이래 그럭저럭 2년이 지나고 있었다. 한국 최초의 편의점 전용 데일리 메이커 공장인 롯데후레쉬델리카 가동도 6월로 다가왔다. 20세기 마지막 해였다.

이 공장은 21세기 한국유통을 담당하게 될 것이다. 나는 롯데후레쉬델리카 공장이 가동되기만을 아이처럼 두근두근 설레면서 손꼽아 기다렸다.

상품개발 업무는 1월 부임한 아다치 씨와 4월 고문으로 영입한 마나베 씨 덕분에 부담이 많이 줄었다. 오히려 롯데로부터 의뢰받은 새로운 사업인 한국 최초의 식품전용슈퍼 설립에 힘을 쏟을 수 있었다.

삼각김밥 판매량은 매장당 하루 10개 정도에 머물러 있었다. 1년 전 하루 2~3개라는 숫자를 생각하면 나아지긴 했지만, 일본 편의점에서는 하루 100개 또는 200~300개 단위로 팔린다. 이 점을 고려하면 아직도 갈 길이 멀었다.

삼각김밥 등의 푸드 개발이 생각처럼 진전되지 못했

던 것은 그해 초반 로손을 합병했던 후유증으로, 상품개발보다는 기업통합에 시간을 할애했던 탓도 있었다. 롯데후레쉬델리카를 가동하기 전에 통합으로 발생한 모든 문제를 해결해야만 했다.

롯데삼강 공장이 데일리 메이커로 합류하던 시기에 맞춰 이와 동시에 데일리 메이커 정리도 시행했다. 서울과 경기도 지역은 롯데삼강과 삼구유통의 2개사 체제로 만들었다.

롯데후레쉬델리카는 이미 기업으로 발족해 있었다. 용인공장이 가동을 시작할 때까지, 서울 시내 서쪽인 영등포구 문래동에 있는 롯데삼강 공장의 한편을 빌려 삼각김밥과 김밥을 주력으로 푸드 생산을 시작했다.

그해 4월 무렵부터 나는 세븐일레븐의 가맹점과 직영점 점장들에게 요청사항을 내려보내기 시작했다. 롯데후레쉬델리카가 가동되는 6월 이전에 삼각김밥 주문량을 늘리고 싶었기 때문이다.

"푸드 주문 늘리는 것을 두려워하지 마십시오. 푸드 폐기는 매장의 미래를 위한 투자라고 생각해 주십시오. 폐기된 푸드가 왜 팔리지 않았는지를 생각하고 어떻게 하면 잘 팔릴까에 대한 '가설'을 세우기 바랍니다. 이를 반복하다 보면 그 결과는 반드시 각 매장의 재산이 되리라고 확신합니다."

나는 열정적으로 말했다. 롯데후레쉬델리카가 가동되면 지금보다 좋은 품질의 푸드가 만들어지리란 자신도 있었다. 이런 열의가 전해졌는지 가맹점이나 직영점 점장들도 따라 주었다. 삼각김밥 주문이 늘기 시작한 것이다. 그 숫자가 놀랄 만큼 많지는 않았지만 적어도 하루에 10개는 넘길 정도였다.

하지만 계속해서 푸드 매출이 순조롭게 올랐던 것은 아니었다.

시절은 5월.

그해 5월은 예년과 비교해 더웠다.

우선 롯데삼강 공장에서 문제가 발생했다. 냉각 부족으로 불고기 삼각김밥 재료에서 이상한 냄새가 나버려 전량 회수했다.

그리고 그 다음 날. 이번에는 김밥의 김에서 이상한 냄새가 났다. 보관장소의 습도관리가 안 되었던 탓이다. 생산량이 늘었지만, 현실적으로는 이전과 같은 좁은 공장에서 임시방편으로 작업할 수밖에 없었기 때문이다.

'폐기는 미래를 위한 투자'임을 강조해왔지만 우리들 내부의 실수로 발목을 잡혀버린 꼴이 되었다. 넓은 시설에 충분한 기계를 갖춘 롯데후레쉬델리카가 가동되기까지 한 달을 참고 견뎌야 했지만, 매장의 신뢰를 잃은 현실은 컸다. 이번 소동으로 다시 주문은 격감하고 말았다.

나는 롯데의 식품전용슈퍼 설립도 맡아 바쁜 와중이었지만, 다시금 관계사 진원에게 고삐를 죄어 줄 것을 요청하고, 가맹점과 직영점 점장들에게는 "곧 완성되는 롯데후레쉬델리카 공장에서 만드는 푸드는 반드시 각 매장의 매출과 이익에 기여할 것입니다"를 약속하며, 푸드의 폐기를 두려워 말고 내일에 대한 투자라고 믿으며 따라와 주기를 바란다고 호소했다.

한국 최초의 유통 가공 센터를 가동하다

2000년 6월 9일 금요일, 맑은 날씨였다.

드디어 기다리고 기다리던 롯데후레쉬델리카 준공식 날이다.

2년 전 혼자 김포공항에 내린 이후 지금까지 여러 가지 일이 있었다. 한국 편의점 시장의 현실에 낙담하고, 매장당 하루 한두 개 밖에 삼각김밥이 팔리지 않는 상황에 아연실색하기도 했지만 이로부터 2년, 이제는 삼각김밥도 하루 10개 정도는 팔린다. 물론 아직도 적은 수준이지만 이것도 오늘부터는 바뀐다. 드디어 한국 최초로 PC(Processing Center/유통 가공 센터) 기능을 겸비한 간편식품 공장이 가동된다.

PC란 일반식품을 매장용으로 소량씩 나누는 기능을 갖춘 센터이다. 삼각김밥, 도시락, 반찬 등의 간편식품뿐 아니라 편의점 매장용 일반식품이나 냉장식품 등을 소량으로 주문할 수 있다. 이것의 장점은 각 매장이 떠안는 재고량을 줄여 매장 부담을 덜 수 있다는 점이었다. PC는 편의점을 발전시키기 위해 고안된 물류 시스템이었다.

준공식이 시작되기 전, 나는 얼추 공장 체크를 마치고 활짝 갠 하늘 아래서 담배를 깊이 들이마셨다. 담배 맛이 좋았다.

준공식은 롯데후레쉬넬리카 주차장에서 열렸다. 인사하기 위해 단상에 오른 내 눈앞으로는 용인의 희뿌연 구릉지가 황야처럼 펼쳐져 있었다. 이 황야 너머에는 인구 1,200만의 서울시를 시작으로 그곳을 둘러싼 경기도, 나아가 인천광역시가 펼쳐져 있다. 한국 인구의 절반 가까이가 사는, 편의점의 큰 시장이다.

이 황야를 바라보고 있자니 몇몇 얼굴이 머리를 스치며 지나갔다.

미쓰이물산의 미즈카미 히로카즈 부장, 그가 파견 보낸 아다치 유키타카 부장, 세븐일레븐재팬의 시니어 MD였던 마나베 아키오 고문, 점포개발을 맡아준 스즈키 슈지 고문, 부산의 유승훈 계장.

나는 이 다섯 동료의 도움으로 여기까지 올 수 있었다. 그렇게 생각하니 이들이 마치 지금 눈앞에 펼쳐진 용인 황야에 선 총잡이처럼 여겨졌다. 이 황야에는 아직도 어려운 문제들이 도사리고 있다. 하지만 이 다섯 동료가 있어 준다면 반드시 극복할 수 있을 것이다.

성공은 이 황야 저편에 있다. 그곳에 이르기 위한 열쇠는, 우리가 오늘 준공한 물류 가공 센터, 롯데후레쉬델리카를 활용하여 어떻게 하면 고객의 마음을 사로잡을 상품을 만들 수 있을까에 달려 있다.

코리아세븐은 로손을 인수하며 점포수로는 550이란 숫자를 달성했지만 이와 동시에 여러 가지 문제를 떠안은 면도 있었다.

기존 코리아세븐은 이제 삼각김밥도 매장당 하루 10개 정도씩은 팔리지만 (구)로손 매장은 아직도 기껏해야 한두 개 팔리는 상태였다.

하지만 이런 상황도 곧 바뀔 것이다. 다섯 동료와 함께 롯데후레쉬델리카를 활용하여 고객이 좋아할 신제품을 계속 만들 것이다. 동종업계 타사와 차별화를 꾀하여 (구)로손의 가맹점주들에게도 '세븐일레븐으로 바뀌어 잘됐다'란 생각이 들도록 하고 싶다. 나는 그렇게 다짐했다.

롯데후레쉬델리카 준공 이후, 나는 그때까지 본사에서 주 1회 실시하던 상품개발회의를, 용인에서 월 3회 실시하는 것으로 변경했다. 데일리 메이커 공장에서 제품을 고민하는 것이 갓 태어난 공장을 키우는 의미에서도 좋으리라 생각한 것이었다.

롯데후레쉬델리카가 본격적으로 가동을 시작할 무렵

이미 삼각김밥 황야의 다섯 사람은 다음 단계를 내다보며 활동을 개시했다. 삼각김밥을 폭발적으로 유행시키기 위해선 특별한 장치가 필요했다.

더 많은 한국인이 삼각김밥을 찾게 하고 싶다. 이 한국 땅에서 삼각김밥을 더욱 뿌리 내리게 하고 싶다. 이를 위한 방안을 고민할 시기가 오고 있었다.

제3장

삼각김밥 혁명

맛있는 삼각김밥을 만들다

삼각김밥에서 가장 중요한 요소는 무엇일까.

이것은 쌀이다.

삼각김밥을 만들려면 가장 맛있는, 그리고 시간이 지나도 풍미가 떨어지지 않는 쌀 품종을 선택해야 한다. 물론 밥 짓는 방법도 중요하다. 이 두 가지에 소홀하면 맛있는 삼각김밥은 만들 수 없다.

한국은 밥을 주식으로 하는 나라여서 맛있는 쌀을 구하는 것이 어렵지 않았다.

롯데후레쉬델리카가 있는 용인에서 동쪽으로 조금만 가면 도자기로 유명한 이천이 있는데 이곳에서 수확한 쌀은 일본으로 치면 우오누마산 고시히카리*에 해당할 정도로 인기가 있다. 이천과 우오누마는 거의 같은 위도 37도에 위치하여 밤낮의 기온 차가 크다는 지역 특성도 비슷하다. 따라서 이곳에서 수확한 쌀은 단맛이 뛰어나 일본인들도 좋아한다. 우리는 이 쌀을 사용했다.

다음은 밥 짓는 방법이다. 쌀은 밥 짓는 방법에 따라

• 일본 최상의 쌀 품종. 고시히카리 중에서도 니가타현 우오누마산을 최고로 친다.

맛이 좌우되는데, 이 부분은 당시로서는 최신형인 연속식 자동 밥솥 라인을 롯데후레쉬델리카에 설치하는 것으로 해결했다.

이것으로 밥에 관한 우려는 해소되었지만 삼각김밥에서 밥 다음으로 중요한 요소가 또 한 가지 있다. 이것은 김이다. 일본 편의점에서 삼각김밥이 히트했던 것에는 바삭바삭한 식감의 김도 한몫했다.

삼각김밥은 미리 김으로 말아 두는 것이 아니라, 먹기 직전에 별도의 시트에 끼운 김을 꺼내 밥을 감싼다. 이렇게 하면 밥에 있는 수분 때문에 김이 눅눅해지는 것을 방지할 수 있어, 바삭바삭한 식감을 즐기면서 삼각김밥을 먹을 수 있다. 이런 신선함이 일본에서의 인기 비결이었다.

당시에는 아직 삼각김밥의 판매 수량이 적은 탓도 있어 김을 감싸는 시트의 국내 생산은 없었다. 일본에서 수입한 시트에 한국 현지 제조 공장에서 삼각김밥용으로 자른 한국산 김을 수작업으로 끼워 넣어 출하하고 있었다. 이것은 세븐일레븐뿐 아니라 다른 경쟁업체도 마찬가지였다.

하지만 나는 하루빨리 이 작업을 중단시키고 싶었다. 수작업에는 인건비가 너무 많이 든다는 비용상의 문제도 있었지만 이보다 더한 문제는 수작업으로 하다보면 김 시트 사이로 이물질이 섞여 들어갈 위험이 높다는 점이 었다.

당시 코리아세븐에서는 한국 미쓰이물산이 수입한 시 트를 구매해서 이것을 한국의 김 제조업체로 넘기고 있 었다. 그래서 나는 미쓰이물산의 미즈카미 부장에게 부 탁하여, 일본에서는 이미 일반화된 삼각김밥의 김시트 전자동 포장기를 찾아냈다. 그리고 마나베 고문, 아다치 부장, 유 계장과 함께 한국의 김 제조업체로 달려가 이 전자동 포장기를 구매하도록 요청했다.

한국 최대의 김 제조업체인 삼해상사가 이에 응해 주 었다. 하지만 이곳엔 전자동 기계에 관한 기술적인 지식 이 없었기 때문에 이번에는 일본 아이치현 안조시에 본 사를 둔 김 제조업체인 야마코ヤマコ의 시라하네 키요시白 羽清 회장에게 기술 지도를 부탁했다. 시라하네 회장은 중 국에서 김 원료 개발에 힘써온 분으로 한국 시장개발에 도 적극적으로 협력해 주었다.

우리의 요청으로 야마코는 코리아세븐을 위해 삼해상 사와 함께 삼해야마코란 합작회사를 설립했다. 이것으로 삼각김밥용 김을 위한 인프라가 완성되었다.

다음은 가장 중요한 김의 맛이 문제였다. 앞서 언급한

대로 당시 코리아세븐은 한국산 김을 사용하고 있었는데, 내 생각에 삼각김밥이 맛있으려면 이 역시 일본과 똑같이 조미되지 않은 김을 사용해야만 했다.

한국산과 일본산 김에는 커다란 차이가 있다.

일본산 김은 대부분 전통종이처럼 두께가 일정하도록 건조한 판형 김이지만 한국산 김은 굳이 섬유질을 남겨 두께가 고르지 않으면서 딱딱한 식감을 즐기는 형태이다.

김으로 눈앞을 가리면, 일본산은 검은 종이가 앞에 있는 듯한 느낌이지만 한국산은 군데군데 비쳐서 맞은편이 보인다.

그리고 무엇보다 둘 사이의 커다란 차이는 맛이다. 한국에서는 소금과 기름으로 양념 된 조미김이 대부분이다. 이처럼 원료는 같은 해조류여도 제조방법이 다른 한국산과 일본산 김에는 큰 차이가 있었다.

나를 비롯한 마나베 고문, 아다치 부장도 일본산 김을 좋아했다. 그러나 유 계장을 비롯한 많은 한국인 직원은 한국산 김을 좋아했다.

맛있는 김이란 어떤 것일까.

회사에서 기탄없는 토론이 벌어졌다.

일본산 김일까 한국산 김일까

사람의 미각이라는 것은 어렵다.

나는 세븐일레븐재팬 시절부터 고객을 위해 맛있는 제품을 만드는 것에는 타협할 생각이 없었다. 하지만 직원들 사이에 미각의 기준이 매우 다르게 나타나면 문제는 어려워진다.

단순히 국민성에 따른 미각의 차이로 간주해버리면 생각은 거기서 멈춰 버린다.

분명히 같은 일본인이어도 지방마다 사람들의 미각은 다르다. 우동과 소바도 오사카를 위시한 관서지방과 도쿄를 위시한 관동지방에서는 서로 다른 국물에 먹는다. 세븐일레븐재팬에서도 지방색 있는 맛을 푸드에 반영하는 경우가 많다.

하지만 이런 발상을 그대로 삼각김밥에 적용하는 것은 피하고 싶었다. 한국인은 조미된 한국 김을 좋아하지만 단순히 삼각김밥도 "한국 김으로 갑시다"로 하고 싶진 않았다. 삼각김밥은 편의점으로서는 푸드의 핵심을 담당하는 중요한 존재이다. 이러한 삼각김밥의 김과 지방별로 해당 지역의 푸드를 준비하는 것과는 사정이 다르다.

일본에서 편의점 삼각김밥이 히트한 계기였던 김에서는 고집을 피우고 싶었다.

일본인인 내가 보았을 때, 삼각김밥의 김은 역시 바삭하면서 두께도 일정한 일본 김이 가장 어울렸지만, 코리아세븐의 한국인 직원들은 이번만은 좀처럼 양보하지 않으며 일본 김을 인정해 주지 않았다. 이 와중에 푸드 컨설팅을 해주던 롯데중앙연구소까지 나서서 "한국 김만은 양보할 수 없다"고 말할 지경에 이르렀다.

일본파는 마나베 고문과 아다치 부장을 포함한 모두가 "역시 삼각김밥은 일본 김이 가장 맛있어요"라고 주장했고, 한국파는 "아니요, 김은 역시 군데군데 맞은편이 비치는 한국 김이 최고입니다. 음미할 때 김의 두꺼운 섬유질이 사각사각 느껴지면서 소금과 기름의 조미가 맛있어요"라며 물러서지 않았다.

논의는 평행선을 달렸다.

김이라는 음식은 이미 모양과 맛 모두에서 양국 간 이상형이 확고하며, 어떤 의미에서는 국민 음식이라 일컬어질 정도로 승화되어 있었다. 미국이나 유럽에서 본다면 "뭐야, 똑같은 것 아니에요"라고 생각할지 모르지만 당사자인 우리가 보면 그 식감이나 맛은 양보할 수 없는

'국민 음식'이었다.

이 간격은 좀처럼 좁혀지지 않았고 타협하기도 곤란했다.

기껏해야 고작 김인데 이런 소란이다. 사실 최근의 한국과 일본 간 불온한 분쟁의 원인도 의외로 이런 사소한 것에 숨어있는 것일지도 모른다.

결국, 김 문제는 코리아세븐 사내 전체를 끌어들인 논의로 발전했다.

논쟁으로 옥신각신하는 것이 나쁘기만 한 것은 아니다. '논의는 끝까지 다해야만 한다'는 말이 바로 이때에 해당했다. 직원들이 끝없이 논의하는 중에 사내에는 점차 일체감이 생겨났던 것이다. 물론 이것을 기대하고 내가 반대했던 것은 아니었지만 나를 비롯한 일본 직원들이 일본식 김을 고집했던 덕택에 논의가 활발해지고 한일 직원 모두가 삼각김밥에 관심을 두게 되었다.

"삼각김밥 따위는 한국에서 팔리지 않아"라며 될 대로 되라는 식의 기색을 보였던 한국인 직원들도 생각을 바꾸어 "삼각김밥이 잘 팔리려면 어떻해야 좋을까"라는 열띤 토론에 가세했다. 모두가 일체가 되어 '맛있는 삼각김밥'을 향한 열정을 갖게 되었다. 정말로 맛있게 만들자는 기운이 사내로 퍼지며 회사가 단결되는 것이 피부로 느껴졌다.

어쨌든 중요한 것은 김이다. 결국 절충안이 만들어졌다.

최종적으로 모두가 인정한 삼각김밥용 김은, 조미는 한국식으로 하면서 식감은 한국과 일본의 좋은 점을 합하기로 결론지었다.

이 김은 현재까지도 한국 삼각김밥 김의 표준이다. 한국에서 편의점 삼각김밥을 먹어보면 알겠지만, 시트에 들어있는 김은 군데군데 맞은편이 비치는 한국식 김이지만 먹으면 일본의 절묘한 바삭바삭한 식감도 맛볼 수 있다. 양측이 합해진 최강의 김인 것이다.

이 김의 기본형이 정해진 무렵부터였을까.

시대가 서서히 코리아세븐에 미소 짓기 시작했다.

삼각김밥, 비싸지 않나요?

한국에는 약 100년 전 나라에서 만든 공설시장이 도시 주요지역에 자리 잡고 있는데 이 대형시장을 중심으로 유통이 돌고 있었다. 서울에서 유명한 시장은, 명동에서 동대문으로 가는 도중에 있는 공설시장 제1호의 광장시장을 비롯해 한방약재와 송이버섯으로 유명한 경동시장, 그리고 남대문시장, 동대문시장, 영등포시장 등이 있다.

요컨대 아직 한국 유통의 주인공은 번화가에 있는 시장과 상점들이었다.

당시는 편의점뿐 아니라 대형양판점도 이제 막 시작하는 단계였다. 롯데그룹이 롯데마그넷(현 롯데마트)을, 신세계가 E마트를 확장하고 있었지만 둘 다 아직 창업한 지 10년도 지나지 않은 상태였다.

그 시절 프랑스 까르푸(한국에서는 까르푸란 발음이 이상했지만)나 미국 월마트도 있었지만 현재는 철수한 상태이다.

2000년 당시에는 코리아세븐을 비롯한 편의점 업체 모두가 힘들었다. 코리아세븐이 가까스로 550개 매장을 달성했던 그때, 경쟁업체인 LG25(현 GS25)는 500개가 채 안 되었고, 훼미리마트(현 CU)는 600개 남짓이었다. 전국의 군소 편의점까지 모두 합해도 그 수는 2,500개 정도였다.

같은 해 일본의 편의점 점포수는 3만 8,274개에 달했다. 단순 비교로도 한국은 일본의 15분의 1 미만인 상황이었다.

그러던 어느 날이었다. 회사 근처에서 유 계장과 점심을 먹는데 그가 식당 메뉴를 가리키면서 이런 말을 했다.

"편의점 삼각김밥이 너무 비싼 것은 아닐까요."

당시 편의점 삼각김밥은 한 개 약 900원이었다.

코리아세븐 본사가 명동 등 업무지구에서 약간 떨어진 대학로 근처이긴 했지만 확실히 주변 식당에서는 따뜻한 국과 네다섯 종의 반찬과 밥을 포함해 3,000원 정도면 먹을 수 있었다. 변두리로 좀 더 들어가면 2,000원에 이런 맛있는 정식을 먹을 수 있었다.

과연 그렇다는 생각이 들었다.

지금까지 일본의 가격과 비교하면서, 삼각김밥 한 개가 900원이면 타당하다고 생각했었다. 하지만 그 두세 배 가격으로 따뜻한 국이 딸린 훌륭한 정식을 먹을 수 있다면 사람들은 그곳으로 가버릴 것이다.

많은 사람이 몰리는 도심 시장

따뜻하고 맛있는 밥을
저렴하게 먹을 수 있는 식당

　나는 지금까지 일본 삼각김밥의 성공을 모방해온 나 자신을 발견했다.

　그렇다. 김뿐만 아니라 한국 실정에 맞는 또 하나의 삼각김밥 전술이 필요하다. 그것이 무엇인지 마침내 보이는 것 같았다.

　가격이다.

　그리고 며칠 동안 나는 이리저리 생각하다가 일본으로 돌아간 마나베 고문에게 전화를 걸었다.

전화를 받은 마나베 씨에게 나는 "고문을 그만둬주세요"라고 청했다. 이 말에 전화 너머로 마나베 씨가 순간 놀라는 기색이 느껴졌다.

나는 이어 말했다.

"고문을 그만두고 정식으로 코리아세븐의 직원이 되어주세요."

마나베 씨는 고사했지만 나는 마음속에 그리는 편의점 푸드에 대한 꿈을 이야기하며, "이것을 성공시킬 사람은 당신뿐입니다"라며 끈덕지게 설득했다.

내 꿈을 들이댄 효과가 있어, 마나베 씨는 2000년 11월에 코리아세븐 본부장으로 취임했다. 고문일 때는 월에 2~3일만 한국에 오는 생활을 했지만 앞으로는 그 반대로 월에 2~3일만 후쿠오카로 돌아가는 생활을 하게 되었다. 좀 죄송스러운 마음이 들었지만 그래도 나는 마나베 씨의 힘이 필요했다.

나는 900원인 삼각김밥을 700원에 팔 수 있도록 마나베 씨에게 부탁했다. 가격을 30% 낮춘다는 것은 편의점 푸드의 경우 이만저만한 일이 아니었다.

사실 이 '700원'이란 가격을 입에 올리기까지, 나 스스로도 상당한 갈등이 있었다. 정말로 가능할까. 만약 가격이 내려가더라도 품질까지 내려가는 일은 결코 없어야 했다.

나는 일단 김이 전자동 포장으로 바뀌니 생산 비용이 내려가리라 어림잡았다. 김도 (내 마음속에선) 타협하여 한국과 일본의 중간 정도 것을 사용하니 일본식 판형 김보다 원가가 내려간다. 롯데후레쉬델리카가 가동됨에 따라 지금까지 외부 공장에 의뢰했던 푸드도 점차로 비용이 내려갈 것이다. 여기에 마나베 씨가 풍부한 경험으로 재료의 비용절감을 모색해 준다면 700원도 결코 불가능한 숫자는 아니라고 생각했다.

마나베 씨는 주저했지만, 나는 세븐일레븐의 '7'을 사용한 700원이란 가격은 앞으로의 푸드 전략을 위해 꼭 해야만 하는 서비스임을 설명했다.

마나베 본부장, 아다치 부장, 유 계장 모두 비용절감을 위해 밤낮을 가리지 않고 노력해주었다. 롯데중앙연구소의 힘을 빌리면서 거래처를 방문하고 구매처도 돌았다. 아직 점포수도 적고 거래량도 적은 코리아세븐이지만 그래도 롯데그룹의 일원이므로 롯데란 덩어리로 인식해달라고 설득했다. 지금의 협조를 미래에 대한 투자로 생각해 달라며 몇 번에 걸친 혹독한 협의를 이어갔다.

코리아세븐의 직원들도 김 사건 이후 결속력이 강해졌다. 재료비 인하를 위한 교섭에 회사가 하나가 되어 움직였다.

노력의 결과 비용절감을 이루어냈다. 맛있는 삼각김밥의 기본인 쌀도 품질저하 없이 가격만 낮추는 것에 성공했다.

참치마요네즈의 주요 재료인 참치캔은, 예전에 참치마요네즈의 맛을 개선하며 친하게 지내온 한국 최대의 수산회사인 동원산업에서 무리였지만 원가를 낮춰주었다. 롯데삼강에서도 세븐일레븐 전용 마요네즈 가격을 인하해주었다.

2001년 1월 마침내 코리아세븐은, 삼각김밥의 품질저하 없이 맛도 그대로 유지하면서 700원으로 가격을 인하하는 데 성공했다.

이 해는 한국 유통업계에 획기적인 해였다.

폭발적인 '삼각김밥 붐'이 일어난 것이다.

한국 최초의 삼각김밥 광고방송

삼각김밥 가격이 700원으로 인하되었다.

2001년 1월 당시 코리아세븐의 삼각김밥 라인업은 다음의 8종류였다.

참치를 사용한 삼각김밥이 두 종류로 참치마요네즈와 참치김치, 소고기가 세 종류로 숯불구이소고기, 김치불고기, 소고기고추장볶음. 여기에 닭고기고추장볶음과 돼지고기양념불고기, 그리고 전주비빔밥이다. 지금도 한국 편의점 선반에 줄지어 놓인 대표 메뉴의 맛은 이 시기에 나왔다.

솔직히 이 중에는 내가 싫어하는 맛도 있었다. 나는 메뉴 채택에 반대했지만 직원들의 압도적인 지지로 살아남았다. 그것이 어떤 맛인지는 여러분들 상상에 맡긴다.

그런데 가격인하를 검토하기 시작했을 무렵, 시험 삼아 김치만 넣은 삼각김밥을 발매했던 일이 있었다. 가격은 500원. 고기 등이 풍성히 들어간 다른 삼각김밥들보다 저렴했다.

그러나 이것은 전혀 팔리지 않았다.

나로서는, 일본의 매실장아찌 삼각김밥을 염두에 둔 발상이었다. 한국이라면 김치. 이 국민적 재료 하나로만 채운 단순한 삼각김밥.

일본에서 기본 중의 기본인 매실장아찌 삼각김밥을, 한국에선 이것이 대신할 것이라는 자신감이 있었다. 하지만 팔리지 않았다. 너무나 팔리지 않아 소비자 모니터링으로 이유를 조사했다. 결과가 뜻밖의 것으로 판명나면서, 두 나라 식습관의 차이를 절감했다.

한국에 가본 일본인이라면 알겠지만 한국 식당에서 김치는 무료이다. 조사 결과 알게 된 사실이지만, 김치 삼각김밥은 무료 식재료를 단지 흰쌀밥에 넣은 것만으로 돈을 받으려 한다고 소비자에게 인식되어 가치를 부여받지 못했던 것이다.

그랬던 것인가……

외국인이기에 생긴 실패였다.

이후부터는 이때의 실패에 근거해 참치와 소고기 등 값어치 있는 상품으로 라인업 했다. 이 정도면 한국인도 인정하리라 생각되면서 맛있고 가격도 적당한 삼각김밥 라인업을 준비했다.

하지만 문제가 하나 더 있었다. 모처럼 맛있는 삼각김밥을 만들어 가격을 낮추어도 고객이 매장에 오지 않으면 의미가 없다. 당시 한국에선 아직 사람들이 일상적으로 편의점을 이용하지 않았다. 매장 앞에 광고판을 세우고 내부에는 삼각김밥 포스터를 붙였지만, 매장으로 손님이 오지 않으면 이것들도 힘을 발휘할 수가 없다.

나는 텔레비전 방송광고(이하 CM)가 필요하다고 느꼈다.

한국의 텔레비전 CM은 일본보다 제작비가 훨씬 저렴하다. 하지만 반면에 방영권이 굉장히 비싸다. 이것을 나는 이번에야 알았다. 그러고 보니 확실히 텔레비전을 보면 대부분의 CM이 자동차, 가전, 신용카드, 보험사와 같은 대기업 제품이다. 이것에는 그런 배경이 있었던 것이다.

나는 가급적 저렴한 시간대로 CM 방영시간을 확보해 달라고 롯데그룹 광고대행사에 의뢰했다. 그렇더라도 상당한 비용이 들었다, 2억 원 정도였던 것으로 기억한다. 한 개 700원 하는 삼각김밥이 매장당 하루 10개씩 팔리던 시절, 이 정도 CM 요금은 파격적이어서 회사 내에 반대 목소리도 컸다. 그래도 나는 단행했다.

이것이 한국 최초의 편의점 CM이고, 삼각김밥 CM이었다. 이것은 평소 내가 말하던 바로 그 '미래에 대한 투자'가 되리라 확신했다.

텔레비전에서 코리아세븐의 삼각김밥 CM이 방영되었다.

그렇다면 효과는 어느 정도였을까. 실제로는 방영시간의 문제 등도 있어 효과를 실감할 정도는 아니었지만, 한 가지 확실했던 것은 지금까지 너무나도 인지도가 낮았던 '삼각김밥'이 한국말로 세상에 널리 알려진 계기가 되었다는 점이다.

나는 서울에서 세 번째 봄을 맞이하고 있었다.

벚꽃이 피고 개나리의 선명한 노란색이 거리를 물들였다.

이 무렵부터였다. 매일 아침, 전날의 매출 데이터를 보는 것이 즐거워진 것이. 매일 아침, 매출 데이터를 앞에 두고는 "어떻게 한담!"하면서 부하를 질책하던 것이 이제는 "오늘은 어떻게 되었을까"하는 기대로 바뀐 것이다.

편의점은 더 이상 볼품없는 곳이 아니다

매일 아침, 전날의 매출 데이터를 보는 것이 즐거웠던 것은 숫자가 조금씩 오르기 시작했기 때문만은 아니었다.

사실 CM에 2억 원을 사용했던 데에는, 고객에게 코리아세븐의 존재를 알리고 삼각김밥을 이용해달라고 말하는 것 외에도 또 한 가지 의도가 있었다. 이 의도가 생각했던 대로 움직이기 시작하면서, 이를 나타내는 수치가 매일의 매출 데이터에 반영되고 있었다.

앞서 얘기한 대로 이 CM은 한국 편의점 업계에서는 최초의 텔레비전 CM이었다. 한국의 텔레비전 CM은 자동차 제조사, 가전, 신용카드, 보험 등의 대기업 외에는 방영이 거의 없는, 말하자면 그림의 떡인 광고 매체였다.

이런 매체에, 시간대가 조금 나쁘긴 했지만 코리아세븐이 CM을 내보냈다. 이것은 코리아세븐 직원 그리고 가맹점주에게 커다란 자신감을 안겨주었다.

"우리는 이처럼 대기업 못지않게 훌륭한 회사에서 일하고 있다"는 의식을 갖게 만들었다. 이때까지 앞날이 불투명한 편의점에서 전날보다 나을 것 없는 상품만 팔았다고 생각해 온 사람들의 마음가짐이 바뀌었다.

이것은 매일매일의 주문 수량에 반영되었다.

편의점이라는 업종은 여러 가지 면에서 다른 소매점과는 업태가 다른데, 상품 주문도 역시 그러하다. 각 매장은 코리아세븐이란 간판을 내걸고 있지만 어떤 상품을 얼마나 주문할지는 그 매장에서 결정한다. 아무리 본부에서 '삼각김밥을 팔고 싶다'고 해도 마음대로 삼각김밥을 대량으로 매장에 가져다 놓을 수가 없다. 어디까지나 개별 가맹점주가 주문하지 않으면 매장에 진열조차 할 수가 없다. 그러므로 편의점에서는 본부 직원은 물론 각 매장 가맹점주의 마음가짐도 중요하다.

가맹점주가 "삼각김밥 따위는 어차피 매장에 진열해도 팔리지 않을 거야"란 생각을 가지면 주문도 하지 않는다. 아무리 좋은 제품을 만들어도 가맹점에서 인정하지 않으면 그것으로 끝이다.

이런 의미에서, CM이 한국에서 방영된 의미는 컸다. 세븐일레븐에는 FC라 부르는 감독관 역할의 직원들이 있는데, 이들이 적극적으로 매장에 삼각김밥 주문을 지도하기 시작했고 그다음으로 가맹점주들도 자발적으로 삼각김밥을 주문했다. 내가 매장에 들르면 가맹점주들이 이런저런 상의를 해오는 것도 반가운 변화였다.

내가 매일 아침 확인하는 매출 데이터에는 매장의 주문 숫자도 들어 있다. 나로서는 이 매장의 주문 숫자가 훨씬 중요했다.

지금까지 FC들은, 가맹점주들이 "FC는 팔리지 않는 것을 강요한다"고 화내는 것이 싫어서 무난하게 담배나 술, 라면, 음료와 같이 유통기한이 긴 상품을 추천하는 경향이 있었다. 권유하는 측에서 그렇게 하므로 가맹점주들도 굳이 위험부담을 지지 않으려 소비기한이 짧은 푸드는 주문조차 하지 않는다. 삼각김밥을 비롯한 푸드가 지금까지 잘 팔리지 않았던 것도 어찌 보면 당연하다. 맛이 있다, 없다를 떠나 선반에 진열된 상품이 없었기 때문이다.

이러던 것이 CM을 내보내면서 바뀌었다.

본부 직원들도 어쩌면 이때까지 "편의점이라는 새로운 유통은 볼품없다"고 생각했을지 모른다. 매장 가맹점주들도 자신과 골목길 구멍가게는 거의 다를 바 없는 존재라고 느끼고 있었을지 모른다.

이런 식으로 생각되던 편의점이 대기업과 어깨를 나란히 하고 CM을 내보낸 것이다.

이것이야말로 내가 의도하고 가장 바랐던 '의식개혁'이었다.

하지만 처음부터 CM을 내보내는 의도로 이것을 이야기하면 모두가 반발하리란 생각이 들어 굳이 '의식개혁' 의도는 숨긴 채, 어디까지나 롯데후레쉬델리카란 간편식품 공장을 만들었으니 이의 원활한 가동을 위해서라도 '삼각김밥'을 소비자에게 알리는 수단으로 CM을 하고 싶다고 했던 것이다.

사실 CM으로 인한 고객 증대 효과는 앞서도 말했듯이 특별히 눈에 띌 정도는 아니었다. 하지만 코리아세븐 내부 직원들의 인식이 바뀌면서, 가맹점으로부터의 주문도 점차 늘어났다.

그리고 마침내 잊을 수 없는 날이 찾아왔다.

2001년 6월 3일 일요일이었다.

이것은 강남지역 쇼핑센터인 COEX에서 일어났다.

드디어 삼각김밥 붐이 일다

COEX는 당시 서울 강남지역에서 국제전시장을 중심으로 한 최신 쇼핑몰이었다. 거대한 시설에는 국제전시장과 무역센터를 중심으로 현대백화점, 인터콘티넨탈호텔, 결혼식장, 그리고 당시 한국 최대의 복합영화관이었던 메가박스가 입점해 있었다. 또한 당시로는 최대급이었던 실내 수족관을 비롯해 지하로는 넓은 상점가도 펼쳐져 있었다.

지금이야 일본의 마루노우치 등에도 심야영업 바와 레스토랑이 들어와 있지만, COEX에는 이미 이때부터 심야영업 바와 레스토랑이 줄지어 있었다.

코리아세븐은 이 거대한 지하상점가 중간 정도에 있는 통로에 매장이 있었다. 사람들 왕래가 잦은 장소여서 이전부터 음료나 삼각김밥도 꽤 팔리는 매장이었다.

그런데 2001년 6월 3일 일요일, 이 COEX 매장에서 삼각김밥이 1,100개가 팔렸다.

그 전년도 말경에 코리아세븐 전 매장의 하루 주문량이 5천 개를 넘어서며 기뻐했던 것이 엊그제 같은데,

2001년 5월에는 1만 개를 넘어서고, COEX 매장에서는 하루에 1,100개를 판 것이다.

텔레비전 CM에 의한 의식개혁은 가맹점주에게 삼각김밥 주문에 대한 두려움을 없애 주었다. 이전에는 내가 각 매장에 "푸드 주문에 따른 손실을 두려워하지 마십시오. 이것은 미래에 대한 투자입니다"라고 간청했었지만, 이제는 매장 측에서도 삼각김밥을 판매할 자신감이 생겨났다. 판매하는 측에 이런 자신감이 없었으면 1,100개란 숫자는 영원히 나오지 않았을 것이다.

가맹점주가 푸드 폐기를 두려워하면 자연히 처음부터 주문량을 줄인다. 하지만 상품을 줄이면 매장은 단번에 침침해지고 매장 전체의 활기도 잃게 된다. 매장 분위기가 어두워지면 그 어두운 기운은 필연적으로 고객에게도 전해진다.

그렇게 되면 이제 악순환이다. 고객의 구매의욕은 낮아지고 그 매장은 마치 뭔가에 홀린 것처럼 나빠져 간다.

반면 매장에 상품이 많으면 그 매장은 활기가 넘친다. 고객이 안심하고 물건을 구매하는 공간으로 바뀐다. 점장의 자신감이 고객에게 전해지는 것이다.

그날 1,100개가 팔렸던 삼각김밥은, 다음 월인 7월 30일에는 무려 2,096개까지 매출이 늘며 이 매장의 최대

판매 실적으로 이어졌다.

마침내 삼각김밥 붐이 도래했다.

COEX점에서 2,096개란 숫자를 달성하던 그 날, 아직은 변두리 분위기가 남아있는 영등포 매장에서도 처음으로 1,500개란 숫자가 나왔다. 한 매장에서의 성공이 다른 매장의 주문으로 이어진 것이다.

"다른 매장에서 이만큼의 삼각김밥이 팔렸다. 어쩌면 우리도 팔릴지 몰라" 이런 기대가 결과를 만들어냈다.

이즈음부터 갑자기 바빠졌다. 롯데그룹에서의 다른 업무도 있었지만 바빠진 원인은 다름 아닌 언론의 연일 계속된 '삼각김밥' 취재 공세였다.

나는 끊임없이 대중언론의 취재를 받았다. 신문, 주간지, 텔레비전 등, 취재는 대부분 거절하지 않았다.

"이것도 한국에 편의점을 알리기 위함이다"란 생각으로 소화했다.

지금 '소화하다'란 표현을 사용했는데, 바로 그런 느낌의 시기였다. 일반적인 업무를 병행하며 언론에도 응했다. 하루에 다섯 군데 취재를 받은 날도 있어 숨 돌릴 틈도 없었다. 이 중에는 일본 신문사의 취재도 있었지만 나는 최대한 한국 언론을 중심으로 대응했다.

언론사마다 취재 포인트는 달랐지만, 게재된 사진으로는 내가 삼각김밥을 양손에 쥐고 있는 모습이 많았던 것으로 기억된다.

취재에서는 "편의점 사업은 앞으로 반드시 한국의 소비자 생활을 지원해 나갈 것이다"를 강조했다.

"생활을 지원하는 것 중 한 가지로, 우선은 '삼각김밥'이 한국 소비자들에게 인정받았다. 이 인기를 계기로 우선은 푸드 전체를 강화하고자 한다. 이것을 시작으로 점차 한국 소비자가 무엇을 원하는지를 포착하여 그 제품을 매장에서 판매하고자 하니, 앞으로도 세븐일레븐을 아무쪼록 기대해 달라"고 설명했다.

하지만 실제 기사를 읽어보면 대부분, 내가 한국에서 처음으로 먹었던 삼각김밥이 '맛없음'에 놀라 일본의 기술을 도입하여 '맛있는 삼각김밥'을 만들었다는 성공 스토리로 쓰여 있었다.

번역된 기사를 읽을 때마다 나는 깊이 반성했다. 삼각김밥은 편의점의 상징적인 상품이어서 우선은 이것에 온 힘을 기울여 왔다. 이 노력이 결실을 본 것은 기뻤지만 단순한 삼각김밥의 성공 스토리로 끝나 버려서는 의미가 없다.

다음번 취재 시에는 삼각김밥을 주로 이야기하는 대신 한국에서 편의점이 완수해야 할 역할에 대해 호소하리라 생각했다. 편의점이 어떻게 생활에 밀착하여 소비자 생활을 지원하는 존재가 되는지 이것을 한국인에게 알리고 싶었다.

하지만 세상은 좀처럼 내 뜻대로 되지 않았다. 게재된 사진의 인상 탓이었는지 나는 내 의도와는 달리 '삼각김밥 혼다씨'로 세상에 알려졌다.

일본에서도 이것이 언론에 크게 다루어졌는지 일본에

서 오는 손님도 많아졌다. 이 중에는 한국의 삼각김밥 붐에 편승하고 싶다고 말하는 노골적인 손님도 있었지만, 여러 가지로 새로운 제안을 해준 기업도 많아 내게는 용기가 되었다.

2001년 7월. 업무와 언론 취재에 쫓기던 당시, 한국의 대형 경제신문사인 매일경제신문사에서 코리아세븐에 좋은 소식을 전했다.

코리아세븐의 삼각김밥이 2001년도 상반기 매일경제 히트상품에 선정되었고 나아가 한국능률협회컨설팅으로부터도 한국창업대상 특별상에 선정되었다는 소식이었다.

상을 받는 것은 좋은 일이다. 세븐일레븐의 가맹점주들이 더욱 자신감을 가질만한 일이었다. 그렇게 생각하니 기뻤다.

이 당시 가맹점주들과 만나면 모두가 내게 인사를 건넸다.

"삼각김밥이 잘 팔려서 매출도 오르고 벌이도 좋아졌습니다."

당연히 경쟁업체들도 삼각김밥에 공을 들이기 시작하면서, 삼각김밥 붐은 한국 전체로 퍼져나갔다.

당시 일본 편의점에서 팔리는 삼각김밥 수는 연간 약

28억 개였다. 한국의 연간 판매개수도 마침내 2천만 개에 도달했지만 이 숫자는 일본 삼각김밥의 연간 매출과 비교하면 1%에도 미치지 못했다. 이듬해인 2002년에는 그럭저럭 1억 개가 되었다. 하시만 여전히 나는 만족할 수 없었다.

햄버거 매출 개수와 비교하면 아직도 부족했다.

당시 일본의 인구는 약 1억 3,000만 명, 한국은 4,700만 명이었다. 일본사람들이 일 년 동안 먹는 햄버거 개수는 17억 개. 한국은 3억 개였다. 나는 적어도 이 정도 비율까지는 한국에서 삼각김밥이 팔려야 한다고 생각했다. 말하자면 이것이 내가 설정한 삼각김밥의 판매 목표이다.

이 비율대로라면 삼각김밥의 판매 목표는 연간 5억개. 당연히 세븐일레븐 혼자 달성할 숫자는 아니다. 다른 편의점들도 모두 합한 숫자이다. 지금의 삼각김밥 붐이 지속 한다면 2003년 무렵에는 달성할 수 있으리란 생각이 들었다.

이 목표를 향해 더욱더 삼각김밥 재료의 다양화를 추구했다.

한국인의 입맛에는 익숙하지 않다고 알려진 일본의 재료도 적극적으로 도입했다.

매실장아찌, 연어, 매콤한 명란젓, 명태알, 다시마와 같이 일본에서 꾸준히 팔리는 종류가 한국에는 없었다. 이 중에서도 역시나 매실장아찌는 그 특유의 신맛 때문인지 두 나라 간 선호의 차이가 확연하여 상품화하진 못했다.

상품화하기는 했지만 팔리지 않았던 것도 있다. 연어, 매콤한 명란젓, 명태알이 그것이다. 매콤한 명란젓은 매운맛을 좋아하는 한국인에게도 인기를 끌리라 생각했지만 그러지 못했다. 일본의 대형 제조업체인 야마야_{やまや}의 부산공장에서 납품받아 일본과 똑같은 품질의 상품을 내놓았지만 고추 문화의 한국인에게는 맛이 밋밋했는지 성적이 좋지 않았다.

연어 삼각김밥도 지금이야 흔하지만 당시에는 아직 미미했다. 중국 대련의 수산물공장에서 가공한 연어 플레이크를 사용했지만 연어에 그다지 익숙하지 않았던 한국에서는 이것도 인기를 끌지 못했다.

이외에도 햄버거 인기를 따라잡으려 내놓은 햄버거 삼각김밥이나 카레를 넣은 카레 삼각김밥, 볶음밥을 그대로 뭉친 볶음밥 삼각김밥 등 다양한 재료에 도전했다.

새우튀김 주먹밥을 모방한 튀김 삼각김밥도 출시했었지만 유감스럽게 이것도 실패였다. 한국에선 튀김의 지위가 너무 낮은 것이 원인이었다. 한국에서 튀김은 고급 요리가 아니라 포장마차나 횟집의 반찬 정도로 취급된다. 일본인에게는 믿어지지 않는 일이지만 이것은 지금도 마찬가지이다.

현재 한국의 선술집은 인기 절정이다. 내가 있던 당시와 비교하면 지금은 거리에 '이자카야' 간판이 넘쳐난다. 초밥집도 많다. 하지만 이 중에서도 확실히 튀김집 간판을 내건 가게는 눈에 띄지 않는다. 한국에서는 아직도 튀김으로 손님을 끈다는 것이 어려운 일인 듯하다.

2002년은 나에게 특별한 해였다. FIFA 월드컵이 한국과 일본에서 개최된 해이고, 한국에서 '삼각김밥 붐'이 본격적으로 시작된 해였기 때문이다.

한국인들이 삼각김밥을 알게 되면서 마침내 편의점도 생활화되기 시작했다. 이 기세가 일회성으로 끝나지 않도록 다음을 준비하느라 바쁜 시기였다.

이 와중에 한일 월드컵이 개최되었다. 이 국제적인 대형 이벤트를 놓쳐선 안됐다. 이것을 기폭제로 한국에 편의점을 더욱 정착시키겠다는 생각에서, 뭐든지 했던 것이 기억난다.

한국 응원단을 상징하는 빨간 티셔츠도 매장에서 판매했다. 이와 관련한 응원 용품도 진열하여, 월드컵이 시작되기 전부터 매장 전체를 월드컵 분위기로 고조시켰다. 특히 한국 응원단을 상징하는 '붉은 악마'의 뿔을 본뜬 헤어밴드는 디자인이 꽤 재미있었다. 세븐일레븐에서만 파는 것은 아니었지만, 명동 부근에서는 한국으로 월드컵을 보러 온 일본사람들에게도 인기여서 선물로 사가는 사람이 많았다.

삼각김밥 이야기를 계속하면, 둥근 주먹밥에 작은 팔각형으로 자른 김을 붙여 축구공 모양으로 만든 상품의 판매를 시도하기도 했다. 아쉽게도 이것은 김을 붙이기가 어려워 포기했지만 이 아이디어와 똑같은 상품이 2006년 독일 월드컵 때에는 한국에서 출시되었다고 들었다. 이것을 알았을 때 조금 억울하단 생각도 들었다.

그밖에 '적국의 삼각김밥을 먹어버리자'란 발상에서 각 나라의 국기로 디자인한 포장지 안에 그 나라를 상징하는 식재료를 넣은 삼각김밥을 판매할까도 검토했지만 실제 판매로 이어지지는 못했다.

직원 모두가 밤늦게까지 깊이 고민하며 거듭해서 시제품을 만들었다. 다양한 아이디어가 모였지만 월드컵 삼각김밥이 좀처럼 실현되지 못했던 것에는 사실 커다란 이유가 있었다. 당시 삼각김밥 붐은 최고조여서 제품 개발도 중요했지만 매일의 생산관리만으로도 너무나 바빠 눈코 뜰 새가 없었다. 너무 많이 팔리는 바람에 바쁜 것에는 매우 기뻤지만 현장은 너무나 힘들었다.

2001년 무렵부터 불붙기 시작한 한국의 삼각김밥 붐은 그칠 줄을 몰랐다. 어쨌든 당시에는, 같은 롯데그룹의 햄버거 체인인 '롯데리아'에서 삼각김밥을 팔자는 이야

기가 나올 정도였다.

아쉽게 실현되지는 않았지만, 롯데리아가 삼각김밥 판매를 진지하게 고민했다는 사실에 나는 매우 기뻤다. 내가 부임했던 당시 코리아세븐은 롯데리아의 편의점 사업 부문에 불과했었다. 그랬던 롯데리아에서 삼각김밥을 판다는 것이었다. 이상한 표현이지만 '처마 끝을 빌려 집안 본채를 손에 넣었다'는 감회에 젖었다.

내가 한국에 있는 동안, 삼각김밥은 경쟁업체의 노력도 더해져 연간 2억 개가 판매되기에 이르렀다.

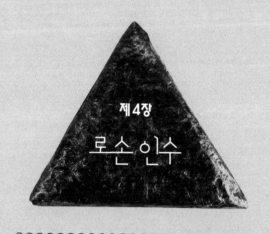

제4장

로손인수

로손 전무가 된다는데 사실인가요?

내가 한국으로 부임했던 1998년, 불과 130개 매장이었던 코리아세븐은 2년 후인 2000년에는 단숨에 500개 매장을 돌파했다. 물론 코리아세븐에서 신규 매장을 모집, 개척한 것도 있었지만 이것만으로 500이란 숫자에 도달한 것은 아니었다. 2000년 1월 한국 로손을 인수함으로 단번에 점포수를 늘릴 수 있었다.

이 인수합병은 제2장에서도 언급했지만 여기서 그 경위를 좀 더 자세히 이야기하고자 한다. 왜냐하면 일본에서는 세 손가락 안에 드는 대형 편의점 업체인 로손이 한국에서 세븐일레븐에 인수되었다는 이야기를 일본에서는 좀처럼 믿지 못하는 사람이 많았기 때문이다.

이 이야기를 하기 전에, 당시 한국 편의점 업계의 업체별 매장 상황을 살펴보고자 한다.

1999년 당시 코리아세븐의 점포수는 240개였다. LG25(현 GS25)가 500개 남짓. 훼미리마트(현 CU)가 500개 미만, 이중 로손은 250개(인수 당시 248개)였다. 사실 점포수만 본다면 약간의 차이이긴 해도 코리아세븐은 로

손에 뒤처져 있었다. 그런데 어떻게 코리아세븐이 로손을 인수하게 된 것일까. 당시 한국 로손은 코오롱그룹 산하의 코오롱마트가 운영하고 있었다. 코오롱그룹은 화학제품을 주요 사업으로 하는 재벌이었는데, 재벌계 대부분이 그러하듯 신규 사업으로 유통에도 진출했다. 이 유통부문이 코오롱마트였다.

로손은 1980년대에 한국에 들어왔지만 세븐일레븐과 마찬가지로 역시 고전하고 있었다. 생각처럼 편의점 사업이 성장하지 않자 코오롱그룹은 편의점 사업의 전면철수를 결정했고, 다음 순서로 누구에게 매각할 것인가만 정하면 되는 상황이었다.

코리아세븐은 앞서 언급한 것처럼 푸드 부문을 강화하기 위해 자비로 가공유통 센터인 롯데후레쉬델리카의 설립을 추진했지만 이를 위해서는 더 많은 매장이 필요했다. 애써 가동한 센터인데, 점포수가 적으면 효율이 떨어진다. 그나마 로손을 인수하면 단번에 점포수를 늘릴 수 있다.

그렇다 하더라도 일본 시장만 놓고 보면 세븐일레븐이 로손을 인수하는 것은 역시 믿기 어려운 이야기였다. 1999년 말 세븐일레븐재팬은 8,153개, 로손은 7,500개 정도, 훼미리마트는 5,546개의 매장을 가진 상황이었기 때문이다.

사람들 사이의 소문이란 재미있는 것이어서, 당시 이 이야기는 이상한 형태로 일본으로 전해졌던 것 같다. 지인 중에는 놀라서 내게 전화한 사람도 있었다.

"혼다 씨! 이번에는 로손의 전무가 된다는데 정말입니까?"

한국에서의 로손 인수 이야기가 잘못 전해진 것이었다.

엉겁결에 웃어버렸지만, 일의 진상을 이야기해도 그 사람은 당장은 믿기 어렵다는 반응이었다.

하는 김에 여기서 로손의 내력을 잠깐 이야기하겠다.

로손Lawson은 미국 오하이오주의 낙농가인 J.J.로손이 창업한 우유 가게 로손에서 시작되었다. 로손의 로고를 주의 깊게 보면 알 수 있는데 로고 중앙에는 문자가 아닌 우유 용기가 그려져 있다. 이것은 창업 당시 업태의 흔적이다. 우유 가게 로손에서 판매한 우유는 맛이 좋아서 고객의 인기를 얻었다고 한다.

한동안 로손 우유 회사로 있으면서 우유 이외의 일용품도 취급하는 등 사업 내용을 확대했고 그러던 와중에 콘솔리데이티드 푸드Consolidated Foods사로 인수되면서 편의점 사업을 시작했다.

하지만 미국의 로손은 오하이오주에서만 유명했지 전

국적인 브랜드는 아니었다. 1985년 콘솔리데이티드 푸드가 사라 리Sara Lee로 회사명을 바꿨는데 이와 거의 동시에 로손의 매장을 데어리 마트Dairy Mart로 매각했다. 이때 미국에서 로손이란 이름은 없어졌다.

일본에서는 이에 앞선 1974년에, 세븐일레븐 설립을 눈여겨본 다이에ダイエ─가 콘솔리데이티드 푸드와 컨설팅 계약을 맺고 일본의 편의점으로서 로손 사업을 시작했다.

한편 한국에서도 일본 야마자키제빵山崎製パン과 유사한 '샤니'의 사업회사인 '태인유통'이 콘솔리데이티드 푸드와 직접 계약을 체결했다.

일본에서 야마자키제빵이 데어리야마자키를 편의점으로 성공시켰기 때문에 이를 모방했던 것 같지만, 빵 회사는 자사의 빵이 잘 팔리면 그것으로 만족하는 경향이 있다. 이것이 발목을 잡아 샤니가 경영할 당시에도 로손은 부진했다.

이후 1995년, 이미 슈퍼마켓을 운영하고 있던 코오롱 그룹이 샤니로부터 로손을 인수했다.

슈퍼마켓과 편의점의 차이점

1995년 코오롱그룹에 인수된 한국 로손은 우선 매장 확대에 힘을 쏟았다. 코오롱그룹은 로손의 식품류 구매를 자사 슈퍼마켓 부문과 공동으로 하려고 했던 듯싶다. 당시 롯데는 롯데마그넷, 신세계는 E마트란 할인점으로 대형양판점 사업 확대에 전력하고 있었다. 아무래도 코오롱그룹에서도 슈퍼마켓의 매장 확대를 위한 하나의 대안으로 편의점을 선택했던 것 같다.

하지만 이것은 커다란 오판이었다. 편의점은 슈퍼마켓과 전혀 다르다. 편의점에는 편의점만의 구색이 필요한데 이것이 슈퍼마켓과는 근본적으로 다르다.

코리아세븐은 롯데그룹 산하에 있지만 나는 양판점 부문과의 공동구매는 못 하게 했다. 이것을 해버리면 편의점으로서 중요한 '변화대응'이 불가능해져 버리기 때문이다.

슈퍼마켓은 세 종류의 신선식품(육류, 생선, 채소)을 중심으로 전체 매장이 만들어진다. 평상시 슈퍼마켓에 오는 고객에게는, 계절상품을 뺀 나머지 판매 매장은 항상 바뀌지 않는 편이 쇼핑에도 수월하고 편안함도 준다. 따라서 소비자를 위한 '변화대응'을 하더라도 이것은 완만한 편이 좋다.

반면 편의점의 경우는 계절은 물론이고 그날그날의 날씨, 매장 주변의 이벤트, 그리고 아침, 점심, 저녁 시간대와 소비자를 둘러싼 모든 미세한 변화에 대응해야만 한다.

근처에 꽃놀이가 있다면 꽃놀이 고객용 푸드와 주류를 많이 들여놓고, 초등학교 운동회가 있다면 어린이용 과자와 보호자용 음료를 판다. 사무실 주변이라면 근무하는 샐러리맨이나 사무직 여성이 먹을 수 있도록 점심에는 도시락, 저녁에는 배가 출출한 사람을 위한 가벼운 음식을 준비하는 등 고객 입장을 고려한 세밀한 '변화대응'이 필요하다. 편의점이기에 가능한 이런 세밀한 '변화대응'이야말로 고객이 가치를 부여해주는 요소이고, 이러한 매장으로 만들기 위해 우리는 날마다 고심하는 것이다.

애초에 매장 규모 자체도 슈퍼마켓과 편의점은 전혀 다르다. 슈퍼마켓은 규모에 차이는 있지만 대체로 300평에서 700평이며, 대형 매장이라면 그 이상의 넓은 공간에서 방대한 종류의 상품을 판매한다.

반면 편의점은 일본의 경우 평균 30평 정도지만, 한국은 일본보다도 더 작은 평균 22평 정도다. 한국 편의점이 소규모인 이유는 임대료가 비싼 것과 관련이 있는데, 이처럼 협소한 매장에서 슈퍼마켓과 똑같은 상품 라인업을 갖추기란 불가능하다.

더구나 매장에 납품되는 제품의 양도 슈퍼마켓과 편의점은 단위부터 다르다. 슈퍼마켓은 대량으로 구매하므로 상자째로 납품되지만, 편의점은 매장도 좁고 제품을 쌓아둘 창고도 없기 때문에 상자에서 좀 더 작게 나눈 소량 단위로 납품된다.

편의점에서 푸드 등의 일일 배송 상품은 하루 3회 배송이 기본이다. 이런 섬세한 배송 시스템이 있기 때문에, 매장은 대량의 재고품을 떠안지 않으면서 아침, 점심, 저녁으로 바뀌는 상품을 매번 진열할 수 있다. 이것이 만약 슈퍼마켓과 같은 시스템으로 운영된다면 편의점으로서는 고객 니즈에 대응할 수가 없게 된다.

이러한 편의점만의 특징이 슈퍼마켓과는 기본적으로 다르다는 것을 이해하지 못하면, 단지 겉모습만 편의점인 매장이 되어버려 경영은 점점 난감해진다. 이것이 로손에서도 일어난 것이다.

코오롱그룹이 로손을 매각하고 싶다고 롯데에 알린

것은 1999년 초반의 일이었다.

나는 롯데 전략실에 해당하는 국제부와 여러 번 협의를 했다. 상대측 데이터도 여러 가지로 분석했다. 푸드 매출은 거의 없었다. 코리아세븐이 그랬던 것처럼 한국 로손도 자사의 독자 상품을 개발하고 판매하는 것에 힘을 쏟은 것이 아니라, 그저 제조업체가 밀어붙인 상품을 그냥 그대로 매장에 진열했기 때문이다. 그것들은 담배와 과자, 컵라면 등이었으며 신선한 푸드 등은 바랄 수조차 없었다.

몇 가지 우려되는 문제도 있었다. 인수한다면 확실히 점포수는 늘겠지만 동시에 여러 가지 문제들도 떠안게 될 것이다. 코리아세븐도 아직 궤도에 올랐다고 말하기 어려운 시기에 새로운 문제를 안는다는 것에는 위험부담이 있었다.

그럼에도 나는 매장이 필요했다. 잘못된 방법으로 매장을 늘리려는 것일 수도 있지만 이것은 훗날 제대로 고쳐지리라 믿었다.

2000년 1월, 로손은 1985년에 미국에서 사라졌던 것처럼 한국에서도 그 간판을 내렸고, 남겨진 248개 매장은 세븐일레븐으로 간판을 바꿔 달았다.

매장 충성도를 소중히

서울의 겨울은 춥다. 영하의 추위는 당연해서 영하 2
도 정도이면 "오늘은 따뜻하네"라 느낄 정도이다. 영하 2
도에 따뜻하다고 느끼는 것은 도쿄라면 있을 수 없는 일
이지만 서울의 추운 환경에서 살다보니 일본인인 나도
체감온도가 바뀌는 것 같다.

2000년 1월 이처럼 추운 겨울에, 로손 간판은 세븐일
레븐으로 바뀌었다.

그리고 코리아세븐은 500개 점포를 돌파했다.

이것으로도 한국 내 경쟁업체인 LG25(현 GS)나 훼미
리마트(현 CU)와 점포수에서 가까스로 맞설 규모가 되
었을 뿐 아직 이들을 추월한 것은 아니었다. 하지만 결국
같은 해 5월 코리아세븐의 점포수는 훼미리마트를 넘어
섰고 이듬해에는 LG25도 앞질렀다. 한국 편의점 중 세븐
일레븐이 정상의 자리로 뛰어오른 것이다.

기쁘기만 했던 것은 아니었다. 점포수에서 정상에 오
르더라도 내실이 수반되지 않으면 의미가 없다. 특히
LG25는 강적이었다.

우리가 로손을 인수했을 때 "이번에는 롯데그룹이 LG25를 인수하지 않을까"하는 소문이 그럴듯하게 퍼졌던 탓에, 위기감을 느낀 LG25는 단결하며 더욱 탄탄해졌다. 더구나 이전보다 더 벅찬 상대가 되어버린 LG25가 분발하면서 한국에서 가장 평판이 좋은 편의점으로 선정되었다. 2000년에는 한국능률협회컨설팅이 주최하는 '고객만족도 1위(편의점 부문)'를 획득했고 상품의 질, 점원 친절도, 생활 편의성과 서비스 등에서 높은 인기를 얻었다.

코리아세븐과 LG25 간에, 상품을 납품하는 여러 제조업체를 둘러싼 접전이 시작되었다.

이 와중에 나는 초조했다. 라이벌인 LG25나 훼미리마트와의 경쟁에서 질 수는 없었지만, 나로서는 로손이 지닌 여러 가지 문제에 대응하느라 힘에 겨운 나날을 보내고 있었다. 로손을 인수해서 점포수를 늘린 것은 잘한 일이었지만 로손의 가맹점주들은 새로운 세븐일레븐에 기대하면서도 자신들이 지금까지 해왔던 일에 대해 자부심도 있어, 솔직히 우리가 하는 말에 귀를 기울이지 않았다.

로손과 기존 세븐일레븐이 불과 20m 거리에 나란히 있는 지역이 있었다. 그런데 로손의 간판이 세븐일레븐으로 바뀌자마자 그곳에 대한 클레임이 들어왔다.

'세븐일레븐인데 매장이 더럽다'는 클레임이었다. 이

외에 '구비된 푸드 종류가 별로다' '상품이 흐트러져 있다' '점원들이 불친절하다' '점원 교육이 안 되어 있다' 등도 있었다. 가맹점주에 따르면 로손이던 시절엔 이런 클레임이 없었다고 한다.

나는 이것이 '매장 충성도'임을 느꼈다. 고객이 세븐일레븐에 보내는 기대가 최근 몇 년 사이에 높아졌다.

'세븐일레븐이라면 매장은 당연히 깨끗해야 한다. 상품 구색도 확실해야 한다. 점원들도 제대로 인사할 것이다.'

클레임은 이런 기대대로 제대로 갖춰지지 않은 것에 대한 불평이다. 그만큼 세븐일레븐의 이미지가 향상되었다는 증거여서 반가운 일이기도 했다. 하지만 클레임은 역시 곤란하다. 500개로 늘어난 매장은 모두 똑같은 질적 수준을 갖추어야만 한다.

매장에서 불쾌했던 고객은 '간혹 이 정도 수준의 주인도 있겠지'라고는 절대로 생각하지 않는다. 그 매장에서의 불쾌감은 이미 '세븐일레븐은 돼먹지 않았군'이란 결론으로 직결된다.

한 매장에서의 잘못은 다른 499개 매장에, 그리고 미래의 세븐일레븐 매장에 나쁜 이미지로 정착되어 버린다. 이것은 절대적으로 피해야만 한다.

하지만 모든 매장을 똑같은 수준으로 정착시키는 길

은 아직도 멀기만 하다.

예나 지금이나 나는 틈만 나면 매장을 들여다보는 습관이 있다. 간다는 예고도 없이 불시에 둘러본다.

일례로 밤늦게 매장을 방문해 보면, 당시 한국에서는 늦은 밤 주인이 없는 사이 아르바이트생이 멋대로 잡지를 읽고 매장 커피를 마시며 시식대에서 선잠을 취하는 일이 버젓이 벌어지던 매장이 있었다. 청결함이나 친절함을 따지기 이전 문제로, 벌어진 입을 다물 수가 없었다. 유니폼을 갖춰 입지 않은 점원도 있었다.

나는 아르바이트생이나 파트타이머를 채용하면, 3주 동안 충분히 교육을 받았을 경우에만 매장에 내보내도록 이르고 있다. 최소한으로 계산대 두드리는 것만 가르쳐서 매장에 세워도 괜찮으리라 여기는 것은, 주인이 아무리 바쁘더라도 잘못된 생각이다.

편의점과 같이 24시간 영업하는 가게에는, 어느 정도 잘되는 매장이더라도 고객을 상대하는 시간보다 유휴 시간이 압도적으로 많다. 개중에는 이런 시간을 '휴식시간'으로 착각해버리는 초임자도 있다.

하지만 원래는 이 시간이야말로 편의점에서 중요한 매장 청소, 매장과 진열대 정리, 상품 보충에 할애해야 할 때이다.

일반적으로 매장 작업은 정형 작업과 비정형 작업으로 나뉜다.

정형 작업이란 매일 정해져서 발생하는 일이다. 상품 주문이나 유통기한이 지난 푸드를 집킴하는 작업 등이 이에 해당한다.

반면 비정형 작업은 언제 일어날지 모르는 작업이다. 예를 들면 가게에 온 고객이 흐트러뜨린 물건들, 바닥의 먼지, 매장 앞에 버려진 쓰레기 등을 신속하게 정리하고 깨끗이 청소하는 등의 작업이다.

이러한 작업은 단순히 '계산대를 두드리는 일'만 하면 된다는 생각의 점원이라면 해내지 못한다. 가맹점주가 사람을 고용했다면 제대로 교육해서 각자의 소질에 맞는 작업을 맡겨야 한다. 그래서 그 사람이 완수한 역할에 대해 칭찬한 후 다음 단계를 지시해야 한다. 사실 가맹점주 란 높은 수준의 관리 능력이 필요한 직업이다.

그리고 만약 이것이 안 되는 가맹점주가 있다면 FC가 이것을 지적해서 이끌고 가야만 한다.

같은 상품이라면, 고객은 더 쾌적하고 더 편리하게 쇼핑할 수 있는 매장을 선택한다. 매장은 깨끗하고, 직원은 상냥하며, 상품도 예쁘고 청결하게 진열되어 있어야 한다. 계산대에서도 원활하면서 기분 좋게 결제가 이루어져야 한다. 이런 매장이 자신의 생활권 안에 있는 것, 이 것이 편의점이다. 단지 상품만 들여놓았다고 편의점이 되는 것은 결코 아니다.

누구나 사용할 수 있는 시스템을

이 무렵의 코리아세븐은 삼각김밥의 주문이 서서히 증가하기 시작하던 시기였다. 상품개발팀과 제조업체가 노력한 결과 맛있는 삼각김밥을 만들 수 있었다.

그러나 로손에서 바뀐 매장은 전혀 삼각김밥 매출이 오르지 않았다.

이유는 간단했다. 삼각김밥이 매장에 없었기 때문이다.

편의점에서 주문하는 것은 본부가 아닌 각 매장의 주인이다. 본부에서 아무리 푸드를 집중적으로 '팔아달라'고 해도 가맹점주가 주문하지 않으면 매장에 놓이지 않는다. 매장에 없으면 당연히 고객에게도 상품이 미치지 못한다.

"삼각김밥 따위 어차피 있어도 분명 팔리지 않을 거야. 팔리지 않으면 폐기해야만 하고. 그런 손실을 낼 바에는 처음부터 주문 개수를 줄이는 편이 나아."

로손의 가맹점주 중에는 아직 이런 고정관념에 사로잡혀 있는 사람이 많았다.

삼각김밥을 비롯한 푸드의 매출이 늘지 않았던 것은, 이처럼 가맹점주가 주문하지 않기 때문으로 여기며 아직 남은 합병의 후유증으로 이해할 수도 있었다. 하지만 당시 내가 골머리를 앓았던 것은 시스템이 잘 작동하지 않는 문제였다. 주문하려해도 시스템이 작동하지 않아 주문할 수 없는 사태가 발생하곤 했다. 이것이 가맹점주들의 의지를 꺾었다. 모처럼 세븐일레븐으로 새롭게 재출발하려는 가맹점주들에게 제품을 원활하게 보낼 수가 없었다.

결국 로손 중 150개 매장은 시스템 작동 문제 때문에, 전화로 주문할 수밖에 없었다. 가맹점주나 FC가 새벽 3시, 4시에도 전화로 주문 업무를 해야 했다. 죄송스러운 일이었다.

불행 중 다행으로 아직은 150이라는 숫자의 매장이어서 어떻게든 할 수 있었지만 이런 매장이 천 개가 넘는 규모였다면 생각만으로도 아찔하다.

코리아세븐의 본부 직원 중에는 앞으로도 계속 점포 수가 수백 개 수준일 것으로 생각하는 사람도 있었다. 이들은 점포수가 천 개, 이천 개, 이 이상으로 늘어날 경우를 상상하지 못했다. 하지만 앞으로 한국에서도 편의점 수요는 반드시 늘어날 것이다. 그런데 매장이 천 개를 넘어가더라고 지금과 똑같은 방식으로 작업할 작정인 걸까. 이번과 같은 문제도 전국 150개 정도의 매장이라면 모두의 노력으로 대처할 수 있지만, 전국의 몇천 개 매장으로 확대된다면 이런 식으로의 대응은 불가능하다.

시스템 고장만의 문제가 아니다. 가맹점 중에는 일손 부족으로 어려움을 겪는 곳도 많다. 사람을 모집하려 해도 모집이 안 되는 매장도 있지만 수익이 아직 충분치 않아서 사람을 많이 고용할 수 없는 매장도 있다. 가맹점주인 점장이 이틀 내내 열심히 일하고 그 뒤쪽에선 단 한 명의 아르바이트생이 선잠을 취하는 경우도 있었다.

이런 문제도 그 매장의 문제로 내버려 둘 것이 아니라 본부가 통합하여 아르바이트 모집 공고를 내고 인력을 확보하는 등 도움을 주어야 한다. 또한 가맹점주가 사람을 부족함 없이 조속히 고용할 수 있도록 이익을 창출해낼 상품을 만들어야만 한다.

우리는 고객만 고려하면 되는 것이 아니라, 세븐일레븐을 운영하고 싶다는 바람으로 합류한 가맹점주와 그 가족의 생계와도 똑바로 마주해야만 한다.

인간이 성장하듯 회사도 매장도 성장한다. 이때 본부가 매장을 언제까지고 어린애 취급하면서 초등학생용 옷만 계속 입히려 한다면 반드시 어딘가에서 왜곡이 일어나고 만다.

이야기를 원점으로 되돌려보자. 로손에 대한 시스템 문제였지만 이것만은 아무리 초조해도 어쩔 수가 없다. 한발 한발 나아가면서 세븐일레븐의 시스템이 로손의 매장까지 모두 감당하게 되기를 기다리는 수밖에 없었다.

세븐일레븐의 시스템은 일본 것을 기반으로 개발한 시스템이다. 주문 시스템이 매우 탄탄할 뿐 아니라 일기예보 등의 다양한 정보도 전송할 수 있다. 도입 당시 한국에서는 획기적인 시스템이었다.

특히 현장의 가맹점주나 점장이 사용하기 쉽게 만들어졌다. 시스템을 개발할 때 종종 발생하는 잘못은 시스템을 제작자 입장에서 만들어버리는 일이다. 이렇게 하면 확실히 개발, 도입비용이나 운영비용은 낮아진다. 하지만 이것은 사용되는 측 논리이지 사용하는 측 논리는 아니다.

편의점 시스템이라면 사용자 측 입장이 매우 중요하다.

부끄러운 이야기지만 사실 나는 컴퓨터에 서투르다. 이런 나도 데이터를 추려내 사용할 수 있도록 만든 것이 코리아세븐 시스템이었다. 나이 지긋한 가맹점주나 그의 부인, 기계에 익숙하지 않은 아르바이트생이라도 시스템에서 쉽게 정보를 추려낼 수 있다. 데이터가 쉽게 추려지면 주문도 쉬워진다.

이 시스템을 전체 매장에서 사용할 수 있게 되면서, 마침내 우리는 LG25를 추격하기 시작했다.

2000년, 코리아세븐 매장이 500개를 넘길 수 있었던 것은 로손을 합병한 결과였지만 이것을 계기로 나는 가맹점을 위한 프랜차이지* 전시회를 개최하고 싶었다.

일본에서는 한해에도 여러 번씩 편의점 각 업체에서 독자적으로 개최하는 전시회이다. 내가 일본에 있었을 때부터 전시회는 중요한 업무 중 하나였다.

편의점 전시회에는 크게 두 가지 의미가 있다.

하나는 이미 매장을 운영하는 가맹점주에게 신상품을 소개하면서 회사의 방향성을 이해시키기 위함이다. 편의점 사업 자체가 변화대응 비즈니스이다. 인간이란 날마다 그런대로 잘 굴러가면 거기서 만족해버리는 경향이 있다. 만족하게 되면 인간은 멈춰 버린다. 성장이 그치고 어느 사이에 시대로부터 버림받고 만다.

교토에서는, 가게가 100년은 넘어야 비로소 제구실하는 어른으로 불린다고 한다. 교토의 오래된 가게 중 하나

• 프랜차이저(franchiser)는 가맹 시스템의 모회사(본부), 프랜차이지(franchisee)는 가맹 시스템의 자회사(가맹점)로 구분된다.

인 요정 '효테이瓢亭'의 다카하시 히데카즈高橋英一의 말 중에 이런 것이 있다.

"고전적인 것이나 전통을 지키더라도 항상 '혁신'은 필요합니다. 혁신이란 곧 끊임없는 공부입니다."

400년 역사를 지닌 '효테이' 주인의 말은 진중하다. 전통을 지키면서도 항상 그때그때 필요한 변화에 대응해나갔기 때문에 현재의 명성이 있는 것이다.

전시회의 또 다른 목적은 앞으로 가맹점주가 되려고 온 사람에게 회사를 설명하는 장으로서의 활용이다. 말하자면 세븐일레븐의 제안을 체험할 수 있는 홍보의 장이다.

하지만 전시회는 우리가 고심해온 새로운 제안을 공표하는 장소이기도 해서 조심하지 않으면 동종업계 스파이도 들어온다. 그래서 꽤 엄격하게 선을 그어 입장객을 제한한다.

원칙적으로 제조업체에서 온 참가자라도 출전 담당자만 입장할 수 있다. 이 원칙에 사장이라도 예외는 없다. 사장 자신이 전시회에서 담당한 작업이 있으면 들어갈 수 있지만, 단지 구경하려는 것이라면 사장도 임원도 들어갈 수 없다. 덕분에 제조업체 사장에게서 호된 불평을 들은 적도 있었다. 하지만 제조업체 사장 중에는 수상

쩍게 행동하다가 결국엔 스파이가 되는 사람도 있다. 이들은 다른 편의점 업체로도 출입하는데 그곳에서 세븐일레븐 전시회에서 보았던 상품을 제안이라도 하는 날에는 문제가 커진다. 따라서 이것은 어쩔 수 없는 조치였다고 생각한다.

전시회는 이틀에 걸쳐 개최된다. 전시하는 것은 푸드만이 아니다. 앞서 언급했던 대로 전시회는 본부와 가맹점주 간 정보교환의 장이다. 전시장으로 들어서면 곧바로 편의점 사업의 역사와 현상분석, 앞으로의 계획을 설명하는 패널들이 고객을 맞는다.

이 통로를 지나면 학교 축제가 연상되리만치 화려하게 꾸며진 제품 프레젠테이션 코너가 가맹점주를 맞이한다. 푸드 제품이 대부분이지만 이 외에도 이미 편의점에서는 당연한 서비스로 자리 잡은 FAX와 복사기의 최신기종 전시를 비롯해 여행 상품을 편의점에서 판매하려는 여행 대리점 전시장도 있다.

이제부터는 2000년 9월 21일 목요일, 22일 금요일에 강남구 학여울역 근처의 컨벤션홀에서 개최된 전시회의 기록이다. 이틀 동안 5천 명 가까운 사람이 입장했다. 멀리 부산에서도 와주었고 지방 가맹점주들은 전세버스를 준비했다. 모든 버스가 만원이라는 보고를 들었던 기억이 난다.

사실 나는 이 전시회에서 특별한 계획이 있었다. 로손의 248개 매장을 세븐일레븐 간판으로 바꿔 달던 당시, 나는 너무 바빠 로손 가맹점주 여러분과 천천히 이야기할 기회를 얻지 못했었다. 그래서 이번 전시회에서는 로손의 가맹점주들과 제대로 마주하며 코리아세븐의 방침과 사상을 무슨 일이 있어도 꼭 알려주고 싶었다. 어찌되었든 이 무렵의 일일 판매 데이터를 보면 로손 매장과 세븐일레븐 매장의 매출에는 50만 원 정도의 격차가 있었다. 여러 가지로 불안해하며 이런저런 의문을 마음속에 품고 있는 사람도 많으리란 생각이 들었다. 그래서 시간을 쪼개어 로손의 가맹점주들과 이야기를 나누었다.

이야기를 들어보니 시스템이 달라 당황하는 분도 계셨고 아직 로손에 대한 애착을 버리지 못한 분도 계셨지만, 전시회장을 안내하고 시식을 권하면서 세븐일레븐의 힘을 알려주고 싶었다.

전시회에선 신제품으로, 일본에서 개발한 매장용 커피 머신을 소개했다. 이 기계는 커피를 드립식으로 한 잔씩 내리는 것이었는데, 가맹점주들에게는 호평을 받았다. 당시 한국에선 편의점에서 제대로 된 커피를 마실 수 있으리라고는 생각도 못 했기 때문이다.

하지만 소비자 의식은 그렇게 간단히 바뀌지 않았다. 실제 커피를 매장에 내놓아보니 가격 자체가 높아서인지 일본에서처럼 기대만큼 팔리지 않았다.

당시 한국은 가까스로 스타벅스가 들어왔을 무렵으로, 제2차 커피 붐이 시작되고 있었다. 제1차 붐은 몇 년 전 커피 원두 수입이 자유화된 시기를 가리키는 것 같다. 그때 거리에는 커피 원두를 팔면서 커피도 마실 수 있는 전문점이 많이 생겼었다.

편의점에서 제대로 된 커피를 팔 것이란 기대가 없는 것일까…… 현실을 실감할 수밖에 없었다. 하지만 이처럼 가맹점주와 실제 소비자 사이에 놓인 인식의 차이를 알게 되는 것도 전시회의 묘미이다.

로손의 가맹점주들에게는 삼각김밥 신제품을 시식하게 하면서 세븐일레븐의 강점을 말씀드렸다. 당시 삼각김밥의 라인업은 불고기, 닭살소보로, 숯불구이갈비, 돼지고추장, 참치마요네즈, 오징어볶음, 연어, 카레김치, 참치김치, 돼지김치, 붕장어 등이었다. 삼각김밥을 시식한 가맹점주 모두가 그 맛에 감동했고, 이 일은 나에게 커다란 자신감을 주었다.

전시회에서는 고객으로부터 신제품 설문도 받았다. 2000년 9월 전시회 기록에 의하면, 푸드 중 인기메뉴 1

위는 오뎅, 2위는 그라탱, 3위는 스무디, 4위는 도시락, 5위는 워터젤리였다.

1위를 차지한 오뎅은 기구의 문제가 있어 그해 겨울에는 실현될 수 없었지만, 이듬해인 2001년에는 일본과 마찬가지로 세븐일레븐 매장에 놓여졌다.

전시회에는 신제품을 출시한 제조업체 직원들도 많이 왔는데, 전시회가 끝나자 나는 이분들께 엄중한 부탁을 드렸다. 콜라, 캔커피, 인스턴트라면, 일반식품, 냉동식품 등 대단히 많은 전시품이 있었는데, 이것들을 세븐일레븐 직원에게 넘기지 말아 달라는 부탁이었다.

제조업체 중에는 가지고 돌아가기 힘들다는 핑계로 직원들에게 물건을 주려는 곳들이 있다. 하지만 나는 제조업체와의 관계는 항상 비즈니스 범위 안에서 청렴해야 한다고 생각한다. 조금이라도 이런 것이 허용된다면 점차 양측의 관계는 왜곡되고 만다. 이것이 두려웠다.

제5장

새로운 슈퍼마켓,
롯데레몬의 탄생

새로운 슈퍼마켓을 만들다

2000년, 너무나 바빴다.

코리아세븐에서의 일이 중심이었지만, 병행해서 롯데 그룹의 유통 관련 신규 사업에도 참여하고 있었다. 이 중 한 가지가 새로운 슈퍼마켓인 '롯데레몬'의 설립이었다. 지금은 롯데마트에 흡수되었지만 한국에선 처음으로 육류, 생선, 채소라는 세 종류의 신선식품을 주력으로 한 식품슈퍼였다.

현재의 한국으로서는 상상하기 어렵지만, 당시 한국은 대형양판점GMS도 여명기에 불과했다. 대형양판점은 할인점이라 불리며, 주로 도시 외곽에 이제 막 점포를 내기 시작하던 때였다.

도시 안에는 슈퍼라 이름 붙인 매장이 산더미처럼 많았지만, 사실 일본의 슈퍼마켓에 익숙한 사람에게는 잡화점보다 조금 나은 정도의 가게가 대부분이었다. 작은 규모의 가게는 30평 정도였고 기껏 커봤자 100평 정도였던 것 같다. 그곳에도 육류, 생선, 채소의 신선식품들이 갖춰져 있기는 했지만 신선도는 좀 떨어졌다. 적당히 주변 시장에서 물건을 가지고 와서 구색을 맞춰놓은 것 같았다.

앞서 이야기했듯이 서울에는 시내 곳곳에 시장이 있다. 사람들은 여기서 저렴하게 신선한 농수산물을 살 수가 있다. 따라서 고객도 어려운 걸음을 해가며 굳이 슈퍼에서 신선식품을 사지 않는다. 팔리지 않으므로 슈퍼에서도 특별히 신선식품을 갖추는 것에 신경을 쓰지 않는다. 그러면서 점점 제품의 질이 나빠지는 악순환이 당시한국 슈퍼마켓의 현황이었다.

대형양판점 사업에는 사실 롯데도 뛰어들어 '롯데마그넷'(현 롯데마트)이란 상호로 전국 영업을 시작하고 있었다.

하지만 대형 매장이기 때문에 시내에는 만들 수가 없다. 그 보완책으로 신선식품 중심의 새로운 슈퍼 사업을 시작했고 이 사업에 나도 참여하게 된 것이었다.

나는 편의점에 관해서는 충분히 알고 있었지만 슈퍼마켓 사업에는 프로가 아니었다. 그래서 이 신선식품 슈퍼 사업을 맡게 되었을 때, 굳이 기존의 슈퍼마켓 개념에 얽매이지 않고 내 식으로 매장을 만들리라 생각했다.

앞서도 이야기했지만, 편의점과 슈퍼마켓은 같은 소매점이어서 언뜻 보기에 비슷해 보이지만 개념은 전혀 다르다. 편의점은 일상생활에 밀착한 매장으로, 이른바 소비자를 위한 '라이프 솔루션 매장'이다. 고객의 생활 속 문제를 '편리'하게 조속히 '해결'할 수 있어야 한다.

반면 슈퍼마켓은 고객 생활에 필요한 많은 기초 제품을 제공할 수 있어야 한다. 이를 위해 많은 물품을 갖춘 넓은 매장이 필요하며, 고객은 이 가운데에서 자신에게 필요한 물품을 선택할 수 있어야 한다.

그렇기 때문에 지금까지 몇 번이나 이야기한, 고객 니즈에 부응하는 '변화대응'의 관점에서도 양측 간에는 커다란 차이가 나타난다.

편의점은 고객에게 그때그때 필요한 물품을 제공하는 장소이므로 이른바 '시간대별 변화대응'이 필요하지만 슈퍼마켓은 편의점만큼 시간대에 따른 변화대응은 필요하지 않다.

고객에게 슈퍼마켓은 시장의 발전된 형태이다. 구매하는 물품의 유통기한은 기본적으로 길다. 다시 말하면 집안에 저장하는 물품이 많다. 많은 사람이 일주일에 한두 번 대량으로 구매해서는 집안에 쌓아 둔다.

하지만 편의점에서는 집안에 쌓아둘 물품은 사지 않는다. 그때그때 필요한 물건을 사러 달려가는 곳이다. 결과적으로 물품의 유통기한이 대부분 짧다.

슈퍼마켓이 시장의 발전된 형태라면 무엇보다 중요한

현재는 롯데슈퍼가 된 예전의 롯데레몬 1호점

것은 시장에 뒤지지 않는 신선도이다. 내가 새로운 슈퍼의 이름을 '레몬'이란 했던 것도 고객에게 신선한 느낌을 주고 싶었기 때문이다.

2001년 6월, 롯데레몬 1호점이 서울 동대문구 서울시립대학교 부근에서 개점했다. 전농동의 SK아파트 상가 건물 1층에 400평의 부지를 확보한 곳이다.

신선식품들은 롯데마그넷과 공동구매한 것이 많았다. 가격대는 시장과 비교해 높았지만 대신 대량 구매만 가능했던 시장보다 소량으로도 구매할 수 있도록 했다. 그리고 무엇보다 시장과 확실한 차별성을 두기 위해 매장을 예쁘고 청결하게 만들었다. 나는 이곳에 내가 꿈꾸는 새로운 슈퍼마켓 비즈니스 모델을 만들어보고 싶었다.

유통업에 모범답안은 없다

유통에서의 내 스승 중 한 분은 말할 필요도 없이 세븐일레븐재팬의 창립자인 스즈키 도시후미이다.

일본 편의점은 1974년 세븐일레븐의 1호점이 도요스에 개점하며 그 탄생을 알렸다.

당시 이토요카도의 직원이었던 스즈키 도시후미가 미국에서 프랜차이즈를 운영하던 세븐일레븐에 강한 흥미를 느끼고 노하우를 배우면서 이것을 일본식으로 변화시켜 일본 특유의 편의점이라는 업태가 탄생했다. 이후로도 스즈키 씨가 시대의 요구를 한발 앞서 읽으며 끊임없이 '변화대응'이란 유연성과 공격적인 자세로 일본 편의점 사업을 견인해 왔던 점은 주지한 바와 같다. 나는 이 스즈키 도시후미 밑에서 편의점이란 무엇인가를 철저히 배웠다.

한국에서 내가 꿈꾸는 슈퍼를 만들고 이것을 새로운 비즈니스 모델로 삼고 싶다는 생각이 들 때면 스즈키 씨가 했던 말을 종종 떠올린다.

"유통업에 모범답안은 없다. 고객이 좋아하는 것을 끝없이 추구할 뿐이다."

이 말은 내 몸에 체화되어 있다. 이 말을 가슴에 품고, 나는 편의점을 방문하는 고객들이 좋아할만한 상품 구색을 준비하여, 상품을 기획하고 제작하며, 매장을 조성하는 일을 지금까지 계속 추구해 왔다.

하지만 슈퍼마켓이라면 어떨까. 슈퍼마켓을 방문하는 고객이 좋아할만한 상품 구색은 어떤 것일까. 새로운 상품 기획은, 고객이 둘러보기 쉽도록 매장을 조성하려면 어떻게 해야 할까, 나에게는 모든 것이 새로운 도전이었다.

롯데레몬의 기본 콘셉트는 '시내 중심에 만드는 매장'이었다. 이렇게 되면 자칫 편의점과 경쟁하게 될 수 있다.

그러나 나는 굳이 이것에 신경 쓰지 않고 롯데레몬을 만들기로 했다. 편의점 눈치를 보는 슈퍼마켓 따위에 고객이 와줄 리가 없기 때문이다.

나는 스즈키 씨의 말을 되새기며 롯데레몬 사무소에 있을 땐 세븐일레븐은 잊은 채 롯데레몬만을 생각했다. 식품슈퍼라는 가게가 앞으로의 한국에서 어떤 것이어야 할까를 고객 입장에서 철저히 고민했다.

앞에서 세븐일레븐은 잊었다고 했지만, 그래도 업무의 관점은 내가 잘 알고 있는 편의점 사업을 기반으로 했다. 이것은 어쩔 수 없었다기보다, 롯데가 내게 이것을 원해서 롯데레몬을 맡긴 것이라 믿었기 때문이다.

롯데레몬의 출점 계획은 굉장했다. 전농동점이 개점하고 두 달이 지난 8월에는 경기도 북부의 포천시에 2호점이, 11월에는 경기도 동부의 광주시에 3호점이 생겼다. 2002년도에는 8개 매장의 신설이 결정되었다. 모두 서울 시내이거나 서울을 둘러싼 경기도 입지였다.

유통의 새로운 업태가 이 정도 빠르기로 매장을 늘려 나간 사례는 아마 세계적으로도 드물 것이다.

이런 점에서 한국은 대단하다.

지금은 서울 시내 휴식처가 된 명소로 청계천 물길이 있다. 아름다운 산책로가 깔려있고 저녁에는 조명도 들어와 기분 좋은 분위기를 자아낸다. 하지만 이곳은 내가 서울에 살던 무렵에는 개천은 매립되어 하수도였던 곳이다. 이 위를 지나던 고가도로는 서울 중심부의 동쪽으로 통하는 중요한 간선도로였다. 하지만 고가도로의 노후화를 이유로 순식간에 철거하여 지금의 청계천으로 정비했다. 이 속도가 놀라울 정도여서 한국의 대단함을 엿볼 수 있었다. '좋다'고 생각한 것을 만들어내는 속도는 일본을 훨씬 능가한다.

롯데레몬도 점포 조성이라는 외형은 빠르게 앞서 나갔다. 하지만 가장 중요한 핵심인 기본 모델이 수반되지 않아, 이것을 한시라도 빨리 만들어야 했다. 인재교육도

아름답게 거듭난 청계천

이 중 하나였다.

일본에서도 직원 교육은 어렵다. 하물며 외국인인 내가 한국인 종업원을 교육하기는 너무나 어려웠다. 일본인은 나와 주지츠야忠実屋 출신의 수산물 담당자인 사토 후미오佐藤文雄 뿐이고 나머지는 모두 한국인 직원이었다.

롯데레몬 본사는 서울 동대문에서 조금 동쪽에 위치한 하왕십리에 있었다. 여기서 가장 가까운 매장은 1호점인 전농동점이다. 세븐일레븐 업무도 맡아 바빴기 때문에 주로 둘러보던 매장은 전농동점이었다. 따라서 이곳을 모델점으로 삼을 수밖에 없었다.

전농동점이 입주한 SK아파트는 20층이 넘는 아파트가 10개 동 이상이었던 것으로 기억한다. 이 상가건물의 매장에서 나는 슈퍼를 방문하는 고객의 행동을 날마다 계속 주시했다.

야트막한 언덕 위로 전농동 SK아파트 여러 동이 마치 성처럼 솟아 있다. 동대문에서 동쪽으로 이어진 큰길에서 언덕으로 올라가는 입구에 상가건물이 있다.

상가건물 1층에는 작은 분식점과 열쇠가게, 부동산, 그리고 롯데레몬이 입점했고 2층에는 학원이, 그 위층으로는 모두 사무실이 있었다.

상가건물 1층의 분식점은 한국 길거리에서 흔히 볼 수 있는 가게로 주메뉴인 라면은 인스턴트 라면이었다. 국물은 직접 만들어 가게마다 특징이 있지만 기본적으로는 고추로 맛을 낸 새빨간 국물이다.

그리고 이 인스턴트 라면의 양은 한 끼에 120g으로 좀 많은 편이었다. 일본의 일반적인 봉지라면 한 개가 90g 정도이므로 일본과 비교해도 30% 많은 양이다. 일본의 라면가게에서 준비하는 생라면이 일반적으로 120g이니, 인스턴트 라면의 양은 충분했다.

이러한 인스턴트 라면을 파는 분식점은 한국 길거리에서 흔히 볼 수 있다. 또한 길거리에 많기로는 부동산도 마찬가지였다. 한국에서 거리를 걸어보면 알겠지만 부동산이 없는 거리는 하나도 없을 정도로 거리가 부동산 투성이다.

그리고 학원도, 입시 전쟁이 치열한 한국에서는 꼭 필요한 곳이다.

여기서 잠깐 이야기하자면, 코리아세븐의 삼각김밥이 히트한 원동력 중 한 가지가 이런 학원의 존재였다. 한국에서 아이들은 일본 버금가는 입시 전쟁에서 살아남기 위해 학교에서 학원으로, 그리고 한 학원이 끝나면 다음 학원으로 바삐 다니며 빠듯한 일정을 소화하고 있었다. 이런 아이들이 배가 출출할 때 가볍게 먹을 수 있는 음식이 편의점 삼각김밥이었다.

한정된 시간 속에서, 학원에서 학원으로 이동하는 중에라도 재빨리 먹을 수 있는 삼각김밥이 어린이와 청소년들 사이에서 인기를 끌며 히트의 원동력이 되었다.

이처럼 SK아파트 상가건물에는 한국의 전형적인 가게들이 모여 있었다. 그리고 이런 가운데 롯데레몬이, 주변 가게 중 가장 넓은 400평의 면적 위에서 새로운 슈퍼로서의 영업을 시작했다.

개점 이후 나는 매일 매장을 둘러보았다. 평일은 물론이고 토요일에도, 일요일에도. 게다가 같은 날이어도 아침, 점심, 저녁으로 시간대를 바꿔가며 각각의 시간대에 방문하는 손님들의 동향을 관찰했다.

고객의 대부분은 역시나 SK아파트에 사는 주부가 압도적이었다. 큰길 반대편에서도 고객이 왔지만 소비자 심리란 재미있어서, 큰길 하나를 사이에 두고 상권이 달라졌다. 이것의 전형이 편의점이다. 일본에서도 지금까지 계속 편의점이 늘어나며, 포화상태로 보일 정도로 거리 곳곳에 편의점이 있지만 각각의 매장마다 끊임없이 고객이 방문한다.

사실 나는 처음에는, 슈퍼마켓 고객은 근처 주민뿐 아니라 조금 먼 곳에서도 와주리라 생각했다. 앞서 언급했던 대로 슈퍼마켓은 사람들의 일상용품을 제공한다. 편의점처럼 때마침 그곳을 지나기 때문에, 바로 집 앞이기 때문에 들르는 곳이 아니므로, 멀리서라도 물건을 사러 올 것이라고 생각했었다.

그런데 실제로 조사기관에 의뢰하여 고객 행동을 조사한 결과, 롯데레몬의 고객으로는 압도적으로 SK아파트 주민이 많았다. 롯데레몬은 주차장도 완비하고 있었지만 광고는 주변 지역으로 한정되어 있었다. 그래서인지 굳이 차를 타고 오는 고객은 별로 없었다.

한국에는 자동차가 없어도 편리한 시스템이 있다. 이

것은 배달이라는 시스템이다. 한국에서는 많은 가게가 배달시스템을 갖추고 있다. 개인적으로 나는 '자전거'를 연상시키는 배달이라는 한국어 발음*을 좋아한다. 최근 한국에서는 맥도날드 햄버거조차도 유료이긴 하지만 배달을 해준다.

나는 처음부터 롯데레몬에 이 시스템을 도입했다. 상품을 구매한 고객이 배달 카운터에 주소를 적으면 한두 시간 후에는 매장에서 집으로 물품이 도착한다.

이 시스템을 이용하는 고객은 정말 많았다. SK아파트 고객이 많았기 때문에 비용 부담은 적었지만, 내가 놀랐던 것은 아주 소량의 물건이어도 배달을 의뢰한다는 점이었다. 롯데레몬의 한국인 직원에 따르면 한국인은 잔뜩 구매한 짐을 들고 걸어가는 것을 싫어하기 때문이라고 한다. 짐을 드는 것이 궁상맞다는 것이다.

처음에는 일본에 없는 정서라고 생각했다. 게다가 확실히 무거운 짐을 들고 집으로 가기란 어려운 일이다.

그런데 일본도 슈퍼마켓이 등장하기 이전의 외판원 시절에는 그랬었다. 각 가정에 상점 외판원이 돌면서 필요한 상품을 집까지 가져다주는 시스템이 있었다. 한국

---

* 일본에서는 자전거 발판을 '페달(ペダル)'이라고 불러 배달(ペダル)과 발음이 비슷하다. '페달'이라는 이름의 자전거 전문점 체인도 있다.

은 슈퍼마켓에서 장보는 시대가 되었어도 이런 배달의 전통이 남아 있다.

　이런 관습이 남아 있는 것에 놀라긴 했지만 이것이 나쁜 것은 아니다. 고객에게는 편리한 좋은 시스템이다. 그리고 이 시스템은 앞으로 일본에서도 점점 필요해질 것이다. 인구가 적은 지방에서는 일상용품을 살 수 있는 매장이 별로 없어 몸이 불편한 노인들도 차를 운전해서 물건을 사러 가는 형편이다. 또한 도심이라도 노인이나 혼자 사는 독신자가 늘어나는 시대이다. 예전의 외판원과 같은 역할이 유통에도 필요하게 되지 않을까 생각해 본다.

아마추어가 만드는 슈퍼마켓

2001년 당시 내 일과는 다음과 같았다.

아침엔 우선 대학로 부근의 혜화동 로터리에 있는 세 븐일레븐 본사로 출근하여 세븐일레븐 업무를 한다. 그 리고 오후에는 하왕십리에 있는 롯데레몬 본부로 향한 다. 매일매일이 이랬다.

당시 롯데레몬이 입주한 빌딩이 있는 하왕십리 주변 엔 아직 오래된 서울의 주택가가 남아 있었다. 10층에 있 는 사무실에서 거리를 내려다보면 검은색 또는 갈색의 기와지붕과 흰색 벽의 집들이 여기저기 펼쳐져 있었다. 군데군데 작은 건물들이 있고 그곳을 오가는 사람이나 짐수레, 짐을 실은 자전거가 교차하는 풍경에는 왠지 모 를 그리운 향수가 감돌았다.

롯데레몬의 내 사무실에는 서울을 중심으로 인천광역 시까지 포함된 커다란 경기도 지도가 걸려 있었다. 지도 에는 두 개의 빨간 핀이 꽂혀 있다. 이 빨간 핀이 가리키 는 것은 롯데레몬의 매장이었다. 롯데레몬 1호점이 있는 전농동과 얼마 전 8월에 개점한 포천점이다.

또 빨간색 핀과는 별도로 노란색 핀도 9개 꽂혀 있다. 이것은 내년까지 개점할 예정인 매장의 위치를 가리킨다.

포천점에서 북쪽으로 $40km$ 정도 가면 북한과의 군사 분계선이 있다. 당시 송강호, 이병헌, 이영애가 주연한 영화 〈JSA〉가 흥행에 크게 성공하고 있었지만, 공동경비구역을 묘사한 영화 속 긴장감과는 달리 포천의 마을들은 서울 교외의 주택지로 개발 중인 한가로운 전원 마을로 보였다.

서울에서는, 포천에서 조금 더 북동쪽에 위치하며 막걸리와 갈비로 유명한 이동 부근까지 약 20분 간격으로 버스가 다니고 있었다.

이동 지역이 갈비로 유명한 것은, 지금은 이미 없어져버렸지만 과거 이곳에 식용육 해체장이 있어 신선한 갈비를 저렴하게 제공했던 흔적이라고 누군가에게서 들었다. 막걸리도 유명했는데 그도 그럴 것이 이동 지역 쌀은 한국의 브랜드 쌀 중 하나여서, 맛있는 쌀 산지에 맛있는 술이 있는 셈이었다. 덧붙이자면 세븐일레븐의 삼각김밥도 이 이동 지역 쌀을 사용했다.

그런데 이 포천점은 도시 내에 있는 전농동점과는 확연히 달라, 매일 물건을 사러 오는 고객은 전체의 20%

정도였다. 그 대신 주변 지역에서 차로 오는 고객이 많았다. 이 고객들을 유치하기 위해 E마트 등으로 대표되는 경쟁 할인점과 우리는 격전을 벌이고 있었다.

하지만 아무래도 이 매장은 서울과 떨어져있어 내가 매일 직접 둘러보러 갈 시간이 없었다. 왕복에 최소 2시간은 걸리고 정체에 걸리기라도 하면 어떻게 돌아가야 할지 막막했다.

그렇지 않아도 나는 세븐일레븐 일 외에도 간편식품 공장인 롯데후레쉬델리카와 롯데그룹 본부의 일을 함께 하고 있었으며, 이번에는 롯데레몬 업무까지 더해졌다.

포천점은 걱정스럽긴 했지만 현장 분석에 할애할 시간은 자연히 한정될 수밖에 없었다. 그래서 주말에 시간을 내서 가는 경우가 많았다. 다행히도 포천점은 교외형 매장이었던 탓에 고객들도 주로 주말에 방문해, 주요 고객들의 행동을 살펴볼 수는 있었다.

편의점을 방문하는 고객의 니즈를 파악하는 것은 아무래도 오랜 경험으로 몸에 밴 자신감이 있었다. 하지만 슈퍼에는 그런 것이 없었다. 생각해 보면 개인적으로는 매일의 장보기를 아내에게 맡겨두었었기 때문에, 결과적으로 슈퍼에서의 고객 니즈나 행동에 대한 지식은 얕았다.

하나부터 열까지 모두 공부해야겠다고 느낀 나는 매일

틈만 나면 악착같이 매장으로 가서 고객의 동선을 뒤쫓았다. 뭔가를 알아내면 여기에 몇 개라도 가설을 세우고 분석하며, 외국에서의 새로운 업태를 파악하기 위해 노력했다.

롯데레몬 전농동점에는 두 달 동안 계속해서 평일부터 주말까지 거의 매일 아침, 점심, 저녁으로 들렀다.

이때는 가능한 한 눈에 띄지 않게 조용히 있었다. 식품 슈퍼는 내가 알지 못하는 업계여서 조심스러웠기 때문이다. "역시 혼다는 아마추어야"란 말이 직원들 사이에서 한 번이라도 나온다면 이후의 업무는 어려워진다. 이것이 두려웠기 때문에 철저히 다양한 가설을 세우고 분석하고 검증하며 두 달을 보냈다.

하지만 '이것은 틀림없어'란 확신을 갖고 바로 실행에 옮긴 일도 있었다.

다른 대형 슈퍼와 비교했을 때 롯데레몬의 매장은 좁았다. 그래서인지 앤드라 불리는, 고객 눈에 가장 잘 띄는 진열대 가장자리 측 공간에서의 상품진열이 효과를 올리지 못하고 있었다. 구매담당자가 제조업체로부터 의뢰받은 그대로, 판촉상품을 여러 개씩이라도 밀어 넣었기 때문이다. 그 결과 어떤 상품도 눈에 띄지 않는 어수선한 공간이 되어버렸다.

나는 구매담당자의 깔끔치 못한 일처리가 마음에 걸렸다. 이들에게 자극을 줄 필요가 있었다. 코리아세븐에 처음 부임했을 당시, 세븐일레븐에 코카콜라가 없는 것에 놀라 매장에 대량으로 진열하는 임팩트를 연출했던 일은 이미 이야기했다. 그때 이후 친밀해진 코카콜라에 의뢰하여 앤드 한 곳을 모두 코카콜라로 채우기로 했다.

시기도 7월이다. 가장 음료가 잘 팔리는 계절에 이른바 '대량진열'을 실행했다.

지금까지 이 매장은 주력 상품을 집중해서 팔던 매장이 아니었기 때문에, 단숨에 화려한 코너가 생겼다.

계절이 도와준 영향도 있어 코카콜라는 잘 팔렸다. 별다른 생각 없이 여러 개의 상품 품목들로 앤드를 가득 채웠던 구매담당자들은 이 효과에 놀란 것 같았다. 이들은 '대형점 매장을 그대로 축소하면 된다'는 정도로밖에 생각하지 않았었기 때문에, '대량진열'의 박력과 성과를 실감한 듯했다.

어쩌면 이들은 편의점밖에 모르는 내가 '대량진열'과 같은 대담한 발상을 가지리라고는 생각하지 못했을 것이다. 하지만 이것도 매일매일 고객의 동향을 살피고 있었기에 생각해낼 수 있었다.

내가 두 달 동안 분석한 결과, 우선 롯데레몬에 필요하다고 느꼈던 것은 매장 점원들의 친밀함이었다. 워낙에 전농동점 점원들은 고객에게 인사를 하지 않았다. 계산원도 고객을 보지 않았다. 고객을 보지 않으니 이들의 니즈를 파악할 수 있을 리가 없다.

여담이지만 한국에는 일본의 '오하요우고자이마스ぉはようございます' '곤니치와こんにちは' '곤방와こんばんは'처럼 시간대에 따른 별도의 인사말이 존재하지 않는다. 아침 점심 저녁 모두 '안녕하십니까'이다. 이 말의 본래 의미는 '별 탈 없이 잘 지내십니까'이다.

또는 '식사 하셨어요?'란 인사도 있다.

한국에 부임했던 초반에는 이 말을 들을 때마다 '한국인은 정말 식사를 좋아하는 민족인가보다'라고 생각했었는데, 어느 날 한국인 지인에게서 이것이 인사말 중 한 가지라는 얘기를 듣고서는 이해가 되었다. 그래서 이 말을 건넨 이후에도 특별히 식사 약속을 하자는 등의 이야기가 없었던 것이다. 보통은 이 말 이후에도 일반적인 대화가 이어진다.

이처럼 인사 한가지에서도 일본인과 한국인의 감성 차이가 나타난다. 너무 과장일지 모르지만, 일본인의 인사는 시간 축에 따른 상징적 인사인데 반해 한국인의 인사는 현실적인 인간 욕망이 이루어지길 기원하는 인사이다, 인사의 주제가 일본인과는 확실히 달랐다.

어쨌든 가장 흔한 인사는, 일본인에게도 잘 알려진 '안녕하세요'라는 인사말이다.

그런데 매장 내에선 이 말조차 늘리지 않았다. 당연히 '어서 오십시오'를 말하는 점원도 없었다.

인사를 건네고, 고객 눈높이에서 대화하며, 고객의 니즈를 살핀다. 원래대로라면 매장 담당자에게 이것은 가장 중요한 일이다. 이것을 하지 않는다는 것은 말이 안 된다.

나는 더욱 인사에 힘쓰도록 독려하며, 아침 일찍 오시는 고객들에게 인사하도록 지도했다.

고객에게 인사하는 습관이 없었던 한국인 점원들로서는 처음에는 다소 용기가 필요해 보였다. 하지만 일단 인사하는 것에 익숙해지면 이것은 기분이 좋아지는 일이다.

내가 매일 매장에 들렀던 영향도 있었겠지만, 전농동점 점원들은 적극적으로 인사하기 시작했다. 그러자 이상하게도 매장 내에 다른 변화가 없었음에도 분위기가 밝아졌다.

아침에는 노인 고객이 많았다. 아침 산책 겸해서 들리는 고객도 계셨다. 열심히 인사하고 고객 눈을 보며 이야기하자 특히 노인 고객들이 좋아했다. 여기서부터 대화가 시작되어, 새로운 고객 요구를 들을 수도 있게 되었다.

롯데레몬 전농동점에서는 이제 고객에게 인사하는 점원들의 목소리가 울려 퍼진다. 유통업에서 중요한 기본 중 하나인 친절함이 실행되었다.

인사를 건네면 고객도 점원에게 여러 가지로 질문하기가 쉬워진다.

"이런 상품을 찾고 있어요" "지금 계절에 어떤 것이 맛있나요?" "오늘 저녁 반찬으로는 무엇이 좋을까요?" 등, 사소한 대화를 통해서도 고객들이 각기 바라는 정보가 무엇인지 점원들은 들을 수 있다.

여기서 중요한 것은 이 정보가 대화를 나눈 점원에게서 끝나버려서는 안 된다는 점이다. 그러면 모처럼 알게 된 소중한 고객 정보를 기업이 얻을 수가 없으며, 고객 서비스 향상으로도 이어지지 않는다. 청과부문, 생선부문, 정육부문, 반찬부문, 가공식품부문, 일용잡화부문과 같은 각각의 팀이 이런 정보를 수렴하여 점장을 통해 본부로 전달해야만, 기업에게는 중요한 정보가 된다.

그렇지만 이것은 상당히 어려운 일이었다. 나는 매일

전농동점을 지켜보았기 때문에 고객과 점원이 대화를 나누면 그 점원에게서 고객과의 대화 내용을 확인할 수 있었지만, 실제의 본부 회의석상으로는 좀처럼 점원이 직접 들은 고객 요구에 대한 보고가 올라오지 않았다.

결국엔 내가 현장에서 확인했던 사항을 회의석상에서 선보이는 형태가 되었다. 그때마다 매장 내 원활한 정보 소통을 강조했지만, 정착되기까지는 시간이 필요했다.

반년 정도 지나서야 그때부터 서서히 고객 요청사항 등의 보고가 본부로도 올라왔다.

당시 한국에도 '슈퍼마켓'이란 명칭은 있었지만, 기업이나 조직으로서의 내실은 아직 갖춰져 있지 않았다. 사장이 있고, 구매담당자가 있고, 점장이 있으면, 마지막으로 매장에 상품만 진열하면 된다는 식이어서, 고객보다는 업태의 형태 측면만 우선시 되었었다.

이것은 한국이란 나라의 특징이기도 했다. 한국은 우선 형태부터 유입되는 경우가 많다. 개중에는 새로운 형태만 만들었을 뿐 내용이 이를 쫓아가지 못해 실패한 사업도 많다. 그래도 우선은 형태만이라도 만들어내는 도전정신이야말로 한국인의 에너지라 할 수 있다. 이중 정말로 내실과 함께 성장해온 기업이 지금의 한국을 지탱하고 있는 것이다.

내가 점원을 통해 들었던 고객 요청사항 중에는, 유통 종사자로서의 내 마음을 설레게 한 이야기가 있었다.

이것은 젊은 주부의 말이었다.

"아침밥에 먹기 좋은 생선은 어떤 건가요? 점심이나 저녁밥에 좋은 생선은요?"

아침밥, 점심밥, 저녁밥으로, 각각에 알맞은 생선을 물어봤다는 이야기이다. 편의점은 '변화대응' 비즈니스이다. 편의점에서 오랫동안 경험을 쌓아온 내가, 처음으로 식품슈퍼 경영이란 것을 하면서 중요한 것을 깜박 잊고 있었다. 슈퍼마켓이라면 편의점과 같은 짧은 기간의 변화는 필요하지 않지만, 여기서도 확실히 시간에 대한 '변화대응'은 필요했다.

나는 식품슈퍼에서의 일이 내 전문분야와 크게 다르지 않음을 깨달았다. 스즈키 도시후미의 '유통업에 모범답안은 없다. 고객이 좋아하는 것을 끝없이 추구할 뿐이다'라는 말이 새삼 머리에 떠올랐다.

고객은 식품슈퍼에서도 세심한 '시간대응'을 필요로 한다.

우선은 이 고객이 알려준 생선 부문에서부터 대응해가고자, 생선 매장 담당자에게 시간대별 고객 요구에 맞춘 매장 운영을 요청했다.

다행히 롯데레몬의 또 다른 일본인 직원인 사토 후미오가 주지츠야의 생선 담당 출신이었다. 나는 우선 오전용과 오후용 매장을 다르게 만들고 싶다고 사토 씨에게 부탁했다.

오전 매장이라면 점심밥이 대상이다. 이에 해당하는 생선의 품목을 선정해야 했다. 반면 오후 매장에서는 저녁밥이 중심이면서 다음날 아침밥도 일부 고려한 품목과 매장 형태가 필요했다.

이것을 기회로 나는 한국 분들이 아침밥, 점심밥, 저녁밥으로 무엇을 먹는지를 배우게 되었다.

한국 사람들은 가정에서 무엇을 먹을까.

한국에서 그럭저럭 생활하다 보면 점심이나 저녁식사 정도는 머릿속에 이미지가 떠오른다. 한국인 직원과도 가끔 식사하고 외식하면서 여러 가지 경험도 했다. 하지만 아침밥이라면, 얘기가 조금 달라진다.

지방으로 출장을 가면 호텔에서 아침밥을 먹기도 하지만, 묵는 곳은 기본적으로 서구식 호텔이어서 아침밥은 주로 뷔페 스타일이었다. 개중에는 김치나 한국식 반찬이 나오는 곳도 있었지만, 대부분 뷔페에서는 으레 달걀 부침이나 김같이 내게 익숙한 일본식 아침 메뉴를 먹게 된다. 그 결과 몇 년이나 한국에 있었음에도 어떤 것이 한국의 전형적인 아침밥인지 잘 몰랐다.

호텔이 아닌 곳에서 아침밥을 먹을 기회도 간혹 있었다. 죽이나 해장국처럼 숙취에 좋다는 국물 요리도 먹어보았는데 이 또한 종류가 너무 많은 것에 놀랐다.

해장국의 '해장'은 한자로 '解腸'인 듯하다. '국'은 '국물'을 의미한다. 확실히 숙취 피로로부터 위장을 풀어주는 것 같았다.

대표적으로는 서울 중심부인 광화문 부근의 청진동 해장국이 유명하다. 소의 피를 젤리 상태로 굳힌 선지와 우거지를 사골국물과 된장으로 마무리한 요리이다.

청진동에서 오래된 해장국집으로 불리는 이 가게는, 재개발로 인해 이제는 종로 큰길가에 인접한 최신 고층 빌딩의 1층으로 옮겼지만 여전히 인기이다. 가게를 들여다보면 활기 넘치는 할아버지들이 아침부터 선지를 안주 삼아 해장국을 드시며 소주로 건배하는 모습을 종종 볼 수 있다.

이를 보고 있노라면 도대체 무엇을 위한 해장국인지 잘 모르겠지만, 한국의 전통적인 인기 요리임이 확실해 보인다.

선짓국 외에 다른 해장국으로는, 시청 근처에서 유명한 '무교동 북어집'의 북엇국, 감자탕(돼지뼛국) 전문점의 '뼈다귀해장국'이라는 감자탕과 거의 비슷한 해장국, 복어 전골집의 복어가 들어간 해장국 등을 들 수 있다. 일본인이 보기에 아침밥으로는 좀 거한 듯한 해장국도 있지만, 일본인도 쉽게 먹을 만한 해장국으로는 '밥은 역시 전주'라고도 불리는 전라도의 '콩나물국밥'을 추천한다.

'콩나물국밥'이란 그야말로 '콩나물로 끓인 국'이지만

맛이 정말로 순하고 부드러워, 숙취 시에는 이것이 위를 가장 편안하게 해주는 것 같다.

한국의 일반 가정집에서 아침밥을 먹을 때, 해장국 중에서도 '콩나물국'과 '북엇국'은 종종 상에 오르지만 그 외에는 요리에 시간이 오래 걸리기 때문에 그다지 일반적이진 않은 것 같다.

직원들에게서 들은 이야기를 종합해 보면, 위와 같은 해장국이나 죽을 제외하면 일반적으로 한국인이 집에서 먹는 아침밥은 일본의 아침밥과 그다지 다르지 않았다. 된장국에 밥, 여기에 김치는 꼭 곁들여지고, 반찬은 생선구이나 달걀부침 정도라고 한다.

확실히 바쁜 아침에 많은 요리를 준비하기는 어렵다.

생선구이 중 한국에서 가장 인기 있는 생선은 참조기이다. 커다란 크기의 조기를 말린 굴비는 한국에서 고급품으로 취급되지만, 작은 크기의 조기는 생물 상태로 저렴하게 유통되어 아침식사 때 흔히 먹는다. 그밖에는 고등어나 꽁치도 일반적이다.

나는 사토 씨에게 내 나름대로 조사한 한국의 아침밥 이야기를 전했다. 고객을 위해 필요한 것은 철저히 조사하고자 애쓰며, 그리고 분석하고 가설을 세우는 내 천성에 사토 씨도 놀라는 것 같았다.

사토 씨도 내 설명을 듣고는 나름대로 여러 가지 공부를 했고, 이 성과가 결실을 맺어 마침내 슈퍼로서는 드물게, 시간대별 판매 대응을 하는 생선 매장이 탄생했다.

아침, 점심, 저녁. 필요한 식재료가 다르다

식품슈퍼의 기본은 뭐니뭐니해도 '신선함'이다. 업계에서 사용하는 3종류의 신선식품이란 말에도 '신선하다'는 뜻의 '선鮮'이 들어있듯이, 수산, 축산, 청과의 3종류는 특히 신선도가 중요하다. 시간이 지나 신선도가 떨어지면 상품으로서의 가치는 없어진다.

슈퍼마켓 중에서도 특히 생선 매장은 재미있다. 롯데 레몬에는 얼음 위로 생선을 진열해 놓은 대면 코너가 있는데 이곳은 장식적인 요소가 강하다. 이곳의 가장 큰 역할은 신선함을 강조하여 고객들이 생선에 관심을 갖도록 하는 것이다.

보통은 계절 생선이 주인공이지만, 주인공이라고 결코 수북이 쌓지는 않는다. 왜냐하면 슈퍼마켓과 백화점의 가장 큰 차이는 인건비 축소에 따른 비용절감인데, 대면 코너처럼 인건비가 많이 드는 부분이 커져버리면 비용만 올라버리기 때문이다. 이렇게 되면 고객이 바라는 '저렴함'을 만족시킬 수 없거나 아니면 경영상의 부담이 생겨버린다.

아무래도 후단의 포장 상품이 많이 팔려야 슈퍼로서는 이익이다.

전농동점의 생선 대면 코너는 생선 매장에 폭 2m 정도 크기로 있었다. 여기에는 갈치, 대구, 넙치, 고등어, 삼치가 가지런히 진열된다. 또한 한국에서 생선회로 유명한 우럭이 있는데 이것은 회를 뜨고 난 후 남은 뼈를 사용한 매운탕으로도 맛있는 생선이었다. 홋카이도 부근에서는 인기가 있지만 일본 전국적으로는 지명도가 낮은 볼락 등도 놓여 있었다.

하지만 이런 대면 코너가 위험한 것은 점원이 잠시만 긴장을 늦춰도 순식간에 생선이 말라버려 신선도가 떨어지는 것이었다. 이렇게 되면 생선 매장 전체가 죽어버려 도대체 무엇을 위한 대면 코너인지 알 수 없게 된다.

따라서 우선 이 대면 코너부터 시간 변화에 대응해 나가기로 했다.

아침, 개점 시간대에 오는 고객은 생선을 사더라도 요리를 하기에는 이른 점심시간 전이다. 신선도가 좋은 팔팔한 생선이 대면 코너에 놓인다면 더할 나위 없겠지만, 매장은 긴 하루 동안의 시간 변화에 대응해야만 한다. 아침부터 신선한 생선을 두었을 때 바로 팔리면 다행이지만 좀처럼 팔리지 않으면 시간 경과에 따른 위험도 고려해야 한다. 생선이 오랫동안 대면 코너에 놓여 있으면 표면이 건조해지며 신선함도 순식간에 사라진다. 항상 직원이 신경 써서 물을 뿌려주면 좋지만 그렇게 되면 노동력이 늘어나며 비용 상승으로 이어져 버린다.

그래서 나는 아침 시간대에는 무리해서 대면 코너에 생선을 내놓지 않아도 괜찮다고 일렀다. 그리고 고객이 많이 오는 낮 시간 이후에는 점차 생선을 대면 코너로 내놓도록 했다. 이렇게 하면 가게에 온 고객이 이 생선들에게서 지금 막 들어온 듯한 신선함을 느끼며 구매하고픈 생각을 갖게 된다.

따라서 아침 매장에는 점심이나 저녁식사용으로 굽거나 조려도 좋은, 한국에서 인기 있는 고등어, 꽁치, 갈치의 포장상품을 진열했다. 꽁치나 고등어는 김치찌개 재료로도 사용되기 때문에 신선함보다는 용량이 중요해서 고객들은 포장상품을 더 선호했다.

그리고 오후 5시를 목표로 이번에는 조리키트를 전면에 내세웠다. 이것은 HMR이라는, 얼마 전 미국에서 생겨난 홈 밀 리플레이스먼트Home Meal Replacement라는 품목이다. 주요 식재료에 양념과 소스가 함께 들어있어, 집에 돌아가 포장을 벗기면 이 자체가 그대로 냄비가 된다. 아니면 볶거나 오븐에 넣어 바로 먹을 수 있는 편리한 식사 제조 키트이다. 이 찌개 시리즈는 잘 팔렸다. 생선회의 경우도 낮부터 진열해 봤자 신선도만 떨어질 뿐이어서 저녁 고객 방문에 맞추어 매장에 내놓도록 했다.

매장에 변화를 주면서 후단에서의 작업은 힘들어졌지만, 고객에게 시간대에 맞춘 '변화대응'을 명확히 내세우는 것에는 성공하여, 생선 매장은 크게 번창했다.

슈퍼마켓에서 반찬을 만들다

식품슈퍼에서 3종류의 신선식품 다음으로 중요한 품목은 반찬과 같은 간편식품이다. 델리카트슨Delikatessen이라 부르는 분야가 이것이다.

2001년 당시 한국에서는 시내에 위치한 공설 시장의 힘이 컸음을 이미 이야기했다. 시장에 가면 식재료를 살 수 있을 뿐 아니라 이미 조리된 반찬들도 간편하게 살 수 있었다. 여러 군데 있는 반찬가게에는 고기나 채소, 생선을 사용한 한국의 전통 반찬들이 각양각색으로 진열되어 있었다. 그래서인지 시내에서 개인이 경영하는 슈퍼 중에는 반찬을 파는 곳이 별로 없었고, 있더라고 그곳엔 외부업소가 들어와 슈퍼와는 관계없이 반찬을 파는 경우가 일반적이었다. 그냥 같은 건물 안에 슈퍼와 반찬가게가 각각 세입자로 들어와 있는 것 같은 느낌이다.

당시 롯데레몬의 경쟁 슈퍼는 한화그룹이 경영하던 한화슈퍼였는데 이곳에서도 자체적인 반찬사업에는 공을 들이지 않았고, 그저 슈퍼 안으로 반찬가게 세입자가 들어와 있는 정도였다.

한편 일본은 1990년대로 들어서면서부터 슈퍼에서 직영으로 반찬을 조리해 내놓았고 그 매출이 해마다 증가하여 이제는 슈퍼마켓 전체 매출 구성비에서도 결코 뺄 수 없는 부문이 되었다.

직영으로 반찬을 판매할 때의 장점은 매장 판매정책과 연동시킬 수 있다는 점이다. 신선식품 3종류와 연동시키면 서로 보완하는 상승효과로 매출을 늘릴 수 있다. 이런 일본의 상황과 비교하면, 한국의 반찬 매장은 일본보다 10년은 뒤처져 있다는 느낌이었다.

나는 롯데레몬 설립의 기획 단계부터 다른 경쟁업체와 차별화할 요소는 델리카트슨이라는 조리 간편식의 직영이라고 생각했다. 할인점 중에는 직영으로 조리 간편식을 만드는 매장도 있었지만 거기에 진열된 것은 치킨 통구이나 튀김류 정도여서, 일본 슈퍼와 같이 다른 매장과 일체감 있는 매대는 아니었다.

나는 일본 슈퍼에서 직영하는 조리 간편식을 연구했다. 슈퍼 매장 내에서 바로 조리하는 것이기 때문에 뭐니뭐니해도 여기에는 신선함이 있다. 3종류의 신선식품뿐아니라 반찬을 취급하는 조리 간편식 부문에서도 신선도가 뛰어나다는 임팩트를 내세울 생각이었다.

하지만 기획단계에서 회사 내 반발도 있었다. 반찬에

힘을 쏟는 것은 좋다. 하지만 때마침 롯데그룹 산하에는 세븐일레븐이 있으니, 이 세븐일레븐용 간편식품 공장인 롯데후레쉬델리카를 롯데레몬도 효과적으로 활용해야 한다는 의견이 많았다. 굳이 수고스럽게 매장 내 조리를 고집할 필요는 없다는 것이 중론이었다.

하지만 슈퍼마켓은 편의점과 다르다. 오히려 편의점이라면 불가능한 신선도를 내세우기 위해서라도 매장 내 조리로 가야한다고 나는 모두를 설득했다.

그리하여 롯데레몬 1호점인 전농동점은 한국 식품슈퍼로는 처음으로 자사 직영 반찬 매장을 갖춘 슈퍼마켓으로 탄생했다.

'매장 내에서 고객의 얼굴을 보면서 만드는 반찬'

나는 이런 콘셉트로 반찬 매장을 운영했다. 동종업계의 다른 업체들과 차별화하기 위해 일본식 돈가스와 닭꼬치, 튀김 등도 적극적으로 매장에 유치했다. 반찬 코너도 가급적 계절감 있게 하면서, 하루 중에도 시간대별로 상품구성을 바꾸는 '시간대응'을 내세웠다.

아침 시간대에 알맞은 반찬, 점심에 알맞은 반찬, 밤에 알맞은 반찬으로, 매장 구성을 매번 바꾸느라 담당자는 힘들었겠지만 이런 변화에 대한 고객 반응은 좋았다. 아침이나 점심은 가벼운 반찬, 밤에는 안주가 될 만한 음식과 저녁식사를 위한 요리를 준비했다, 이곳을 지나는 고객 눈높이에 맞춰 맛있어 보이도록 진열했다.

도시락도 출시했다. 당시 한국에서는 아직 편의점에서도 그다지 팔리지 않는 도시락이다. 예상했던 대로 역시 부진했다. 하지만 도시락도 매장 안에서 조리하였기 때문에 고객의 반응을 보아가며 매장에 내놓을 수 있어서 결과적으로 손실은 적었다.

롯데레몬의 반찬 코너가 직영이었기 때문에 매장 이벤트와 연동시킬 수 있었던 것은 커다란 수확이었다. 고객의 동선을 고려하면서 3종류의 신선식품과 식품, 반찬을 연계시켜 계절마다 이미지를 연출할 수 있었다. 이것이 세입자가 운영하는 반찬가게였다면, 좀처럼 우리 측 의도대로 통일감 있게 만들 수가 없다. 역시 직영으로 반찬을 만들자고 고집했던 것의 가치는 컸다.

한국 최초, 과일의 당도 보증

최근, 다시 서울을 방문할 기회가 많아졌다. 주말을 이용하거나 시간이 없을 때는 당일치기로 다녀오기도 한다. 그때마다 대형양판점이나 시내 식품슈퍼를 둘러보는 것은 유통업에 종사하는 사람의 습성과도 같은 것이어서, 뭔가를 사지도 않으면서 무심결에 매장 안으로 들어가게 된다.

이렇게 둘러보다 보면 최근 한국의 대형매장도 시내 슈퍼도, 매장별 차이는 있지만 내가 롯데레몬을 설립하던 당시 고생했던 시절과는 격세지감을 느낀다. 지금은 세계적 수준의 유통업과 비교해도 차이가 느껴지지 않을 정도이다.

이것은 정보사회로 진보한 덕분일지도 모른다. 2001년 무렵엔 대형점이든 소형점이든 일본 매장과 비교하면 한참 뒤처져 있었다. 하지만 지금의 한국 젊은이는 일본뿐 아니라 세계 각국으로 여행을 다니고, 나라 밖으로 나가지 않더라도 인터넷으로 다른 나라의 생활이나 문화를 엿볼 수 있다. 그 결과 이제는 한국이 일본에 뒤처져 있다는 느낌은 거의 없다.

하지만 모든 것이 일본과 같다는 것은 아니다. 일본과는 역시 다른 나라라고 느껴지는 매장도 있다. 그중 하나가 과일 매장이다.

과일 매장은 진열대 만드는 것부터 일본과는 전연 다르다. 일본보다 완전히 서구식이라고 할 수 있다. 이유는 일본과 한국 가정에서의 과일 소비량에 큰 차이가 있기 때문이다.

한국인들의 과일 소비 유형은 서구식에 가깝다. 일인당 과일 소비량이 많다. 예를 들어 FAO(국제연합식량농업기구)에 따르면 2011년 데이터이긴 하지만 가장 과일을 많이 먹는 나라는 네덜란드로 그 양은 일인당 하루 444g이다. 이어서 오스트리아가 400g, 이탈리아가 386g, 브라질이 382g이다. 미국은 266g, 한국은 184g인데 이 와중에 일본은 일인당 하루 과일 소비량이 140g으로 176개국 중 127위이다. 선진국 중에서도 소비량이 월등히 적다.

일본 슈퍼의 과일 매장을 보더라도 일본인의 과일 섭취량이 적다는 것은 확연하다. 슈퍼나 편의점에서는 껍질을 깎거나 잘라 바로 먹을 수 있도록 소량으로 포장한 상품을 판다. 수산 코너로 말하자면 생선회 모듬팩 같은 상품이다.

반면 한국인은 그렇게 먹지 않는다. 한국 슈퍼의 과일 매장에는 서양의 시장처럼 과일을 통째로 쌓아놓고 팔거나, 농가에서 포장한 상자째 그대로 판매하는 곳이 많다. 일본에서도 성수기에는 쌓아놓고 팔기도 하지만 보통은 두세 개씩 포장한 상품이 많고 상자째로 파는 곳은 별로 보이지 않는다.

이것은 과거 한국의 대가족 문화와도 관계가 있는 듯하다. 꽤 오래전부터 핵가족이 늘고 있는 일본과 비교하면, 한국은 한 가정에서 많은 양의 과일을 먹는다.

이런 경향은 2001년 당시도 마찬가지여서 나는 한국인이 과일을 좋아한다는 것에 주목했다. 당시로선 아직 한국에 도입되지 않았던 일본 특유의 판매방법을 도입한다면 한국에서 더 많은 과일을 팔 수 있으리라 생각했다.

특유의 방법이란 과일 당도를 측정하여 표시하는 방법으로, 그 무렵 일본에서는 꽤 많이 보급되어있었다.

대표적 과일의 일반적인 당도를 소개하겠다.

과일별 당도의 평균치는 밀감이 12~14%, 딸기 8~9%, 거봉 15~20%, 수박 9~13%, 홍옥사과 12~14%, 풍수배 11~15%이다. 나는 납품업자에게 부탁하여 평균 이상의 당도를 지닌 과일만 롯데레몬에 공급하도록 했다.

이렇게 해서 한국에서 처음으로 과일 당도를 보증하는 매장이 탄생했다. 고객이 실패하는 일 없이 당도가 보장된 과일을 롯데레몬에서 살 수 있게 되자 평판도 좋아졌다.

하지만 이 방법은 곧 한국 전역에 퍼졌다. 뭐 어쩔 수 없는 일이긴 하지만.

롯데레몬은 고객이 매일 장보러 올 수 있도록 주택가 입지에 만든 한국 최초의 일본식 슈퍼이다. 현재는 롯데뿐 아니라 한국의 모든 대형 유통업체들도 이런 식으로 슈퍼를 운영한다.

이후 롯데레몬은 롯데슈퍼로 이름을 바꾸어 한국 전역으로 확대되었다. 직영점이 467개, 가맹점이 84개, 거기에 같은 계열이면서 100엔숍과 유사한 롯데마켓 '999'가 84개로 모두 합하면 635개에 이를 정도로 성장했다.

이 중, 당시 내가 설립했던 1호점인 전농동점은 지금도 건재하다.

제6장

식문화와 편의점

음식이 바뀌면 그 나라가 바뀐다

편의점 업무는 정말로 재미있다. 매장 공간은 한정되어 있지만 새로운 상품에 새로운 서비스, 새로운 니즈와 이곳에 담기는 가능성이 무한대이기 때문이다. 여기 업무 중에서도 재미있는 것 한 가지를 꼽으라면, 주변에 사는 사람들의 식생활을 바꿔 버리는 일이다.

예를 들자면 한국에선 삼각김밥으로 통하는 주먹밥.

이 국민적 음식은 긴 역사를 지니고 있는데, 가장 오래된 삼각김밥은 야요이시대* 후기의 스기타니 차노바타케 유적(이시카와현 가시마군 로쿠세이정, 현 나카노토정)에서 발견된 탄화된 쌀알 덩어리이다. 요컨대 일본에는 야요이 시대 후기에 이미 '주먹밥'이라는 명칭까지는 아니어도, 쌀을 단단히 뭉쳐서 먹는 습관이 있었다.

야요이시대 다음으로 '주먹밥'이 역사적으로 발견된 곳은 요코하마시 스즈키구 고호쿠 뉴타운에 있는 고분시대** 유적이다. 이곳에서 도시락 상자 안에 담긴 커다란

---

* 야요이시대(弥生時代): 기원전 3세기경~기원후 3세기경, 한반도에서 벼농사와 금속기 문화가 전해지며 시작된 일본 초기 문명 시대
** 고분시대(古墳時代): 3세기경~7세기, 일본 고대국가 형성기

주먹밥이 탄화된 상태로 출토되었다.

하지만 일반적으로 '주먹밥'의 역사는 헤이안시대*의 '돈지키頓食'를 그 시작으로 본다. 돈지키는 1홉 반 정도 (약 270㎖)의 찐 찹쌀로 만든 커다란 타원 형태의 주먹밥 이다.

주먹밥에 일반적인 멥쌀이 사용된 것은 가마쿠라시대** 말기부터이다. 그리고 현재 주먹밥의 원형인 김을 사용 하게 된 것은 겐로쿠시대*** 무렵부터이다.

주먹밥에 대한 획기적인 변화는 이처럼 과거에도 여러 번 있었는데, 편의점의 등장도 그중 하나로 꼽을 만하다.

편의점에서 현재의 삼각김밥 형태의 주먹밥을 팔기 시작한 것은 1978년부터다. 각 가정에서 엄마가 만들어 주시던 주먹밥을 이제는 매장에서 살 수 있게 되었다. 당 시로선 획기적인 일이었다.

"집에서 만드는 음식이 매장에서 팔릴 리 없어!" 주변 에 이런 우려의 목소리도 있었지만, 일하는 젊은 남성을 중심으로 서서히 삼각김밥은 팔리기 시작했다. 도시락이 나 반찬류도 그렇다. 지금은 일하는 여성도 많아 엄마들

---

*   헤이안시대(平安時代): 8세기~12세기, 교토 천도 이후 장원이 발달한 시기
**   가마쿠라시대(鎌倉時代): 12세기 말~14세기 초, 무신정권인 막부가 정치의 중심 이던 시기
***   겐로쿠시대(元祿時代): 17세기 말~18세기 초, 정치가 안정되고 경제, 문화, 사회 가 발전하던 시기

도 바빠졌다. 정확히는 모르겠지만 지금 일본에선, 가정에서 만드는 주먹밥보다 가게에서 팔리는 주먹밥 수가 확실히 많을 것이다.

지금 일본의 편의점에서 판매되는 삼각김밥의 수는 엄청나다. 2016년 세븐일레븐 통계만으로도 연간 20억 개를 판매했다. 이 숫자로부터 유추해서 양판점이나 시내 전문점 판매량까지 합하면, 일본에서만 삼각김밥이 연간 50억 개 이상 소비된다는 계산이 나온다. 편의점 입장에서도 현재 최고의 주력 상품은 삼각김밥이다.

100년 전, 50년 전보다 사람들의 노동시간이 늘어나고 늦은 밤에 일하는 사람도 많아졌다. 식사는 집에서 만드는 것이라는 고정관념은 희미해지고, 사람들의 선택은 밖에서 먹는 외식, 밖에서 사와 집에서 먹는 간편식 쪽으로 늘고 있다.

음식이 바뀌면 생활이 바뀌고, 생활이 바뀌면 그 나라가 바뀐다. 과장이 아니다. 우리의 업무는 그 나라 사람들의 생활 자체를 바꾸는 일이라고 생각한다.

한국도 일본과 마찬가지로 쌀밥을 주식으로 한다. 일본에서도 한국요리는 인기여서 김치, 고추장, 짜장, 한국산 김 등, 가정에서 상비 식품으로 구비하는 한국식 양념도 많다.

하지만 이웃 나라라고 입맛이 같지는 않다. 한국인은 매운 것을 좋아하기 때문에 명란젓 삼각김밥이라면 쉽게 통하리라 생각해서 출시했지만, 전혀 아니었다는 이야기는 이미 언급했다. 한마디로 '맵다'고 해도 매운 종류가 달랐다.

입맛이 다름을 통감했던 기억으로는, 코리아세븐에서 발매한 김밥에서 이상한 냄새가 난다는 민원이 발생했던 사건이 있다. 그런데 조사해본 결과 의외의 것으로 판명되었다. 이 김밥의 품질에 문제가 있었던 것이 아니었다. 문제는 두 나라 국민의 입맛 차이였다.

원래 한국식 '김밥'은 밥에 식초를 사용하지 않는다. 이 맛에 익숙한 한국인이 일본식으로 단촛밥을 사용한 김밥을 사서 전자레인지로 따뜻하게 데웠고, 그 결과 한국사람들에게는 생소한 '이상한 냄새'가 발생했다.

이것은 식초가 데워지며 생긴 냄새로, 품질이 나빠졌기 때문은 아니었지만 우리도 크게 반성했다. 단촛밥에 익숙하지 않은 한국인이어도 거북하게 느끼지 않을 식초를 개발해야 함을 깨달았다. 전자레인지로 데워도 냄새가 변하지 않는 식초 말이다.

'맛있는 것'을 강제로 팔 수는 없다. 우리가 아무리 '이 음식은 맛있는데'라고 생각해도 다른 나라 사람들에게 인정받지 못할 수 있고 혹은 인정받는다 하더라도 시간이 걸릴 수도 있다. 특히 그 나라의 '어머니의 맛'으로도 불리는 국민 음식에 대한 애착은 그리 간단히 바뀌지 않는다.

이 장에서는 그런 사람들의 입맛에 얽힌 이야기를 소개하는 한편, 편의점으로서 이 입맛에 맞추기 위해 고군분투했던 에피소드를 소개하고자 한다.

날씨 좋은 휴일이면 남산 아파트에서 삼성그룹 이건희 회장의 하얀 저택 앞을 지나 이태원 부근을 산책하곤 했다. 당시 이태원은 미군기지가 가까이에 있어 미국인 취향의 술집이나 레스토랑이 많았다. 게다가 인도나 태국 요리 전문점, 서양인 취향의 오리엔탈 골동품, 가죽 전문 양복점, 핸드백이나 지갑을 파는 매장 등이 즐비하여 이국적인 분위기를 풍겼다.

인도에는 다양한 노점상과 포장마차가 줄지어 있었다.

노점상에는 어딘가의 브랜드를 연상시키는 디자인의 지갑, 가방, 의류 등이 산더미처럼 쌓여있었다. 당시 이태원은 모방 상품의 메카였다. 이 중에는 걸작도 있었다. 우리들이 '루이지통'*이라 부르던 디자인이 장식된 상품 중에는 슬리퍼나 방석도 있었다. 슬리퍼는 몇 년 전쯤 진품으로도 발매되었던 것 같지만 방석은 분명 아직 없을 것이다. 그래서 "이것을 가짜라고는 말할 수 없어"라는

---

* 루이비통의 '비' 대신, 비슷하다는 뜻의 한자어 '似(일본에서는 '지'로 발음)'를 넣어 모조품임을 회화한 말

농담을 주고받았던 기억이 난다.

이태원을 비롯한 명동, 남대문, 동대문, 서울 시내 곳곳에서 노점상과 포장마차는 지금도 성업 중이다. 그곳에서 이 나라 민중의 힘을 강하게 느낀다.

하지만 여기서도 완만하지만 변화가 일고 있다. 최근에는 보이지 않는 포장마차도 있기 때문이다.

10년 전에는 거리 곳곳에서 눈에 띄었던 포장마차. 거기서 풍기던 향기는 내 코에 불편한 느낌을 야기하는 독특한 것이었지만, 그 '번데기' 포장마차를 최근에는 찾아보기 어렵다. 당시엔 젊은 여성들이 봉지 가득 담긴 번데기를 먹으며 거리를 걷는 모습을 종종 볼 수 있었다.

그런데 최근에는 이런 모습이 보이지 않는다. 서울 거리를 걷고 있어도 이 냄새를 맡을 수가 없다. 슈퍼 등에서 통조림으로는 여전히 팔고 있지만 아무래도 포장마차 일선에선 '번데기'가 은퇴한 것 같다.

최근 젊은 서울 여성 몇 명에게 '번데기'에 관해 물어보았다. 그러자 그녀들의 대답이 외국인인 나와 같아서 깜짝 놀랐다. 왠지 그 냄새가 싫다는 것이다.

햄버거, 피자, 라면을 비롯해 전 세계 음식을 먹을 수 있게 되면서, 그녀들의 미각과 후각은 분명 바뀌고 있다.

내가 서울에 살던 때, 서울에서 일본식 라면을 파는 가게는 셀 수 있을 정도였다. 예전에 '라멘81번옥'이란 정통 일본 라면 가게가 이태원 제일기획 옆에 있었는데, 아오모리현 출신의 주인은 한국 고객들이 좀처럼 자신의 맛을 알아주지 않는다고 한탄했었다.

당시 서울에는 돼지고기 국물에 거부감이 있었다. 그래서 돼지뼈를 우려낸 국물로 만드는 돈코츠 라면은 잘 팔리지 않았다. 부산에 돼지국밥이라는 돼지고기 국물 요리가 있긴 하지만 서울 사람은 잘 먹지 않는다고 들었다.

요즘은 홍대 주변에만 해도 돈코츠 라면 가게가 여러 개 있을 정도로 인기가 높다. '번데기' 냄새가 거북해지고 돈코츠 라면과 돼지고기 국물에 대한 편견이 없어진 한국에서는, 확실히 지난 10년간 음식 취향에 대한 패러다임이 바뀌었다. 김치를 싫어하는 아이도 늘고 있다고 한다.

이런 패러다임 변화는 확실히 한국 소비자가 세계화되었다는 증거이다. 그래서 지금 나는 한국 편의점 업계에 다시금 새로운 바람이 일어나리란 생각이 든다.

김치 담그기

서울 거리가 보석 같은 단풍으로 물드는 가을, 시청 앞 광장에선 이곳이 새빨갛게 물드는 이벤트가 열린다.

많은 사람이 고추를 연상시키는 빨간 수건을 두르고 참가하는 김장문화제이다. 김장. 이것은 추운 겨울이 오기 전에 대량으로 김치를 담가 기나긴 겨울 생활에 대비하는 작업이다. 이 전통 작업이 시청 앞 광장에서 문화제란 이름의 이벤트로 개최된다.

서울에서 김장은 대부분 11월 마지막 주부터 12월 첫째 주 사이에 행해진다. 서울보다 조금 따뜻한 부산에서는 12월 중순에 이뤄지는 것 같다.

예전에는 김장을 위해 많은 회사가 직원들에게 휴가를 주었을 정도로, 이것은 나라 전체의 일대 행사였다. 하지만 최근에는, 특히 서울 등의 도시에서는 이 관습도 희미해지고 있다. 길거리 시장에는 배추가 산을 이루며 넘쳐나고, 이곳저곳에 많은 사람이 모여 김치를 담그는 모습도 찾기 어려워졌다.

옛날에는 김장철이 되면 김치를 담그는 집으로 동네

사람들이 모여 함께 도왔다고 한다. 꼬박 하루가 걸려 김치 담그기가 끝난 다음 날에는, 다른 집 김치 담그기에 모두가 참가한다. 이것은 매우 당연한 광경이었다고 한다. 한 집에서만도 여러 개 항아리 분량으로 많은 김치를 담가 추운 겨울 동안의 중요한 식재료를 비축한다. 양념은 가정마다 각기 달라 독특한 전통의 맛이 있었다.

배추절임 작업이 끝나면 이번에는 그 배추 안으로 집안 전통의 양념을 버무려 넣은 후 배추를 둥글게 말아 항아리로 집어넣는다. 동네에서 모여든 여성 무리는 늦가을 푸른 하늘 아래에서 이야기꽃을 피우며 작업하곤 했었다고, 이전 거래처의 연배 지긋하신 회장에게서 들었다.

11월도 끝나가는 시기이다. 작업 자체는 춥고 차가운 물에 고생도 한다. 하지만 이렇게 동네 사람들이 모여 즐겁게 이야기꽃을 피우며 공동 작업을 하다보면 의사소통이 원만해져 좋은 인간관계도 이룰 수 있었다.

하지만 최근 한국에서는 김치를 집에서 담그지 않고 사서 먹는 것으로 바뀌고 있다. 저출산 고령화 사회에 접어들고 1인 가구도 증가하면서, 최근에는 점점 더 이런 훌륭한 한국의 전통문화가 사라져가고 있다. 이것은 안타까운 일이다.

이 김장의 양과도 관련된 이야기가 있다. 예전에 북한

을 강타한 태풍의 영향으로 북동부에 위치한 함경북도 나선 특별시를 중심으로 수해가 발생하여 배추와 무같이 김장에 꼭 필요한 채소의 가격이 급등했다는 뉴스를 본 적이 있다. 원래 배추나 무 산지에서 피해가 나면 수확량이 감소하는데다가 이 지역 사람들에게 우선하여 식재료를 보내야하기 때문에 배추나 무는 품귀에 빠진다.

이 뉴스를 들으면서 한국과 달리 북한에는 아직 김장의 전통이 남아있구나란 생각이 들었었는데 이 중에 꽤 흥미로운 숫자가 있었다. 북한의 4인 가족이 김장철에 담그는 김치의 필요 수량이었다.

이것은 다음과 같은 수치였다.

배추 350 kg

무 200 kg

고추와 마늘이 각각 3 kg

소금 18 kg

그램 단위가 아니었다. 각각이 킬로그램이다. 겨울을 극복할 중요한 식량이라 해도 그 중량에 놀랐다. 최근의 한국에서는 그다지 볼 수 없는 수치지만 아마 옛날엔 한국에서도 4인 가족의 김장이라면 이 정도 분량의 채소를 사용했을 것이다.

지금 한국에서는 김치를 싫어하는 사람도 늘고 있다

고 한다. 이것도 세계화 영향의 한 단면이겠지만, 호불호
는 개인의 자유라 하더라고 전통적인 식문화는 소중히
해주었으면 좋겠다는 생각이 들었다.

한국의 발효식품

한국에서는 옛날부터 된장, 간장, 고추장, 청국장 등의 양념은 가정에서 만드는 것이 일반적이었다.

일본의 경우는 양념과 술을 비롯한 많은 식품이 에도 시대에 창업한 조직에 의해 만들어 진다. 야마사간장ヤマ サ醬만 하더라도 1645년(쇼호 2년)에 창업했다. 하지만 한국은 제2차 세계대전 이후에서야 식품류를 제조하는 조직이 생겨나 산업이라 불릴만한 형태가 되었다.

한국의 발효식품은 각각의 가정에서 옹기라 부르는 항아리에 만든다. 옹기의 시작은 고려시대 또는 조선왕조시대부터로, 정확한 역사는 불분명하지만 한국의 역사에서 발효식품은 이 옹기와 함께 등장했다.

그렇다면 옹기를 사용하여 가정에서는 어떤 음식을 만들었던 것일까.

우선 삶은 콩을 거칠게 갈아서 사각 또는 둥근 형태로 빚은 메주를 만든다. 간장, 된장, 고추장의 원재료이다.

이 메주를 볏짚으로 묶어 고초균*을 배양시킨 후 통풍

• 단백질을 분해하여 콩을 발효시키는 미생물로 볏짚 등에 많다.

이 잘되는 처마 밑에 걸고 1차로 발효시킨다. 그 다음으로 옹기가 등장한다. 메주를 옹기로 옮겨 담아 물과 소금을 넣는다. 이 소금물이 검게 변하면 간장이 완성된다. 된장은 이 간장과 동시에 만들어지는데, 간장 아래 남아 부드러워진 고형물이 된장이다. 하나의 옹기에서 간장과 된장이 모두 만들어지는 셈이다.

고추장도 메주를 가지고 만든다. 메줏가루, 엿기름, 고춧가루, 찐 찹쌀, 소금을 섞어 옹기에서 숙성시키면 고추장이 만들어진다.

한국판 낫토인 청국장 만드는 법도 소개하겠다. 콩과 짚을 40~45℃ 환경에 두고 자연 발효시켜, 콩이 고초균으로 끈적끈적하게 늘어지면 이것을 거칠게 으깨어 동그란 형태로 빚어 옹기에 보관한다. 청국장찌개를 만들려면 이것을 소금, 고춧가루와 섞어 사용하면 된다.

이번엔 식초. 옹기에 곡식과 과일 등의 원료를 넣으면, 과일에 들어있는 효모균의 발효작용으로 식초가 만들어진다.

젓갈의 경우도, 해산물에 대량의 소금을 뿌리면 옹기에서 소금의 작용으로 발효가 일어나며 만들어진다. 젓갈은 그대로 먹거나 찌개에 넣어 먹기도 하는데 가장 많이 사용되는 용도는 역시 김치 양념으로, 여기에는 새우

젓, 멸치젓 등이 사용된다.

한국하면 김치. 옹기는 김칫독이라고 부를 정도로 김치를 발효시키고 보관하는 용기로 떼려야 뗄 수 없는 도구이다.

이외에 막걸리란 술도 각 가정의 옹기에서 만들어진다.

한국에서 다양한 발효식품을 옹기에 담아 가정에서 만들 수 있었던 것은 한국이 일본보다 습도가 낮고 건조하기 때문인 듯하다. 발효식품에 적당한 땅인 것이다.

이처럼 일반 가정에서 양념, 음식, 술까지도 직접 만들던 시기가 한국에서는 오래 지속됐다. 그러나 이 문화도 제2차 세계대전 이후에는 드디어 변하기 시작한다.

1946년, 일본인이 경영하던 서울의 미쓰야三矢 양조장을 박규회 씨가 인수하면서 '샘표간장'을 창립했다. 현재 '샘표'는 한국에서도 가장 오래된 식품 제조업체이다. 이때부터 서서히 간장은, 가정에서 만들던 것에서 기업이 만들어 각 가정에서 구매하는 것으로 바뀌어 갔다.

된장, 고추장도 샘표, CJ, 대상 등의 대형 식품제조업체가 만들기 시작하면서 간장과 같은 길을 걸었다. 한국의 국민 음식인 김치도 지금은 같은 길을 걷고 있다. 이것도 세계화의 큰 흐름이라고 일괄해버리면 간단히 정리되지만, 뭔가 아쉬운 감도 있다.

하지만 현재 한국전통식품을 지탱하는 식품산업은 한국의 유망 수출산업으로 기대된다. 이들을 계속해서 주로 가정에서만 만들었다면 지금과 같은 세계진출은 어려웠을 것이다.

한국 발효식품의 전통이 지닌 기본. 그리고 항상 시장 요구에 변화하고 대응해나가는 자세. 이 두 가지가 있다면 일본 식품과 마찬가지로 한국의 전통식품도 세계로부터 인정받는 시대가 올 것이다.

낫토 붐

한국 가정에서 유행하는 일본 음식이 있다. 바로 '낫토'이다.

한국에서 낫토는 원래 없었던 음식이 아닌가 하는 사람도 있겠지만, 한국에도 예로부터 청국장이란 콩 발효식품이 있다. 옛날부터 한국에선 고추장과 된장 등 많은 양념을 가정에서 만들었다고 이야기했는데, '청국장'도 이 중 하나로 가정에서 간단히 만들던 음식이다.

한국판 낫토인 '청국장'은 한국에서는 양념이다. '청국장'의 외형은 일본 낫토와 그다지 다르지 않지만 먹는 방법은 다르다. 먹기 전에 으깨어 소금과 고춧가루로 반죽한 다음 찌개 양념으로 사용하는 것이 일반적이다.

한국인 사이에서는 '청국장'이 풍기는 강렬한 냄새 때문에 호불호가 갈린다. 나도 청국장찌개를 몇 번인가 먹은 적이 있다. 테이블에 놓였을 때, 냄새는 그다지 신경쓰이지 않았다. 낫토에 익숙했던 탓도 있었을 것이다. 사람에 따라 이 냄새가 싫다고 하는 것도 수긍이 간다.

먹을 때는 맛있어도, 먹고 난 후 반나절 정도 몸에 배는 강렬한 냄새는 조금 난처했다. 일본 낫토로는 맛볼 수 없는 경험이다. '청국장'의 호불호가 확실히 갈리는 이유를 알 수 있었다.

예전 서울에서는 '청국장'을 판매하는 가게가 별로 없었다. 내 기억으로 '청국장' 분말이나 정제한 건강식품을 가끔 지방에서 본 적은 있었다. 시내에서 '청국장'을 판매하던 광경은 기억에 없다. 롯데레몬이라는 한국 최초의 식품슈퍼를 만들 당시에도 상품 리스트에 없었다. 그즈음엔 가정에서 만들거나 친척 등에게서 나눠 받는 경우가 대부분이었던 것 같다.

한국을 방문했던 일본인 중에는 식당이나 오래된 전통 가옥인 한옥에 커다란 항아리가 놓여 있는 것을 기억하는 사람도 많을 것이다. 최근엔 인테리어로 항아리를 두는 식당도 많지만 원래 항아리는, 김치와 마찬가지로 가정에서 직접 만들던 양념을 발효, 보관하기 위한 용기이다.

지금은 된장이나 간장을 백화점이나 할인점에서 사는 것이 당연해졌다. 이런 흐름에서 최근엔 '청국장'도 할인점에서 판매한다.

한편 낫토는, 내가 서울에 살던 무렵에는 일본 식품 전문점에서 다카노푸드タカノフーズ사의 '오카메 낫토'란 제품

을 냉동으로 판매하는 정도였다. 때때로 부산으로 출장 가서 호텔에서 뷔페식으로 아침을 먹을 때, 모르는 일본 제조사에서 만든 종이로 포장된 낫토가 놓여 있기도 했지만 아마도 이것은 시모노세키나 후쿠오카에서 페리로 보따리 아줌마가 가져온 물건이었을 것이다.

어쨌든 내가 있던 당시, 한국에 일본 '낫토'는 거의 없었다.

하지만 4, 5년 전이었을까. 한국에서 콩나물과 두부로 1조원의 매출을 올리는 대형 식품 제조업체인 풀무원이 일본의 기술을 받아 대형할인점에서 일본과 같은 스타일의 낫토를 팔기 시작했다. 처음 몇 년은 실적이 부진했던 것 같지만 서서히 한국에서 낫토의 효능이 소문나면서 인기를 얻기 시작했다.

대형할인점에서 판매하긴 해도 전국의 모든 상점에서 판매하는 것은 아니어서 아직 지방에서는 구할 수 없는 곳도 많아, 텔레비전 홈쇼핑에서 얼린 저온보관 낫토를 수량 한정으로 판매하기 시작했다. 이것이 지금은 매월 완판 될 정도로 인기가 오르고 여기에 일본 음식 붐이 겹치면서 한국에서 낫토 붐이 일어났다.

아직 한국에서는 풀무원 한 곳에서만 낫토를 생산한다. 사정이 이러다보니 한국 업체가 일본의 낫토 업체로

연락을 취하기 시작했다. 일본의 낫토 제조업체는 미국, 타이완, 중국으로 제품을 수출하지만 아직 한국과는 거의 인연이 없었다. 그런데 지금은 관동지방부터 가고시마에 이르는 일본의 많은 낫토 제조업체들이, 한국으로부터의 거래 문의 쇄도로 매우 바쁘다고 한다.

원래 건강을 열심히 챙기는 한국인이 지금까지 낫토 섭취에 흥미를 보이지 않았다는 것이 오히려 이상한 일이었을지 모른다.

한국의 전통 식품기업

일본의 식품기업 중에는 수백 년을 이어온 전통 기업이 많다. 이런 면에서 한국의 전통 기업도 궁금하여 조금 조사해 보았다.

2008년 한국은행이 조사한 '세계 국가별 100년 이상 장수기업'이란 보고서를 찾아냈는데, 우선 이 내용을 살펴보자. 2012년 닛케이 베리타스가 만든 '200년 이상 된 세계의 전통 기업'이란 기사의 숫자와 조금 차이가 있어, 닛케이 베리타스(이하 닛케이V)의 숫자도 참고로 괄호 안에 표기했다.

한국은행의 조사에 따르면 세계에서 200년 이상의 역사를 지닌 기업의 수는 5,586개이다.

이 중 압도적으로 많은 것은 일본 기업으로 3,146개사(닛케이V: 3,937개사)이다. 다음으로 많은 것은 독일의 837개사(닛케이V: 1,850개사), 다음은 네덜란드의 222개사(닛케이V는 미확인), 그리고 프랑스 196개사(닛케이V: 376개사)로 이어진다.

아시아에서는 중국이 9개사, 인도가 3개사라고 한다.

200년 이상 지속한 한국의 기업은 닛케이V에는 1개사가 있는 것으로 나와 있지만 한국중앙은행 보고에서는 없는 것으로 조사되어 있다.

한국중앙은행과 닛케이V 사이에 숫자가 다른 이유는 조사연도에 4년이란 격차가 있는 것 외에 기준도 좀 다른 것 같았다.

그리고 현존하는 한국의 역사 깊은 기업도 조사해보았다.

1896년에 창업한 두산, 1897년에 창업한 동화약품공업의 2개사. 어느 것도 200년에는 미치지 못한다.

식품기업의 창업을 보면 앞에서 소개했던 간장 제조업체인 샘표가 1946년 창업으로 역시 가장 오래되었다.

CJ그룹은 1953년 8월에 삼성그룹 최초의 제조업체인 제일제당공업으로 태어나 한국 식품산업계를 이끌었다. 1993년 7월 삼성그룹에서 독립했고, 2002년 10월에는 '제일'에서 'C'를, '제당'에서 'J'를 가져와 CJ라고 사명을 바꾼 후 현재에 이르고 있다.

대상그룹은 1956년에 동아화성공업으로 한국식 조미료인 '미원'을 발매하며 식품산업으로서의 첫발을 디디었다.

일본에서도 친숙한 롯데는 1948년 6월에 신격호 씨가 일본 최초의 껌 제조회사인 롯데를 설립했고 이것의 성공을 기반으로 1967년 드디어 한국에서도 똑같이 과자 제조를 시작했다.

동종의 제과업체인 오리온그룹이 1956년 7월 설립.

매일유업의 전신인 한국낙농유업이 1969년 설립.

앞에서 낫토 이야기로 소개해 드린 풀무원이 1981년 설립.

이것을 보더라도 식품산업에서는 현대 한국경제를 지탱하는 기업 중 대부분이 제2차 세계대전 후에 태어났다.

현존하는 한국기업으로 전통이 깊은 두산은 지금은 중공업 중심 그룹이지만 내가 서울에 있던 무렵에는 OB 맥주, 식품 도매, 외식 등의 사업도 경영했었다. 현재 이들 대부분은 매각되었다.

전 세계를 보더라도 역사 깊은 기업이 일본에 많은 것은, 아마 사방이 바다로 둘러싸인 탓에 외국으로부터의 침략이 없었던 것과도 관련이 있을 것이다. 에도시대의 200여 년에 걸친 쇄국정책도 세계적으로 드문 정책으로, 일본 국내만 놓고 보면 안정적으로 기업이 성장하게 된 요인이 되었다. 따라서 외적 요인에 별로 좌우되지 않으면서 많은 기업이 존속할 수 있었다.

참고로 일본에서 가장 오래된 기업은 578년 창업한

건설업의 곤고구미金剛組이다. 식품으로는 1337년 창업한 '마류야핫초미소まるや八丁味噌'가 있다.

일본에서 가장 오래된 식품기업의 창업은 양조업에서 시작되었다. 일본은 한국과 달리 가정에서 간단하게 술이나 된장을 만들 수 없었다. 술과 된장은 직접 만들기보다는 사는 편이 편리하고 안심이 된다는 소비자의 바람에서 산업이 태어났다. 바야흐로 수요 기반형 산업의 원형이 여기에 있다.

도시락의 시대가 왔다

일본 백화점 지하에는 거대한 식품가가 펼쳐져 있다. 여기서는 온갖 반찬이나 과자류를 고를 수 있다.

한국에서도 최근 10년 사이 백화점 식품관이 풍성해졌다. 신세계백화점에서는 남대문에 있는 본점 식품관을 전면 개조한 결과, 전년 대비 20% 이상 매출이 오르고 이와 더불어 명품관 매출도 전년 대비 9% 오르는 상승 효과가 있었다고 한다.

매장은, 고객에게 기대를 불어 넣으며 즐거운 쇼핑으로 이끄는 멋진 연출로 넘쳐난다. 각 매장은 유럽풍 벽과 유리 격자로 천장까지 분리되어 독립된 매장 같은 인상을 준다.

바뀐 코너 중에는 한국의 전통식품과 자연식을 파는 매장이 있다. 영국의 고급 홍차가게가 연상되도록 디자인된 그곳에는 간장 된장 등이 제조자 이름과 함께 진열되어 나도 모르게 제품을 집어 들게 만든다. 생선, 육류, 채소의 3대 신선식품 매장도 훌륭하다. 생선 매장은 미국의 피시마켓을 연상시키는 매장으로, 육류 매장도 유럽 시장을 이미지화한 최신 매장으로 만들었다.

가장 좋아진 곳은 델리카트슨 매장이다. 이곳엔 세계적으로 유명한 딘앤델루카, 돼지 넓적다리 살로 만든 햄 전문점, 각종 치즈 전문점 등 보기만 해도 설레는 품목들이 있다.

더욱 반가웠던 것은, 고급 도시락을 중심으로 확장한 도시락과 반찬 코너였다. 이곳엔 한식, 양식, 중식, 일본식 등 다방면에 걸친 다양한 도시락과 반찬들이 구비되어 있었다. 반찬 가게의 핵심이 도시락으로 구성된 것에 놀라움을 감출 수 없었다.

내가 2000년 무렵, 편의점에서 도시락을 팔려고 고생하던 시기에는 '한국인에게 차가운 도시락은 가난한 사람이 먹는 음식이어서, 편의점 도시락은 한국인에게 통하지 않는다'라는 주변의 충고가 많았었다.

그러던 것이 지금은 일본 음식도 많이 알려지면서, 쇼카도松花堂 도시락*으로 대표되는 일본의 고급 도시락 문화도 마침내 한국에서 인정받았다. 한국의 식문화가 세계화되면서 그 시절 우리가 목표했던 시대가 도래했다는 생각에 감개무량해졌다.

• 가운데의 십자형 칸막이로 4개 칸으로 분할하여 각각에 생선회, 구이, 조림, 밥 등을 보기 좋게 배치한 고급 도시락

푸드코트도 고급스러움을 풍기는 카운터 방식으로 만들어, 사람들은 근처에서 사온 음식을 우아하게 먹을 수 있다.

'김선생'이란 한국 김밥 가게는 포장 수요도 많아 계산대 앞으로 긴 줄이 생긴다. 알고 보니 최근 서울에서 인기 있는 김밥 가게였다.

여성 고객에게 빼놓을 수 없는 인기 과자 코너에도 많은 브랜드 매장이 입점했다. 일본에서도 인기가 여전한 도지마롤의 '몽슈슈'를 비롯해, 미국 팝콘 매장인 '가렛'도 있다.

이 새로운 신세계백화점의 기본 콘셉트는 2012년 청담동에 신세계가 만들었던 SSG 식품마켓 스타일이다. SSG는 신세계가 직접 만든 고급 슈퍼로 서울의 고급 주택가 고객을 상대로 개점한 곳이었다.

청담동 SSG 개점 초기, 나는 조선호텔에서 만든 쇼카도 도시락이 팔리는 것을 보고는 깜짝 놀랐다. 처음에는 '과연 팔릴까'를 우려하는 제작자의 불안함이 느껴질 정도로 어색했다. 하지만 2년이 지난 지금 신세계 백화점 본점에 만들어진 SSG 2호점의 쇼카도 도시락은 당당히 한국인 고객에게 인정받는 도시락이 되었다. 매장에 진열된 도시락의 수, 여기서 사가는 고객의 수가 이것을 증명한다.

한국에서의 도시락 인기는 백화점에 그치지 않는다. 몇 년 전에 이미 국민일보에서도,

"예전에는 삼각김밥 정도의 가벼운 식사가 중심이었던 한국의 '편의점 도시락'이 변하고 있다. 한 끼 식사로 삼기에 충분한 내용과 식재료의 품질 개선으로, 늘어나는 1인 가구를 중심으로 수요가 급증. 업체 간 경쟁은 더욱 치열해지고 있다"고 보도했다.

한국에서 편의점 도시락이 팔리게 된 계기는 2010년 GS25가 시작한 광고였다. GS25는 여배우 김혜자 씨를 이미지 캐릭터로 기용한 도시락 시리즈를 발매했다. 국민 엄마로 불리는 베테랑 여배우이다. 2009년 영화 '마더'에서 원빈과 함께 주연으로 엄마 역을 맡아, 이를 기억하는 일본인도 있을 것이다. 그녀는 텔레비전 드라마 '전원일기'에서 엄마 역할로 확고한 명성을 얻었다. 내가 서울에 살던 2002년에 '전원일기'는 종영되었지만, 22년간 이어진 장수 프로그램이었으니 그 인기를 짐작할 수 있다.

각 업체에선 도시락을 팔기 위해 연예인을 이미지 캐릭터로 기용하며 공세에 박차를 가했다.

세븐일레븐은 여성 아이돌 그룹 걸스데이의 멤버를

차용한 '혜리도시락'을 발매하여 109만 개를 판매했다.

이에 맞서 CU(기존 훼미리마트)는 '국민 식탁 도시락'을 발매했다. 나물, 부침개, 조림 등 지금까지 한국 편의점 도시락에선 볼 수 없었던 반찬을 사용한 것이 특징이다. 한국 편의점에서 도시락이 팔리게 된 것은 나로서는 매우 반가운 변화이다.

2002년, 나는 도시락을 팔려고 필사적으로 노력했었다. 그 무렵 한국 편의점에서 매장당 하루 평균 팔리는 개수가 1개에도 미치지 못했다. 삼각김밥도 이제야 간신히 매장에 들여놓은 가맹점주에게, 도시락은 여전히 외면받는 품목이었다. 그들은 하나같이 이렇게 말했다.

"한국인은 기본적으로 도시락을 싫어한다. 3,000~4,000원만 있으면 동네 식당에서 충분히 따뜻한 밥과 국물 요리를 먹을 수 있다. 편의점에서 도시락이 팔릴 리가 없다."

그래도 당시에는 이런저런 방법으로 신제품을 출시하며 매장에 비치하고자 노력했었다.

일본식 '튀김 도시락'과 '마쿠노우치 도시락'• '돈가스 도시락' 한국식의 '불고기 도시락' '소갈비 도시락' 등. 맛있는 재료를 조리하는 법과 담는 방법에서 시행착오를

• 깨소금을 뿌린 흰쌀밥에 여러 가지 반찬을 곁들인 일본 오랜 전통의 기본 도시락

겪으며 어떻게든 고객이 좋아할만한 도시락을 만들고자 애썼다. 그 시절은 지금 돌이켜보면 그립기도 하지만 솔직히 시기상조였다.

매장 가맹점주의 말도 머리로는 이해가 되었다. 한국인에게는 '차가운 도시락을 먹는 사람은 식당에도 가지 못하는 가난한 사람'이라는 이미지가 강하다. 하지만 이 이미지를 무너뜨리지 못하고 나는 서울을 떠났다.

그 직후 2003년 무렵부터 일본식 이자카야 붐이 한국에서 일어났고, 일본 음식이라는 것에 한국 사람들이 흥미를 보이기 시작했다. 많은 일본 음식과 함께 일본 전통음식 중 하나인 '쇼카도 도시락'이 소개되었고, 백화점 푸드코트 등에서 '쇼카도 도시락'이 메뉴로 등장했다.

'쇼카도 도시락'의 등장은, '차가운 도시락=가난한 사람의 음식'이라는 사람들의 좋지 못한 이미지를 바꾸었고 고급스러운 도시락도 있음을 알려주었다.

한국 편의점에서도 서서히 도시락이 팔리기 시작했다. 최근에는 한 매장당 하루 평균 10개 이상 팔리지만 앞으로는 저출산 고령화에 따른 1인 가구 증가라는 요인도 더해져 도시락 수요가 더욱 늘어나리라 예상된다.

아직은 일본 편의점의 패스트푸드 매출에 미치지 못하지만, 한국에도 편의점 도시락이 팔리는 시대가 왔음

다양해진 편의점 도시락 라인업

을 실감할 수 있었다. 마침내 진정한 편의점이 도래하리란 예감이다.

삼각김밥 기념일

한국에는 '삼각김밥 기념일'이 있다.

내가 한국에 있을 때 만든 것은 아니지만, 당시에도 이런 날이 있었으면 했다. 과자인 '빼빼로'가 막대기 모양을 본뜬 11월 11일을 '빼빼로 데이'로 정착시킨 것을 알고, 어딘가에 '삼각김밥의 날'도 만들자고 직원에게 제안하기도 했다.

하지만 그 무렵은 기쁘게도 사람들에게 삼각김밥이 알려지며 팔면 팔리는 시기였다. 우리들은 새로운 제품을 만드는 것에 전념하느라 바빠서, 삼각김밥 기념일을 만드는 것까지는 손길이 뻗치지 않았다.

지금의 '삼각김밥 기념일'은 한국의 편의점들이 '3'과 연관지어 삼각김밥 판촉을 위해 정했다고 한다. 삼각김밥 붐이 일던 당시와 같은 매출 증가세는 없어졌지만, 기념일이 생길 정도로 삼각김밥이 알려진 것에는 기쁠 따름이다. 3월 3일을 중심으로 2일부터 4일까지가 '삼각김밥의 날'이며 이 기간에 삼각김밥을 사면 주스 한 캔을 덤으로 주는 등의 특전을 마련한다.

일본 편의점에서도 가끔 150엔 미만의 삼각김밥을 100엔으로 할인해 주는데 이것은 기념일이어서가 아니라 단지 판촉 할인의 일환이어서, 효과는 충분할지 몰라도 기념일과 같은 재미는 부족하다. 일본에서도 '삼각김밥 기념일' 이벤트를 실시하면 좋을 듯하다.

덧붙이자면 삼각김밥은 아니지만 일본에는 '에호김밥 惠方巻き'을 먹는 날이 있다. 에호김밥이란 입춘 전날 먹는 두껍게 말은 커다란 김밥인데, 이 김밥을 그 해에 길하다는 방향을 향해 서서 통째로 베어 먹으면 복이 온다고 한다. 이는 한 지방의 풍습이었지만 편의점에서 판매하면서 전국으로 확산되었다.

이 두꺼운 김밥을 입춘 전날에 발매했던 것은 1983년 훼미리마트가 최초였다. 오사카와 효고현에서 판매했었다는 기록이 있다.

하지만 1989년에 히로시마시의 세븐일레븐 가맹점 7, 8개를 담당하던 'OFCOperation Field Counselor(타업체에선 슈퍼바이저라 부름)'가 매장 가맹점주와 얘기하던 중 에호김밥의 존재를 알게 되며, 새로운 이벤트로 만들 수 있으리란 아이디어를 떠올렸다. 우선은 히로시마시의 세븐일레븐에서만 판매를 시작했고 그 이듬해부터는 판매 영역을 차츰 넓혀 1995년에는 서일본으로 판매 지역을 확대했다. 그리고 이 결과를 토대로 1998년에는 전국에서 판매하며 단숨에 퍼져나갔다.

김밥은 한국에서도 인기 식품이다. MD의 능력에 따라서는 한국에서도 설날을 맞아 편의점에 '에호김밥'이 진열될 날이 올지도 모르겠다.

소량 포장을 싫어하는 한국인

한국의 편의점 중에는 매장 앞 테이블에서 음식을 먹을 만한 공간이 확보된 곳이 있다. 일본에서는 그다지 익숙하지 않은 이 공간에서 때때로 술을 마시는 고객도 있다.

이것을 보며 순간적으로 아이디어가 떠오른 나는 상품본부에 의뢰했다. 한 사람이 먹을 만한 분량의 안주 개발이다. 일본 술집 중 서서 마시는 '선술집'에서 힌트를 얻었다.

원래 나는 매장 앞에서 술을 마시는 것 자체를 그다지 탐탁지 않게 여겼다. 매장 앞에 술을 한 손에 든 남성들이 모여 있으면 자연히 여성 고객은 매장으로 들어가기가 꺼려진다. 이것이 걱정되었다.

하지만 당시는 푸드의 새로운 고객층 발굴을 모색하던 시기이기도 했다. 확실히 과거와 비교하면 삼각김밥은 성공했지만, 도시락이나 반찬을 포함한 패스트푸드 부문 전체는 역시나 고전 중이었다.

한국 편의점의 최고 매출 품목은 담배이다. 담배가 매출의 약 40%를 차지하고, 그 다음으로 음료와 컵라면 등을 중심으로 한 일반식품이 20% 정도 차지한다. 다음은 우유 등을 중심으로 한 일일 배송 식품으로 약 12%, 그 다음이 술로 약 8%이다.

삼각김밥 등을 포함한 패스트푸드는 가까스로 다음 순서로 등장하는데 전체에서 차지하는 비율이 7% 정도에 불과하다. 일본이라면 상상이 안 되는 비율이다.

내가 코리아세븐에 있던 시기는 삼각김밥 붐으로 달아오른 열기도 있어 한때 패스트푸드 매출 비중이 10%를 넘긴 적도 있었지만 그래도 일본 편의점처럼 30%를 넘은 적은 없었다.

패스트푸드보다도 매출 비중이 높은 것이 술이다. 분하지만 고육지책으로 이 술에 편승하기로 했다. 우선은 유통기한이 긴 이른바 건어물 안주를 중심으로 개발을 부탁했다.

당시 한국의 식품은 왠지 모르게 용량이 컸다. 냉동식품으로 가장 인기 있는 만두도 용량이 1kg 이상인 매우 큰 포장인데도 당연하게 여겼다. 하지만 아무리 그래도 대가족이라면 모를까 1인 가구나 핵가족에게는 너무 컸다. 나는 소포장 시리즈를 만들어 달라고 의뢰하여, 만두뿐 아니라 한국의 인기 냉동식품을 200g 정도의 소포장으로 판매했다. 이것은 잘 팔렸다. 현재 한국 편의점에서는 햄버거와 피자에 이르는 대부분이 소포장 위주로 팔린다.

냉동식품은 가격이 비싸다. 소포장이라면 가격이 저렴해져 손쉽게 살 수 있으므로 고객들도 달갑게 받아들였을 것이다. 이것은 대성공이었다.

이런 맥락에서, 안주를 소량씩 포장했다. 당시 일본의 편의점은 이미 안주의 포장량을 줄여 한꺼번에 먹어치우는 유형의 상품이 주류를 이루었는데 이것을 한국에도 도입했다.

그렇지만 회사 내에서는 반대도 심했다. "한국에서는 안주의 양이 풍성하지 않으면 고객이 만족하지 않는다"는 이유에서였다. 게다가 안주는 가격대가 높은 냉동식품과 달리 각각의 단가가 저렴한 것이 많다. 이것을 굳이 소량화하더라도 그만큼 저렴해진 것을 느끼지 못한다면 결국 팔리지 않으리라는 의견도 있었다.

이때는 나도 내 의견을 고집했다.

하지만 뭔가 다른 방법이 없을까. 모처럼 가게 앞에서 술을 마시려는 고객이 있을 때 그들이 술과 함께 집어 먹을 맛있는 상품을 준비한다면 이것으로 새로운 판매 기회가 열리지 않을까?

당시 나는 한국 최초로 편의점에서 보졸레 누보 판매도 시작했다. 술과 안주는 기본적으로 남성 고객에 한정되지만 와인이라면 여성 고객도 불러들인다. 여성 고객을 의식하여, 비행기 기내에서 제공되는 미니병 와인도 도입했다. 물론 상품부에 와인에 알맞은 안주 상품의 개발도 부탁했다.

하지만 결과는 기대에 미치지 못했다. 한국인 직원이 주장했듯이 당시 한국은 외형을 중시하는 문화가 있어, 아주 소량의 상품을 사기보다는 커다란 것을 사서 함께 나누어 먹는 문화에 익숙했다. '선술집' 편의점을 목표로 했던 정책은 고객에게 먹히지 않았다. 여성 고객도 내 의도와는 달리 매장 앞에서 술을 마시는 것에 거부감이 있었던 것 같다.

하지만 이후, 시간은 걸렸지만 소포장 안주를 한국인도 즐기게 되었다. 현재 편의점에서는 일본과 마찬가지로 소량의 안주가 꾸준히 팔린다.

덧붙여, 당시 나는 '편의점에서 술을'이란 구상도 가지고 있었는데, 이후 일본 미니스톱에서 '편의점바'인 '시스카cisca'를 만들었다. 시스카는 도쿄 니혼바시에 개점하며 화제를 모았다. 여성도 주저 없이 들어가도록 매장을 세련되게 꾸미고 메뉴도 다양하게 구비하여 운영도 순조로운 것 같다. 한국도 이런 스타일이라면 유행하게 될지도 모르겠다.

금연 붐을 역이용하다

애연가인 나로서는 혹독하리만치, 2015년 들어 한국 담뱃값이 인상되었다. 기존 2,500원이 4,500원으로, 일본과 거의 같은 가격대가 되어버렸다.

게다가 전년까지도 상당히 엄격했던 음식점과 시설 내에서의 금연 규제가 더욱 강화되어 2015년부터는 음식점 내에 흡연 코너를 따로 두는 것마저 금지되었다.

전국의 음식점, PC방, 버스정류장 등 공공시설은 전면 금연이다. 음식점 앞에 실외 흡연 코너를 두는 것은 위법은 아니지만 통행자가 많아 건강상 피해가 우려되는 경우엔 이마저도 금지이고, 음식점에서 담배를 피우면 가게 주인은 170만원, 흡연 손님은 10만원의 벌금이 부과된다. 전자담배도 담배로 간주하여 금연구역에서는 피울 수 없을 만큼 엄격하다.

2005년 한국은 세계보건기구WHO의 담배규제기본협약FCTC에 가입했다. 몇 년 걸리긴 했지만 결국 이 정도 수준으로까지 규제가 엄격히 강화되었다.

규제 강화는 한국 편의점에도 영향을 끼쳤다.

앞서도 이야기했지만 한국 편의점에서 가장 매출이 많은 것은 담배이다. 약 40%에 달하기 때문에 편의점 경영은 담배 매출에 의존하는 상황이다.

하지만 보건복지부와 기획재정부는, 발광다이오드$_{LED}$를 사용한 담배 간판이나 계산대 위에 걸어놓은 담배 광고, 모형 등을 판매점 내부에 게시하지 못하도록 하는 내용을 담은 '담배사업법 시행규칙'을 발표했다.

앞선 흡연 구역 규제에 더해 재차 타격을 주는 담배 규제이다. 이 법안은 2014년 9월에 제출되었지만 편의점 업계 등의 반발로 보류되었다가 해가 바뀌자 바로 발표되었다.

이것이 얼마만큼 한국 편의점에 영향을 미칠 것인가는, 그때까지 담배판매점 운영회사가 매장에 담배 광고를 게시하는 대가로 KT&G로부터 받는 광고비가 연간 약 1,300억 원을 상회했었던 것만으로도 알 수 있다. 이 중 편의점주는 한 달에 30~50만 원 정도의 담배 광고 수입을 받았었는데 이것이 없어지는 것이다.

게다가 가격인상에 따른 담배 매출 감소도 예상된다.

한국 편의점에게 2015년은 담배에 관한 한 힘든 해의 시작이었다. 일본의 흡연 사정도 엄격해지고 있지만, 앞의 상황을 보면 한국은 애연가에게는 힘든 나라가 되어

버렸다.

하지만 위기는 기회이기도 하다. 편의점의 기본 기능인 변화대응 태세를 갖춘다면 이것은 이외의 비즈니스 기회가 될 수도 있다.

일본에서도 금연 가게가 늘어나자, 역으로 흡연할 수 있는 가게라는 것으로 손님을 끌어모아 성공한 커피숍이나 술집의 사례도 있다.

한국의 이번 규제에 따르면 실내나 공공장소에서는 완전 금연을 요구하지만 실외에 흡연소를 설치하여 운영하는 것은 통행자가 많아 건강상 피해가 우려되는 장소를 제외하면 기본적으로 허용된다.

한국의 편의점을 본 적 있으신 분은 알겠지만, 가게 앞에 테이블을 놓아둔 매장 대부분은 그곳이 흡연소였다.

이곳을 이번 정부 시책에 따른 흡연소로 바꾸면 어떨까. 담배 광고는 금지되었지만, 국민 건강을 고려한 야외 흡연소 설치를 편의점이 진행하는 것은 한번 고려해볼만 하지 않을까.

하지만 여기서 주의해야 할 것은 '편의점=흡연 장소'라는 이미지가 정착되는 것은 피해야만 한다는 점이다. 이렇게 되면 이익은커녕 본전마저 까먹는 셈이다.

이와 관련해서는, 한국의 뛰어난 디자인 실력으로 깨

끗한 야외 흡연소를 구상해 보았으면 한다.

이것이 실현되면 담배를 피우기 위해 편의점을 방문한 고객이 매장에서 체류하는 시간은 자연히 늘어날 것이다. 한국에서도 일본처럼 편의점 카페를 시작하고 있다. 앞으로는 담배를 한 대 피우면서 편의점 커피를 마시는, 이런 시간을 보내는 고객이 나올지도 모르겠다.

한국 정부의 엄격한 규제도 있어 그리 간단하지만은 않겠지만, 한 사람의 애연가로서 바라건대, 한국 편의점에서 이것을 꼭 고려해주었으면 한다.

밸런타인데이

2월 14일은 밸런타인데이이다. 일본과 마찬가지로 한국에서도 밸런타인데이 이벤트는 성황을 이룬다.

이날 서울의 거리는 빨간색이나 핑크빛 하트로 꾸며진다. 2월이라면 아직 추위가 매서운 한국이다. 밸런타인데이의 화려함은 춥고 길었던 겨울에 이별을 고하며 봄이 오고 있음을 느끼게 해준다.

편의점으로서는 밸런타인데이가 무슨 요일인지가 매우 중요하다. 예를 들어 토요일이나 일요일이 밸런타인데이면 이것은 편의점 입장에서는 조금 김새는 일정이다.

편의점으로서 밸런타인데이의 묘미는 '의리 초콜릿'에 있기 때문이다.

예외는 있겠지만 기본적으로 '본명 초콜릿*'을 편의점에서 사는 사람은 없다. 대부분은 백화점이나 전문점에서 고가의 초콜릿을 구매한다.

● 일본에서는 밸런타인데이에 진짜로 좋아하는 남성에게 주는 것을 본명(本命) 초콜릿, 아는 남성에게 의례적으로 주는 것을 의리(義理) 초콜릿으로 구분하여 부른다.

하지만 밸런타인데이에는 '의리 초콜릿'이란 좋은 제도가 있어, 동급생이나 동료, 상사 등에게 초콜릿을 나눠주는 풍습이 있다. 이것은 본명 초콜릿보다 준비해야 할 개수도 많으므로, 가격대를 고려해서 편의점에서 사는 사람이 많다. 물론 우리도 종류와 맛을 향상하기 위해 매년 노력을 거듭한다.

그런데 이런 풍습이 있더라도, 밸런타인데이가 토요일이나 휴일에 걸리면 사무실에서 의리 초콜릿을 주지 않아도 된다. 그렇게 되면 아무래도 매출은 줄어 버린다.

그래도 몇 년 전까지, 회사나 학교에서 의리 초콜릿 나누는 것을 의무처럼 여기던 시기가 있었다. 당일이 휴일이어도 의례 전날이나 다음날 주곤 했다. 그 결과 매출도 그런대로 좋았었지만, 최근에는 이 풍습도 시들해져서 밸런타인데이가 휴일이면 따로 주지 않아도 괜찮다는 풍조가 생겨났다. 안타까운 일이다. 특히 최근에는 '의리 초콜릿은 자원의 낭비'라는 그럴싸한 이유를 붙여 의리 초콜릿을 나누지 않는 여성들도 늘고 있다.

하지만 편의점으로서는 크리스마스와 더불어 중요한 판매시즌이다.

유감스럽게도 내가 한국에서 처음으로 맞이한 밸런타인데이는 설날과 겹쳐버려 그만큼의 성과를 올릴 수가 없었다. 2월 16일이 설날이었고 13일은 토요일이어서 나라 전체가 설날 분위기에 젖어 있었다. 한국의 설날은 가장 큰 명절이어서, 매장 내에 '밸런타인데이'란 사랑스러운 코너를 만들어도 설날 분위기 속에선 소용이 없었다. 당연히 회사도 학교도 몇 일간은 휴일이 되면서 '의리 초콜릿' 판매 전쟁도 이뤄지지 않았다. 내가 한국에서 맞이한 최초의 밸런타인데이는 설날에 먹혀 버렸다.

하지만 이듬해인 2000년의 밸런타인데이는 문제가 없었고, 설날과도 겹치지 않았다. 2000년 2월 14일의 초콜릿 매출은 전년 대비 200% 늘었다.

이 해의 밸런타인데이는 월요일이었다. 다시 말해 그 직전 토요일, 일요일 그리고 월요일은 백화점으로서는 결전의 날이었다. 하지만 편의점에서 최고조의 초콜릿 판매 전쟁을 치르는 날은 당일인 14일이다. 백화점에는 미리 초콜릿을 구매하려는 사람이 일주일 전부터 며칠 전 사이에 방문하겠지만, '의리 초콜릿'의 경우는 당일 사무실로 출근하는 도중에 구매하는 사람이 압도적으로 많다. 물론 이것도 편의점 입지에 따라 다르다. 요컨대 이 밸런타인데이라는 기회를 겨냥해 수익을 올린 매장과 막연하게 주문만 내었던 매장과는 명암이 크게 갈렸다. 사무실가에 위치한 몇몇 매장 중에는 하루 매상이 평소 100만원이었지만, 이날은 초콜릿만으로 200만원어치를 판매한 곳도 있었다. 이 숫자는 가맹점주 역량에서 비롯되었다.

인근에 어떤 사무실이 있는지, 보통 이 매장을 이용하는 사람은 어떤 고객층인지, 그들은 어떤 연령대이고 어떤 취향을 가졌는지, 밸런타인데이에는 어떤 가격대, 어떤 유형의 초콜릿을 사려고 할지, 이 모두를 사전에 조사하여 '가설'을 세우고 이를 기반으로 주문해 재고를 확보하지 않으면 달성할 수 없는 숫자이다.

개중에는 막연히 '밸런타인데이'니까, 평소보다 조금 더 주문했을 뿐인 매장도 있다. 며칠 전까지도 별로 팔리지 않았기 때문에 당일에 초콜릿을 사러 오는 사람도 그다지 많지 않으리라 생각했을지도 모른다.

하지만 '생각'한 것과 '가설'은 전혀 별개이다. 이런 매장은 '편의점에서의 초콜릿은 바로 당일에 팔린다'라는 조사도 가설도 세우지 않았고, 당일이 되어 상품이 동나자 당황하여 허둥댔다.

과거 데이터는 단지 참고일 뿐이다. 작년에 그랬다 해서 올해도 그러리라는 것은 '가설'이 아니다. 이것은 아무것도 생각하지 않는 것과 똑같다.

전년도를 기준으로 일을 한다면 반드시 전년 대비로

마이너스가 되어 버린다. 앞의 가맹점주만 보더라도, 설날과 겹쳤던 작년도 밸런타인데이 매상만을 올해 주문의 기준으로 삼았더라면 놀라운 매출 증가는 달성하지 못했을 것이다. 작년 달력과 올해 달력을 비교하고 다른 요소들도 최대한 고려한 결과, 평균치로 주문하지 않고 올해의 기회를 살리기 위해 200만원어치의 주문을 했다. 이것이 평균적인 주문만 했을 뿐인 매장과 크게 다른 점이다.

재고가 남는 것보다도 제로인 쪽이 무섭다. 밸런타인데이용 초콜릿을 사야겠다고 생각하며 출근길에 편의점에 들른 사람이, 리본을 달아 사랑스럽게 포장된 여러 상품 중에서 고르는 경우와, 편의점으로 뛰어들었는데 밸런타인데이용 선반이 비어있는 경우를 상상해 보기 바란다.

후자의 고객 중에는 불만을 느끼거나 개중에는 내심 화가 나는 사람도 있을 것이다.

'밸런타인데이인데 초콜릿이 없어'라면서.

이런 일이 한 번이 아니라 두 번 이상 계속 이어진다면, 게다가 근처에 상품을 언제나 풍성히 잘 갖춰놓는 매장이 있다면 고객은 항상 후자 쪽 매장으로 향할 것이다.

밸런타인데이에 높은 매상을 올린 매장과 기회손실 투성이였던 매장. 매장으로서의 실력이 드러난 하루였다.

설날과 선물

밸런타인데이가 지나면 한국에서는 바로 설날을 맞는다. 해마다 다르긴 하지만 3일간의 설날 휴일이 그대로 주말로 이어지면 최대 5일간의 휴일이 된다.

설날은 한국인에게 매우 중요한 명절이지만, 일본에서 설날의 모습이 서서히 변화해왔던 것처럼 한국에서도 이 명절을 지내는 모습이 변하고 있다. 옛날에는 가족 전체가 귀향하여 친척들과 보내는 것이 일반적이었지만 최근에는 고향으로 돌아가지 않는 경우도 늘고 있다. 여기에는 전통적인 설날의 모습이 아내에게 부담이 된다는 것과도 관계가 있는 것 같다.

확실히 설날이나 추석과 같은 전통적인 가족 행사는 한국 여성에게는 부담스러워 보인다. 친척들이 모이면 한국 여성들은 총출동하여 많은 양의 요리를 하느라 정신없이 바쁘다. 친척 간의 교제에도 신경을 쓰느라 도저히 쉴 수가 없다.

친하게 지내는 재벌 사장의 부인에게서도 비슷한 이야기를 들었다. 이전에는 이 부부도 강남에 있는 본가에서 부모님과 한집에서 생활했다고 한다.

그런데 공교롭게도 이 재벌이 지은 고급 아파트의 판매가 부진했다. 그래서 부부는 이 아파트로 이사했다. 사장의 책임상 이 아파트를 구매해야만 한다는 이유를 붙여, 부인은 본가의 속박에서 해방되었다.

덕분에 부인은 매우 만족스러워했다. 부인에게 한국에서 '시댁의 속박' 중 언제가 가장 힘들었냐고 물으니, 역시 가족, 친척뿐 아니라 다른 손님들까지 집으로 모이는 설날과 추석이 가장 힘들었다고 한다. 우리들이 보기에 설날은 재미있을 것 같지만 이면에 가려진 힘든 일들도 많은 듯하다.

설날과 함께 한국에서 가장 중요한 명절은 추석이다. 이때도 3일 연휴지만 주말과 이어지면 5일간의 연휴가 되기도 한다. 대체휴일이 있거나 앞뒤로 회사에 휴가를 내면 10일 정도의 연휴를 만들 수도 있다. 최근에는 이 긴 휴가를 이용하여 부모님댁 대신 해외여행을 가는 사람들도 많아졌다고 한다.

대형 연휴에는 사전 수요가 어마어마하다. 많은 가게가 연휴 동안 쉬기 때문에 그 전에 물건을 사야만하는 사람들의 구매욕을 잊어서는 안 된다. 다른 가게들이 휴업하는 동안에도 대부분 물건은 편의점에서 충분히 대응할

수 있다. 음식, 과자, 술, 음료, 속옷 등 지금 일본의 편의
점이라면 기본적인 일용품은 대부분 갖춰져 있다.

그런데 사람들의 습관이 바뀌고 생활방식이 바뀌면
여기에 새로운 수요가 생겨난다. '올해의 대형 연휴에는
사람들이 어떻게 행동할까'를 매년 고민해야만 한다. 밸
런타인데이와 마찬가지로 이때도 매장별로 운명이 나누
어진다.

장거리 열차가 발착하는 역이나 대형 버스터미널 부
근의 매장에서는 우유와 샌드위치, 삼각김밥 등이 잘 팔
린다. 귀성객이 차 안에서 먹으리라 예상하고 주문량을
많이 늘렸던 매장은 이 기회를 멋지게 잡을 수 있다.

한편 설날 연휴 동안 한산해지는 사무실가에서는 설
날 전후를 포함하여 매출이 떨어지리라 예상된다. 그런
데 어떤 해에는 사무실가의 매출이 늘었다. 사무실가에
위치한 매장임에도 전국에서 매출 상위 4위에 들었을 정
도였다.

높은 매출을 올릴 수 있었던 원인은 뜻밖에도 선물이
었다. 선물을 편의점에서 사지는 않을 것이라며 방심했
던 매장 측에서는 급히 다른 매장에서 상품을 가져와야
만 했을 정도였다. 다른 곳에서 보충할 수 있었던 매장은
그래도 나았다. 다른 매장에도 재고가 없어 막대한 기회

손실을 경험한 매장도 있었다.

왜 사무실가에서 선물이 팔렸던 것일까.

검증해보니, 그해에는 회사에서 직접 귀성하는 회사원이 많았다. 가족 모두가 귀성하는 경우엔, 부인이 미리 백화점 등에서 구매한 선물을 가지고 집에서 출발하는 경우가 많다. 반면 혼자만 귀성할 때에는 회사 부근에서 선물을 구매한 후 이것을 그대로 들고 버스나 기차로 이동하는 경우도 많다.

이것은 전년도 데이터가 아무런 도움이 되지 않음을 입증한다. 달력이 바뀌면 사람들의 행동도 바뀐다. 전년에는 연휴 일정상 가족 모두가 함께 귀성하는 것이 일반적이었지만 이번 년도 달력에서는 남편 혼자 귀성하는 편이 나은 일정이었던 것이다.

이렇듯 편의점에서도 잘 팔릴 수 있는 선물이지만, 기존 한국 편의점에서는 선물용 상품을 대대적으로 취급하는 매장이 없었다. 하지만 이제는 설날이나 추석을, 편의점에서도 대목으로 여기고 1개월 전부터 설날용, 추석용 선물을 대량으로 준비한다.

실은 이전부터 선물용이라면, 병원 근처 매장에서 병문안용 제품이 그럭저럭 팔리고 있었다. 통조림 세트나 주스 세트가 주요 품목이었다. 그런데도 설날이나 추석용 선물을 편의점에 마련하지 않았던 당시 직원들 주장은 이러했다.

"설날이나 추석엔 백화점 선물이 아니면 면목이 안 선다. 편의점에서 선물을 사는 사람은 없을 것이므로 그냥 평소대로 하면 된다."

하지만 생각해보면 위스키나 통조림 세트, 주스 세트 등은 백화점과 똑같은 제품이다. 그렇다면 굳이 백화점까지 사러가는 대신 집이나 회사 부근에서 똑같은 제품을 구매하는 편이 고객에게도 편하지 않을까. 모두가 확신하는 것처럼 고객은 진짜로 선물을 백화점에서만 사려고 할까. 시도해보지 않으면 모를 일이다.

그런데 이것이 의외로 팔렸다.

선물이라는 것은 미리 필요한 것을 사려 했다가도 자신도 모르게 깜박하여 구매를 놓치는 물건이다. 또는 백화점으로 사러 갈 시간이 없는 와중에 갑자기 생각나는 거래처도 있다. 이런 점을 노렸다.

이것이 성공하면서, 지금은 한국 편의점에서 선물은 기본상품이다. 어느 편의점을 들여다보더라도 설날이나 추석에는 매장 앞까지 선물용 제품이 산더미처럼 쌓여있다. 품목도 예전보다 풍성해지며, 세제 세트, 샴푸 세트, 민속주 세트 등으로 다양해졌다.

선물용 상품에는, 한국과 일본 사이에 커다란 차이가 한 가지 있다. 일본 편의점에서도 오추겐ぉ中元[*] 선물이나 연말용 선물을 취급하지만 이것은 대부분 카탈로그 상품으로, 실제 매장에 선물용 상품을 진열하지는 않는다. 반면 한국에서는 이것들을 매장에 진열한다.

이런 차이는 어디서 비롯된 것일까.

문득 깨달은 것은 한국인은 그다지 무거운 짐을 들려 하지 않는다는 점이다. 이 나라는 배달문화의 나라인 것이다.

나도 예전에 한국인 직원으로부터, 왜 무거운 짐을 직접 드느냐는 지적을 받았던 적이 있다.

"한국인은 무거운 짐을 든 사람은 노동자라고 생각합니다. 그래서 보통은 무거운 짐은 들려하지 않습니다. 혼다 씨도 주변으로부터 업신여김당하지 않으려면 무거운 짐을 직접 들지 마세요."

이 얘기를 들은 후 한국의 거리를 바라보니, 확실히 사람들은 무거운 짐을 들고 있지 않다. 일본에서 주부들이 무거운 슈퍼 봉지를 부둥켜안고 가거나 구매한 쇼핑 봉

● 일본에는 7월 초부터 백중날인 7월 15일 이전에, 평소 신세 진 사람이나 지인들에게 선물하는 풍습이 있다. 오추겐은 백중날을 뜻하지만 선물을 주고받는 행위로도 인식된다.

지를 잔뜩 들고 집으로 돌아가는 것과는 매우 달랐다.

처음부터 그렇게까지 깊이 생각했던 것은 아니었지만, 편의점에 선물용 상품을 비치한 것은, 장거리를 이동할 때 커다란 짐을 들고 싶지 않다는 한국인의 요구와 잘 부합한 것이었다. 집이나 회사는 홀가분하게 나서고 거래처 근처나 친척집 부근에 있는 편의점에서 선물을 사서 이것을 가지고 간다. 그러면 도중에 무거운 짐을 들고 걷지 않아도 된다.

예전부터 병원 근처의 가게에서는 주스나 과일 통조림같이 특히나 무거운 선물이 잘 팔렸다. 무거운 짐을 장시간 들고 가는 것을 싫어하는 한국인에게 편의점은 실로 '문제해결 가게'였던 셈이다.

지금은 한국 편의점에서도 일본과 같이 예약주문을 받는다. 하지만 선물용 상품은 변함없이 매장 앞에 산더미처럼 쌓여있다. 그만큼 수요는 있다.

프라이드치킨은 어디서 사는가?

편의점이라는 사업은 '라이프 솔루션 서비스'이다. 여기서 말하는 솔루션이란 고객이 원하는 상품이나 서비스 등의 니즈를 해결하는 '솔루션'이기도 하지만, 소매업에 종사하는 사람들에게 하나의 '솔루션'이 되리란 것을 의미하기도 한다.

지금 한국에서의 편의점 이미지는, 어떤 사람들에게는 '대기업이 가맹점주를 착취하는 곳'이기도 하다. 어쩌면 이것은 한국의 편의점 사업이 본부를 기점으로 운영되기 때문일지도 모른다.

일본에서 편의점은 고객을 기점으로 시작한다. 물론 의식적으로 그래왔던 것으로, 이렇게 하지 않으면 편의점은 성립할 수 없기 때문이다. 항상 변화하는 고객 수요와 라이프 스타일, 음식 변화에 부응하지 못하면 편의점은 존속할 수 없다.

알기 쉽도록 최근의 일본 사례를 이야기하겠다.

훼미리마트에서는 2012년에 '훼미리마트 프리미엄 치킨'이란 고품질의 프라이드치킨을 발매하여 폭발적인 인기를 얻었다. 이듬해부터는 다른 편의점에서도 수시로 이와 비슷한 고품질의 프라이드치킨을 판매했다. 편의점의 프라이드치킨은 높은 평가를 받아, 한동안은 원조인 '켄터키 프라이드치킨KFC'이 크리스마스 판매 전쟁에서 편의점에 시장을 빼앗기는 것이 아니냐는 추측마저 나왔다.

하지만 그렇지는 않았다. 뚜껑을 열어보니 편의점의 프라이드치킨도 잘 팔렸지만 KFC도 매출이 늘어난 결과가 나왔다.

이와 같은 결과가 가르쳐준 것은, 아직도 일본에는 프라이드치킨 시장이 남아있었다는 점이다. 사람들은 프라이드치킨이라면 여전히 KFC에서 산다. 편의점에서 아무리 프라이드치킨에 힘을 쏟아도 별로 팔리지 않을 것 같았다. 하지만 이러한 주위의 예상을 깨고 편의점은 프라이드치킨에서 새로운 시장을 개척했다.

훼미리마트를 비롯한 편의점 각 업체는 고객 니즈를 분석하면서 미개척 시장이 아직 남아있었음을 깨달았다.

"맛있는 프라이드치킨이 먹고 싶다"는 생각이 들 때 살 기회는 한정된다. KFC는 2013년 당시 전국에 1,171개 매장이 있었다(2015년 말 1,144개). 훼미리마트는 2013년 말에 9,481개 매장(2015년 말 1만 1,656개)이 있었다. KFC보다 8배나 많은 매장이 날마다 많은 고객과 만나고 있었다. 당시 하루 평균 내점 고객수는 800명 정도였다.

이 고객 중에는 프라이드치킨이 먹고 싶어도 근처에 전문점이 없어서 먹는 것을 포기한 사람도 있었을 것이다. 이 가설로부터 "지금, 맛있는 프라이드치킨을 먹고 싶지만 먹는 것을 포기하겠어"라고 고객에게 인지된 상품을 만들고자 했다.

고객 입장에서는 편의점 덕분에 맛있는 프라이드치킨을 구매할 기회가 획기적으로 늘어났다. 편의점 입장에서도 '치킨은 전문점에서 먹는 것'이란 고정관념을 버린 덕분에 새로운 시장을 만들어낼 수 있었다.

고객은 지금까지 맛보지 못한 상품과 서비스가 나오기를 무의식중에 손꼽아 기다리고 있을지 모른다.

하지만 동시에, 이미 존재하는 상품과 서비스라도 새로운 발상으로 새롭게 조합하여 제공한다면, 새로운 소비를 환기할 수 있을 것이다.

내가 서울에서 지내던 2002년에 한국에서는 월드컵이 개최되었다. 우승은 브라질, 한국은 4위, 일본은 16강이었다.

월드컵 개최 당시, 서울의 거리는 말 그대로 새빨갛게 물들었다. 붉은 티셔츠를 입고 손에는 빨간색 수건이나 깃발, 뿔피리를 들고, 한국 경기가 있을 때마다 남녀노소 모두가 광화문에 설치된 대형 스크린 앞으로 모였다. 광화문뿐 아니라 전국 곳곳에 스크린이 설치되었다.

무리지어 모인 응원단은 '붉은 악마'라 불리었다. '붉은 악마'란 호칭은 맨체스터 유나이티드의 애칭이면서, 벨기에 대표, 콩고 대표도 같은 애칭으로 불릴 만큼 팀의 애칭으로 많이 사용되는 호칭이다.

하지만 한국의 경우엔 응원단 애칭으로 사용되었다. 이 애칭은 한국 응원단이 지닌 열정을 그대로 보여주는 듯했다. 2002년에 한국 대표팀 유니폼은 빨간색이었고, 응원단도 여기에 맞춰 빨간색 티셔츠를 입었다. 빨간색은 의식과 정열을 고양하는 효과가 있다고 한다. 대표 선수도 응원단도 나라 전체가 한국 승리를 향한 열정으로 하나가 되었다.

롯데 본사에서 회의하던 시각, 한국전이 있었다. 롯데 본사는 명동 롯데호텔서울 뒤편에 있다. 시청광장 바로 옆이다.

그런데 갑자기 땅을 흔드는 듯한 울림이 회의실 유리 창을 흔들었다. 처음에는 무슨 일인지 몰라 미세하게 계속 울리던 유리창을 바라보았다.

하지만 곧 땅을 흔드는 듯한 울림이 시청광장에 모인 사람들의 함성임을 알았다.

회의실은 롯데 본사 25층으로, 옆에 프레지던트 호텔이 있어 시청광장이 직접 보이지는 않는다. 그래도 건물과 건물 사이를 가로지르며 응원단의 희로애락이 전해져 오는 듯했다. 한국 선수들의 플레이 하나하나에 유리창이 흔들리고 건물 전체가 흔들리는 기분이었다.

회의가 끝나고 밖으로 나오니, 시청 앞은 군중들로 새빨갛게 물들어 있었다.

나는 휴대전화로 세븐일레븐 본부에 전화했다. 시청과 광화문 부근의 매장 상황을 확인하고 싶었기 때문이다.

나는 월드컵에 대비하여, 군중들이 모이는 대형 스크린 부근 매장에 이미 음료, 삼각김밥, 라면, 푸드, 과자,

스낵, 담배류를 평소보다 10배 이상 투입했다. 원래는 매
장에서 가설을 세우고 주문을 내야 하지만 그러다가 자
칫하면 막대한 기회손실이 발생해 버린다. 이번만은 매
장에서 뭐라고 하든 본부로부터의 투입을 강행했다. 또
상품뿐만 아니라 계산대도 부족하면 기회손실이 발생한
다. 그래서 임시 계산대를 빌려와 각 매장에 3대 이상씩
배치했다.

　나는 롯데호텔 앞의 도로를 건너 시청건물 뒤편의 거
리를 오가는 인파를 헤치면서 3개 매장을 둘러보았다. 3
개 매장 모두 임시 계산대를 밖으로 뺐는데 그 앞으로는
붉은 티셔츠를 입은 고객들이 엄청난 줄을 이루고 있었

다. 임시 계산대에는 매장 본래의 계산대가 지닌 POS 기능이 없었기 때문에 그날그날의 매출은 알 수 없었지만 일단은 안심이 되었다.

월드컵과 관련해서는 또 한 가지 우려스러운 짐이 있었다.

매장을 어느 정도로까지 깨끗하게 유지할 수 있을까의 문제였다.

거리는 사람들로 넘쳐난다. 많은 음료와 스낵이 팔릴 것이다. 하지만 이와 동시에 쓰레기가 거리에 어지러이 널릴 모습도 머리에 떠올랐다.

월드컵의 쓰레기 문제를 언급하다 보니, 2014년 브라질 대회 당시 일본전에서의 일이 떠오른다. 이 사건은 전 세계로 보도되어 여러분 중 기억하는 분도 많을 것이다. 일본 대 코트디부아르전이 개최되던 6월 14일, 현지에서 관전한 일본인 응원단이 경기가 끝난 후, 경기장에서 쓰레기를 줍는 사진이 트위터에 게시되었다.

이 게시물에 '일본 최고!' '그들의 문화와 교육에 브라보!' '존경할만한 행동이다. 우리들도 배워야한다' 등 세계 각지의 사람들이 다양한 언어로 반응했다.

미국의 케이블방송사업자인 NESN은 '경기에 이긴 곳은 코트디부아르지만 관전 매너에서 대승리를 거둔 곳은 일본이었다'며 극찬했다. 영국 인디펜던트지에서도 '스포츠 경기 후에 쓰레기를 줍는 것은 일본인의 습관이지만 이런 관람객의 행동은 다른 나라 축구팬들에게 충격을 주었다'고 보도했다. 한 사람의 일본인으로서 매우 자랑스러운 뉴스였다.

이때 내 머릿속에 떠오른 것은 2002년 서울의 거리 모습이었다.

광화문에 있는 대형 스크린 주위로 모였던 '붉은 악마'들은 경기가 끝난 후, 응원 공간이었던 시청광장, 태평로, 세종로 일대의 쓰레기를 주우며 돌아갔다. 경기가 끝나고 몇 시간이 지나자 거리는 거의 원래의 모습으로 돌아왔다. 굉장했던 군중은 쓰레기와 함께 떠났던 것이다.

나는 경기 전이나 경기 도중, 수많은 고객이 편의점을 찾으리라는 가설을 세우고, 판매상품을 10배 이상 늘려서 준비했다. 하지만 음식 제품을 평상시의 10배 이상으로 사간 고객들은 경기 후 수많은 쓰레기를 날리며 돌아갈지도 모른다. 경기에서 이기든 지든 평소와는 달리 흥분상태의 군중이었다.

나는 미리 주요 매장 옆에 임시 쓰레기통을 마련했고, 점원에게도 바쁘더라도 쓰레기통을 항상 점검하도록 일렀다. 또한 본부에서도, 대형 스크린 주변이어서 많은 고객이 모이리라 예상되는 매장에는 직원을 파견했다. 일본인 직원도 예외 없이 매장을 도왔다. 솔직히 매장 점원에게만 맡기기에는 불안했기 때문이다.

하지만 이것은 기우로 끝났다. 뚜껑을 열어보니, 경기가 끝난 후 확실히 쓰레기 봉지는 가게 옆에 산처럼 쌓였고 쓰레기통은 쓰레기로 가득 찼지만, 매장 주변은 거의 청소가 필요 없을 정도로 깨끗하게 정돈되어 있었다.

노파심에서 나도 현장을 돌며 쓰레기를 주웠지만, 한국인 응원단의 매너는 훌륭했다. 식지 않은 열기 속에서도 응원단은 깔끔하게 자신들의 쓰레기를 들고 가거나 쓰레기통에 넣은 후 돌아갔다. 나의 '가설'은 이 부분에서만큼은 멋지게 어긋나버렸다. 당연히 기쁜 일이었다.

이 전통이 2014년 브라질 월드컵 때도 남아 있는 것을 나는 인터넷 뉴스를 통해 알았다. 일본에는 소개되지 않았지만, 중국 인터넷에는 광화문이나 강남 영동대로의 대형 스크린 앞에 모였던 응원단이 경기가 끝난 후 쓰레기를 주워 각자 가지고 돌아가는 모습이 보도되었다.

이 뉴스에 '혐한'인 일본인은 냉혹한 댓글을 달았지만, 2002년의 그 모습을 목격했던 사람으로서 내가 말하자면, 이것은 한국인들이 자발적으로 시작한 것이지 일본인을 흉내 낸 것은 아니었다.

제7장

한국 유통시장에
부는 바람

편의점의 발달단계

내가 한국에 살며 일했던 5년 동안 실로 다양한 일들이 있었다.

한국과 일본은 이웃 나라여서 생활습관이나 감각적인 면에서는, 미국이나 유럽보다 가까운 점이 많다. 생김새도 비슷하여 깜박하고 아무 말 하지 않아도 통할 것 같은 기분이 들 때도 있다. 하지만 한국은 아무래도 외국이기에, 가만히 있어도 모든 것을 알아줄 것이란 생각은 큰 오산이다, 말로 다 표현하면서 이해시켜야 한다. 이것은 비즈니스에서는 물론이고 개인 또는 회사 관계에서도 마찬가지이다.

내가 한국에 부임한 직후의 일이다. 한국인 부하 직원에게 "이봐, 밥 먹으러 갈까"라고 말했더니 10명 이상이 줄줄이 따라와 당황한 적도 있었다.

한국은 연장자를 공경하는 사회여서인지, 직원에게 식사를 권했다면 상사가 한턱내는 것이 당연한 일이었다. 당시 전무라는 직함이 있긴 했지만, 식사나 술을 권할 때마다 직접 권했던 대상보다 2, 3배는 가볍게 넘기는 인원

수가 당연하다는 듯이 따라와서 이에 익숙해지는 데에는 조금 시간이 걸렸다.

하지만 이러한 관습의 차이를 몸소 체험했기 때문에 비로소 보이는 것도 있다. 한국에서는 여행을 떠날 때 친척 몫까지 선물을 많이 준비해야 한다고 들었다. 선물에도 정성을 들인다. '체면에 신경 쓴다'는 면에서는 나쁘지만, 예로부터 관계를 매우 소중히 여기는 사람들이다. 이런 관습도 개인적인 교제를 통해 배울 수 있었다.

외국에서 일하는 경우, 현지 사정에 따라 "여기서는 다르다" "이 나라에서 그렇게 해서는 잘되지 않는다"라는 말을 듣는 때가 가끔 있다. 하지만 사람의 감각, 심리라는 것은 뜻밖에 공통적인 부분도 많다. 적어도 무더운 여름에는 더위를 느끼고, 한겨울에는 춥다고 생각하고, 건조하면 목이 마르고, 습도가 높으면 땀을 흘리는 등의 일들은 정도의 차이는 있지만 인류 공통의 감각이다.

편의점의 사명은 풍요로운 소비자 생활에 대한 기여이다. 일본에서 40년 이상의 역사를 쌓아온 편의점은 앞으로도 고객 생활에 바싹 다가서는 노력을 게을리 하지 않을 것이다.

이와 동시에 지금까지 쌓아온 업무 노하우, 데이터 활용, 서비스업으로서의 기본적인 마음가짐 등을 일본 밖

의 다른 나라로도 전파한다면, 다른 나라 '고객'의 생활
도 풍요로워질 것이다.

일본 편의점의 발전 단계는 크게 세 가지로 나눌 수 있다.

제1단계는 시간 편의점(시간의 편의성)을 추구했던 창
업 당시로 거슬러 올라간다. 세븐일레븐을 예로 들면 영
업시간은 아침 7시부터 밤 11시까지로, 창업 당시엔 비
교적 긴 영업시간으로 사회에 충격을 주었다. 다른 슈퍼
나 백화점이 문을 닫은 후에도 열려 있음을 강조했던 영
업시간의 길이는 얼마 후 곧 24시간 영업으로 진화했다.
'열려 있어 다행이다'라는 선전 문구로도 알 수 있듯이,
이 당시 시간 편의점은 정말로 획기적이었다.

매장의 구색이나 다양한 시스템도, 당시엔 아직 모두 감
으로 어림잡던 상황이어서 정해진 것이 없었다. 소형 슈
퍼의 단계를 벗어나지 못했고 진열된 상품들도 슈퍼의 모
습 그대로를 축소해 놓은 듯했기 때문에, 달걀이나 설탕 1
kg 같은 상품들이 개점 초기에 잘 팔렸다. 주문 기계도 없
었기 때문에 재고가 떨어지면 무전기를 가지고 "이봐, 달
걀이 다 팔렸어!"라고 말하곤 했다. 새로운 매장이 문을 열
때면 직원들은 밤을 새워가며 준비를 하고는 매장 뒤편의
골판지 더미 위로 쓰러져 잠들기도 했다고 한다.

제2단계는 판매품목을 충실히 갖추며 고객의 일상생

'라이프 솔루션 매장'으로의 진화

사회 변화에 대응하며, 편의점은 '편의성 추구의 시대' '상품·서비스 확충의 시대'를
거쳐 제3단계로 옮겨가게 된다

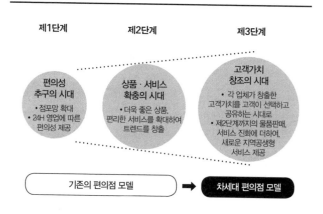

활에 더욱 기여하는 것을 목표로 삼은 시기이다. 현재 누구라도 편의점에서 거리낌 없이 구매하는 다양한 아이템이 이 시기에 개발되었다.

예를 들면 다양하게 구비한 삼각김밥이나 도시락이 이에 해당한다. 발매 초기에는 "집에서 엄마가 만들어주는 저런 음식이 팔릴 리가 없어"란 말을 들었고 실제로도 그다지 팔리지 않았었지만, 점차 사회에 인식돼서 지금은 편의점의 주력 상품으로까지 성장했다.

그리고 이것은 현재진행형인 부분으로, 복사기와 팩스기의 비치, 티켓 판매와 공공요금의 납부, 택배 서비스 대행 등과 같은 제품 이외의 가치를 제공하는 서비스를 모색해 가는 단계이기도 했다.

나는 한국에서 바로 이 제2단계의 편의점을 확립하고자 노력했다. 일본은 시간을 들여 고객의 니즈를 찾으면서 단계를 쌓아왔지만, 한국을 비롯한 아시아 각국은 제1단계를 뛰어넘어 단숨에 제2단계를 맞이했다. 현재 일본의 편의점은 더 많은 가치를 창출하기 위해 제3단계로 돌입했는데, 앞의 제2단계를 생략한 제3단계로의 발전은 있을 수 없다. 무엇보다도 우선 매일 먹는 '음식'을 충실히 하여 고객이 편의점에 매일 들르는 습관이 그 나라에 뿌리내려야만 다음 단계도 있는 것이라고 생각한다.

　최근 서울을 방문할 기회가 늘었다.

　내가 15년 전 살았던 때와 비교하면 도시는 확실히 아름답게 바뀌었다.

　강북의 명동 주변도 많이 변했다. 오래된 한국의 색 바랜 집들이 미로처럼 펼쳐져 있던 지역은 지금은 멋지게 재개발되어 고층건물이 즐비한 사무실가로 바뀌었다. 도쿄의 니혼바시처럼 고가도로가 지나던 청계천로는, 고가도로를 철거하는 대공사 끝에 지금은 원래의 이름대로 개천이 흐르는 시민과 관광객의 휴식처로 바뀌었다.

　도시는 아름다워지고 한국은 세계적으로도 인정받는 국가가 되었다.

　하지만 이처럼 아름답게 꾸며진 도시에 사실은 또 한 가지, 15년 전과는 크게 달라진 것이 있다.

　내가 이 나라에 살던 무렵, OECD 국가 중에서 한국의 자살률은 낮았다. 그랬던 것이 지금은 12년 연속으로 1위가 되어버렸다. 참고로 2위는 헝가리, 3위가 일본이다. 나라가 진보 발전하기 위해서는 다소의 희생을 수반할 수 있지만, 이런 면에서의 세계 상위권 순위는 속히 벗어나고 싶은 요소이다.

자살률도 그렇지만, 한국의 저출산은 일본보다 절박하다. 내가 살던 2000년에 한국의 출산율은 1.47%로 일본보다 나았던 것으로 기억하지만 2014년에는 일본이 1.42%인 반면 한국은 1.12%였다.

65세 이상 인구 비율인 고령화율은 한국이 아직 12.7%, 일본은 26.0%이지만, 고령화 사회로 가는 속도는 한국이 일본보다 빠르다. 2060년에는 일본을 따라잡는다고 한다.

슬프게도 유통에 몸담고 있는 나로서는 이러한 수치를 들으면, 이런 변화를 막지 못하는 대신에, 이렇게 변화하는 시대의 고객들에게 유통이 무엇을 해야만 하는지를 생각하게 된다.

2013년에 한국 편의점은, 과거에 처리하지 못했던 문제가 표면화되면서 편의점 본부와 가맹점주 간의 관계개선이 촉구되었다.

한국은 일본의 편의점을 모델로 시스템을 구축했지만 일본과 비교하면 푸드의 판매량이 압도적으로 적어, 전체 매출도 일본 편의점과는 비교할 수 없을 정도로 낮다. 2013년 기준 한국 편의점의 하루 평균 매출은 122만원.

반면 일본 전체 편의점의 하루 평균 매출은 약 53만엔이었다. 당시 환율로 생각하면 122만원과 480만원으로 격차가 크다. 본부가 취하는 몫도 많아 이것으로는 한국 편의점 가맹점주에게 이익이 나지 않는다.

하지만 시대는 계속 바뀐다. 기존에는 대가족이 표준이었던 한국에서, 이제는 독신세대가 늘면서 가족이 다 함께 식사하는 일도 줄었다. 여기엔 아쉬운 감도 있어 한국의 오래된 좋은 문화가 바뀌어 간다는 것은 유감스럽지만, 이곳에선 새로운 수요도 태어난다.

편의점은 사람을 둘러싼 모든 변화에 기민하게 대응해 나가는 '라이프 솔루션 매장'이다. 지금까지는 가족이 해주었던 일을 편의점이 대신 제공한다. 이것이 앞으로 편의점 업계가 지향하는 길이다.

예를 들면 엄마가 만들어 주시던 아침밥, 점심밥, 저녁밥을 편의점이 대신 제공하여 직장이나 집에서 간편히 먹을 수 있고, 가족 중 누군가가 해결해 주었던 우체국이나 은행 용무를 퇴근길에 24시간 언제라도 할 수 있으며, 하루 동안 집을 비우더라도 귀갓길에 택배 물품이나 공공요금 고지서도 받을 수 있다. 이처럼 편의점이 담당하는 역할은 많다.

내가 살던 15년 전에는, 한국의 오래된 좋은 전통이 편의점을 불필요하게 만들었던 측면도 있다. 하지만 다행인지 불행인지 앞으로 한국은 빠르게 저출산 고령화 사회로 접어든다. 1인 가구가 증가하는 사회에서는 밥을 만들어줄 가족이나 일상 잡무를 대신 해줄 사람이 없는 세대가 늘어난다. 이런 사회에서는 그야말로 편의점이 사람들의 세밀한 문제를 해결해 나가리라 확신한다.

증가하는 노인 세대가 좋아하는 음식은

　서울의 겨울은 춥다. 크리스마스에는 일루미네이션(조명)도 아름답고 게다가 화이트 크리스마스라도 되면 눈 쌓인 도시는 더욱 아름답게 빛난다.

　하지만 일상생활을 영위한다는 면에서는 여러 가지로 문제가 발생한다. 차량정체는 물론이고 눈 쌓인 거리는 미끄러워서 당연히 보행자는 걷기가 어려워진다. 젊었을 동안에는 아직 괜찮지만 나이가 들면 이것은 큰일이다. 하체가 약한 사람은 잠깐 물건 사러 가는 일에도 필사적이 된다.

　1994년 한국 조사에서 노인 중 자녀 가족과 동거하는 비율은 54.7%였다. 이랬던 것이 10년 후 한국 보건복지부가 발표한 『2014년 노인실태조사』에 따르면 이 비율이 28.4%로 떨어졌다. 거의 반으로 줄었다. 노인 1인 가구가 증가하고 있음을 알 수 있다.

　한국은 아직 일본만큼 고령화가 진행되지 않았지만 그래도 2025년에는 한국의 고령자(65세 이상)가 1천만 명을 넘을 것이라고 한다. 한국도 영락없이 일본과 마찬

한국 사회 구조의 변화

일본을 뛰어넘는 속도로 고령화가 진행
세계 최하위 수준의 출산율 (2014년 1.21% ※ 일본은 1.42%)

한국과 일본의 고령화율 추이와 미래 예상
2060년에는 일본과 함께 고령화율 39.9%

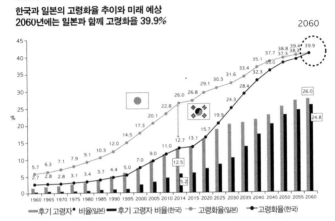

■■■■■ 후기 고령자 비율(일본)　■■■■■ 후기 고령자 비율(한국)　─●─ 고령화율(일본)　─●─ 고령화율(한국)

- 일본에서는 65세에서 74세까지를 전기(前期) 고령자, 75세 이상을 후기(後期) 고령자라고 칭한다

한국의 인구피라미드
(2010년 추계)
총인구 : 4,887만 명
65세 이상 인구 비율 : 11.0%

한국의 베이비붐 세대
(1955~63년)
2020년 이후 고령화

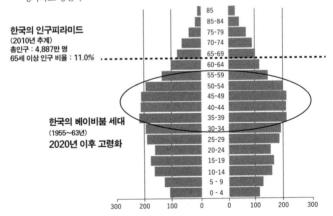

출처) 한국 통계청 '인구동태통계' 각 년도, 일본 내각부 '고령사회백서 2015'

가지로 저출산 고령화 시대를 맞이하고 있다. 유통에 종사하는 우리에게는 앞으로 이 고령화 사회를 지탱할 서비스를 어떻게 개발해 가느냐가 승부처이다.

이를 위해 필요한 것들을 현재도 아직 모색 중이긴 하지만, 지금이라도 할 수 있는 일이 있다. 노인들이 필요로 하는 물품이나 음식 제품을 다양하게 마련하고, 이러한 상품과 서비스를 원활하고 막힘없이 그들에게 제공할 수 있도록, 시스템을 충실히 갖추는 일이다.

예전에 서울 강남에서 작은 슈퍼에 들른 적이 있다. 강남은 고층 빌딩이 줄지어 있는 비즈니스 거리이기도 하지만 한편으로는 주변에 주택도 많아 일반 사람들도 많이 살고 있다. 연예기획사 등이 많은 학동에 위치한 이 가게도 나름대로 인근 주민들이 고객으로 오고 있었다.

그런데 그중 눈길을 끌던 한 고객이 있었다. 나이가 지긋하신 남성으로, 다리가 불편한지 지팡이를 짚고 매장 안을 걸으면서 물건을 찾고 있었다. 확실히 뭔가를 찾고 있었지만 그 분은 걸어서 돌기만할 뿐 좀처럼 물건을 찾지 못했다.

두부 코너에서 잠시 제품을 보는 듯하다가 바로 옆의 코너로 이동했다. 라면과 통조림에는 볼일이 없는 듯했다. 일일 배송되는 우유나 두부 등의 신선식품 코너에서 뭔가를 찾으며 김치 코너에도 들렀지만 결국 아무것도 사지 않은 채 가게를 나가셨다.

나는 마음대로 상상했다. 그 분은 혼자 사시거나 아니면 부인과 두 분만 사시는데, 점심거리를 사러 오셨던 것이 아니었을까. 시각은 오전 10시가 지났을 무렵이었다.

일본에서 이런 시간대라면 길거리 작은 슈퍼나 편의점 등 여러 곳에서 도시락이나 간편식품을 판매한다. 하지만 한국에서는 지금까지 이야기한 대로 편의점에는 기껏해야 삼각김밥이나 샌드위치 몇 종류밖에는 없다.

작은 슈퍼도 편의점을 벤치마킹했는지 푸드보다는 신선식품 코너의 식재료 위주여서, 바로 먹을 만한 음식으로 눈에 띄는 것은 고작 구운 빵 정도였다.

일본과 크게 달라 눈에 띄었던 것은 구비된 우유 종류가 많다는 것 정도였다. 선반에는 대용량의 용기가 많이 진열되어 마치 미국의 슈퍼 같은 느낌이었다.

나는 아무것도 사지 않고 매장을 나간 그 노인에게 엉겁결에 말을 걸고 말았다.

"어르신, 점심으로 간단히 먹을 만한 음식을 찾으셨죠? 하지만 먹고 싶은 것이 하나도 없어서 나가신 거구요. 조금만 기다려주세요. 곧 한국의 편의점에서도 원하는 점심을 살 수 있는 시대가 옵니다. 그때가 되면 무엇을 드시고 싶으세요?"라고 말이다.

최근 한국 편의점의 매출 구성 비율은 다음과 같다.

여전히 1위는 담배로 전체 매출의 무려 40%에 달한다. 일본 편의점에서 담배 매출은 전체의 25% 정도이다. 일본에서는 모든 매장이 담배 판매를 하는 것은 아니어서 단순 비교는 어렵지만 그래도 한국에서 담배가 차지하는 비중은 높다. 한국에서는 지금도, 편의점을 '깨끗한 담배 가게'라고 생각하는데, 이런 웃지 못 할 표현도 이 숫자를 보면 이해가 간다.

한국 편의점에서 매출 2위는 20% 비중의 가공식품으로, 대부분이 컵라면이나 음료이다.

3위에는 일일 배송 식품이 12%로 등장한다. 일본이라면 낫토나 두부 등의 식품도 이 부문으로 들어가지만 한국에서 이 부문의 주인공은 우유와 같은 음료들이다. 햄이나 소시지 종류도 같은 부문이지만 공헌도는 낮다. 일본과 비교했을 때 이 부분도 아쉬운 감이 있다.

4위는 주류로 8%이다. 참고로 일본에서는 면허 문제로 담배나 술을 팔지 않는 매장도 많다. 하지만 한국의 편의점에서는 담배와 술은 거의 모든 매장에 다 있다. 주류는 일본에서도 6% 전후이므로 비율로 따지면 큰 차이는 없다.

도시락 종류가 포함된 패스트푸드는 7% 미만으로 간신히 5위로 등장한다. 정말로 아쉬운 순위지만 이것에라도 만족하는 형편이다.

편의점 측에서도 더욱 분발해야만 하지만, 동시에 한국 사회도 머지않아 푸드 부문의 다양화가 필요해질 날이 틀림없이 올 것이다. 최근의 1인 가구 증가와 저출산 고령화의 물결은 한국도 피할 수가 없다. 한국 편의점도 앞으로는 반드시 이런 계층을 중심으로 움직여야만 할 것이다.

고령화 사회와 택배 문화

일본 편의점 업계는 어떻게 하면 이 고령화시대의 유통에서 주인공이 될 수 있을까를 고민하고 있다.

이중 한 가지가 택배 서비스이다. 일본에서는 한동안 감소 추세였던 서비스지만 한국의 경우엔 고령화 사회와 관계없이 이미 사회의 중요한 서비스 중 한 가지로 주목받는, 유통에서는 빼놓을 수 없는 요소이다.

서울의 거리에는 의외로 언덕이 많다. 강북에도 많지만 강남도 대단하다. 강남의 논현동, 역삼동, 청담동 등 서울은 언덕길의 도시라는 말이 실감난다.

이 거리는 고급 주택가로도 유명하지만 이곳의 큰길로부터 한 걸음만 들어가면 경사진 언덕이 많고 그곳에는 일반적인 서민 아파트가 늘어서 있다. 역삼동 주변에는 특히 일반 아파트가 많고 논현동으로도 비슷한 풍경이 이어진다.

서울 전체는 왠지 모르게, 주변이 산으로 둘러싸여 있고, 중앙의 남산을 휘감아 도는 한강이 W자 형태로 시내를 흐르는 모습이 강렬하다. 언뜻 보아서는 도시 전체에 언덕길이 많으리란 느낌은 그다지 안 들지만 사실은 언덕길의 도시이다.

이런 언덕길은 의외로 도시의 큰길을 다녀서는 그다지 눈에 띄지 않는다. 불가사의한 이야기다.

진짜인지는 확실하지 않지만, 예전에 강남 일각에 본사가 있었던 회사 사장에게서 들은 이야기로는, 강남지구 개발은 뉴욕의 맨해튼을 모델로 했다고 한다.

과연 맨해튼도 큰길만 다녀서는 경사로를 그다지 못 느낀다. 하지만 영화나 CM 등에서 배경으로 비친 맨해튼의 거리를 보면 상당한 오르막 내리막이 있음을 알게 된다. 아무래도 고층 빌딩과 큰길이 만들어내는 시각적 효과인 것 같다.

하지만 맨해튼과 서울의 큰 차이는, 서울에는 큰길에서 한 걸음만 들어가면 골목길이 있고 그곳에는 대체로 차가 이 언덕길을 오를 수나 있을까 싶은 오르막길이 나타난다는 점이다.

그리고 이처럼 언덕이 많다는 사실이 노인 1인 가구가 증가하는 시대에는 문제가 된다. 노인 중에는 다리가 약하신 분들이 많다. 젊었을 때는 아무렇지도 않았던 집 주위의 언덕이 점점 힘들어진다. 이렇게 되면 외출도 귀찮아진다.

한국의 배달 오토바이

하지만 이 점에 있어선, 앞서도 이야기했지만 한국이 일본보다 한발 앞서 있다. 이미 택배 문화가 발달해 있기 때문이다.

한국에서 살아본 일본인이라면 알겠지만, 한국인이 좋아하는 중화요리인 짜장면 배달에 관한 우스갯소리가 있다.

짜장면의 원형은 중국 작장면이지만, 짜장면은 일본의 라면과 마찬가지로 중국판 원형이 한국식으로 독자적으로 성장한 한국인의 소울 푸드 중 한 가지이다. 전화 한 통화만 하면(배달 가능한 범위 내이긴 하지만) 어떤 수

단을 써서라도 요리 배달통을 끼고 배달해주는 대표적 상품이다.

2009년의 한국영화 〈김씨 표류기(일본 개봉명: 그와 나의 표류 일기)〉에 이 짜장면이 등장한다. 삶에 지쳐 한강에 뛰어든 김씨가 한강 한복판의 무인도인 밤섬에 가까스로 다다르며 표류 생활을 한다는 영화인데, 무인도라고는 하지만 대도시 서울에 있는 한강 한복판이라는 점이 핵심이다. 김씨가 무인도에서 짜장면을 먹고 싶어 하는 것을 알아챈 여자 주인공이 전화로 배달을 시키자 중국집의 주인이 발로 페달을 밟는 오리 모양의 보트를 타고 필사적으로 무인도에 배달하려는 장면이 나온다.

택배는 한국의 장기長技와도 같다. 최근 세계적인 체인이지만 부진에 허덕이는 맥도날드도 얼마 전부터 한국에서 배달을 재개했다.

맥도날드는 세계적인 기업이다. 참고삼아 이야기하면, 세계에서 처음으로 맥도날드가 배달을 시작했던 곳이 한국일 것이라는 생각에 조사해봤더니 아쉽게도 최초는 이집트였다.

한국에서의 배달은 2008년에 시작했지만, 이집트는 무려 1995년에 시작했다. 2007년 데이터이긴 하지만 이집트의 맥도날드에서는 배달 매출이 전체의 27%를 차지

한다. 또한 한국보다 타이완 측이 1년 정도 일찍 배달을 시작하여, '한국=배달의 나라'라고 생각했던 것에 비해서는 맥도날드의 한국 배달 서비스는 다소 늦은 감이 있다.

이제 맥도날드는 일본을 포함한 중국, 태국, 필리핀, 호주 등지에서 배달을 시작했다. 호주에서는 페라리로 배달해주는 서비스도 있다고 한다. 아마 홍보 효과를 노렸을 것이다. 한편 맥도날드의 본고장인 미국에서는 일부 사무실가를 제외하면 드라이브스루drive through 쪽이 더 중요하고 배달은 거의 없다.

하지만 여기서 우려스러운 것은 각국의 맥도날드 배달에 대한 평판이 그다지 좋지 않다는 점이다. 일본에서도 본부와 매장 간의 관계 악화로, 인터넷 주문이 잘 안 되는 문제점이 나타나고 있다. 한국에서도 배달료를 상품 가격에 추가하고 있어 '배달은 무료'에 익숙한 한국인에게는 문제가 되는 모양이다. 고객의 방문이 기본이었던 맥도날드 측면에서 본다면 배달은 확실히 비용 상승이다.

그런데 어째서 맥도날드는 이집트부터 배달을 시작했던 것일까.

사막지대에 있는 이집트 카이로에서는 더위 때문에 사람들이 식사하러 가는 것을 귀찮아한다. 따라서 고객이 방문하기만을 기다리기보다는 공격적 고객 유치를 위한 배달 수요가 있었다. 더군다나 인건비도 싸다. 일찍부터 이집트에서 배달이 시작되었던 것에도 이해가 간다.

한국의 경우에도 배달은 서민에게 깊이 뿌리내린 문화이지만 이것을 지탱하는 것은 이집트와 마찬가지로 저렴한 인건비이다.

한국 사람은 '테이크아웃'에 서투르다. 한국에서 배달은 생활의 일부여서, 전화 한 통화로 식사를 요청하고 슈퍼에서 구매한 물품을 무료로 집까지 운반한다. 고객으로서는 더할 나위 없이 편리하다.

일본도 옛날에는 배달을 당연시하는 문화가 있었지만 인건비가 상승하면서 대부분 유료 서비스로 바뀌었다.

한국도 세계적인 기업에 근무하는 직장인 등 고액 연봉을 받는 사람이 늘고 있으며, 2015년도 국민총소득은 2만 7,340달로 3만 달러 가까이에 이른다. 하지만 실질 경제로 생각하면, 실제로 소득이 3만 달러가 넘는 계층은 국민 전체의 10% 정도에 불과할 것이라는 뉴스의 분석도 있다. 나머지 90% 사람들의 수입은 여전히 낮아 무료배달을 지탱하는 노동력의 원천이 되고 있다.

한국 맥도날드에서는 배달이 유료이지만 이에 대한 한국 내 평판은 그다지 좋지 않다. 하지만 국가 경제력이 성장할수록 결국 인건비는 높아진다. 한국이 앞으로 도 계속 성장해간다면 배달은 유료가 될 수밖에 없다. 예전의 일본처럼 무료 배달 문화는 점점 사라져가거나, 또는 꼭 필요한 문화로 국민 전체가 이해해준다면 원재료나 환율과 같은 판매가격 결정 요소 중 한 가지로 배달 비용이 추가되어, 사실은 무료가 아니지만 '무료 배달'이란 형식의 문화로써 남을 것이다.

하지만 현대 경쟁 사회에서 무료 배달은 앞으로 굉장히 어려워질 전망이다. 누군가가 가격 인하를 단행한다면 결국 약자에게 그 파장이 미친다. 국민 전체가 행복해지는 것은 어려운 일이다.

편의점 또한 사업이다. 한국의 저소득층 인력을 계속 활용하는 비즈니스 모델로는 배달을 시스템화하기 어렵다. 하지만 앞으로 노인 1인 가구에는 도시락을 포함한 상품 배달이 필요해질 것이다. 이에 대한 방책을 찾아야만 한다.

증가하는 1인 가구의 소비 동향

한국과 일본은 여러 가지로 다르지만 고령화와 저출산이라는 점에서는 같은 고민을 안고 있다.

한국이 '초저출산 국가'인 이유에는 여러 가지가 있겠지만 일본과 분명히 다르다고 생각되는 한 가지 요인은 높은 교육비이다. 매년 11월에 치러지는 '대학수학능력시험(수능)'이 상징하는 것처럼, 대학 입시가 국가적인 행사라는 점에서도 이를 엿볼 수 있다. 한국은 교육에 열정적이다. 학교 수업만으로는 충분치 않다고 생각하는 부분을 보충하기 위해 아이들은 여러 개의 학원에 다녀야만 한다. 교육비가 많이 드는 이유이다.

내 친구 중에는 유학비용을 포함하더라도 일본에서 교육하는 편이 저렴하다는 이유로, 아이를 일본으로 보내 고등학교부터 대학교까지 졸업시킨 사람도 있다. 저출산 고령화는 앞으로 한국이 고민해야만 하는 현상인 것이다.

게다가 더욱 심각한 것은 가족 구성의 변화이다. 내가 서울에 살던 무렵, 한국은 대가족 체제였다. 한국의 영화나 TV 드라마에서는 가족 삼대가 함께 사는 모습을 지금도 종종 볼 수 있지만 이것도 크게 바뀌고 있다.

한국에서는 현재 급속히 1인 가구가 증가하여 4가구 중 한 가구는 1인 세대일 정도이다. 내가 서울에서 살던 때와 비교하면 1.9배에 달한다.

참고로 일본의 1인 가구는 이미 2010년에 32.4%로 전체의 30%가 넘는다. 최근 10년 동안 한국은 놀라운 속도로 바뀌며, 인구 구성, 가족 구성 등이 일본과 비슷해지는 것 같다.

한국에서 1인 가구가 증가하는 원인은 젊은 층에서 미혼자 수가 늘고 있기 때문이다. 1인 가구 414만 세대 중 미혼 세대가 약 184만 세대로 44.5%나 된다.

일본에서도 장기불황 시절에는 많은 젊은이가 정규직 취업이 안 되면서 프리터[•]가 늘었다. 비정규직이면 본인 한 사람도 간신히 생활하기 때문에 좀처럼 결혼을 생각하지 못하는 사람도 많다. 그 결과 미혼자가 늘면서 1인 가구도 늘었다.

한국은 유교의 영향 등으로 예전엔 대가족으로 생활하는 것이 중요시되었다. 그런데도 이런 변화가 일어나

● 프리 아르바이터를 줄인 말로, 특정한 직업 없이 아르바이트로 생활하는 젊은 층을 일컫는다.

고 있다는 점에서 세계화의 물결이 느껴진다.

앞서 '음식의 패러다임 변화'를 이야기했지만, 이러한 음식 변화가 단지 한국의 세계화 때문에 일어나는 현상은 아니다. 인구와 가족 구성의 급격한 변화도 원인 중 한 가지라고 생각한다. 다시 말해 한국은 '음식'뿐 아니라 '인구' '가족 구성'에서도 패러다임 변화가 한창 일어나는 중이다.

1인 가구의 증가는 특히 도시에서 현저하여, 편의점 사업과 관련해서는 향후 이들의 소비 동향을 신경 써야 한다.

2013년 10월 18일자 중앙일보에 흥미로운 기사가 실렸다.

"가처분소득(세금과 사회보험료 등을 제한 실수령 소득)이 1인 가구는 80만 5천원, 3~4인 가구는 73만 5천원으로 1인 가구의 가처분소득이 더 높다"는 기사였다.

게다가 이 기사는 다음과 같이 1인 가구의 소비 동향을 분석했다.

"1인 가구의 소비 동향을 'SOLO형'소비로 분석했다. 자아Self 지향성이 강하고, 주로 온라인Online에서 구매하며, 저가격 제품Low price과 편리성One-stop을 중시한다는 것이다. 1인 가구가 지출을 늘리고자 하는 분야 중 1위는 자신을 위한 여행(41.6%)이며, 의류는 63.6%를 온라인 쇼핑몰에서 구매한다. 요리는 주로 가공식품이나 간편식 (60.3%)을 선호한다."(중앙일보 일본어판)

내가 서울에 살던 당시, 한국은 아직 대가족 중심이어서 1인 가구는 적었지만 이 분석을 보니 드디어 편의점이 필요한 시대가 왔다는 생각이 들었다.

예를 들어 1인 가구에서 식재료를 구매하여 요리하는 경우, 사회인이라면 일을, 대학생이라면 공부를 하고 귀가한 후 그때부터 요리를 만들게 된다. 하지만 먹을 사람이 자신 혼자뿐이라면, 특별히 요리를 좋아하는 사람이 아닌 다음에는 굳이 매일 요리를 하겠는가.

1인 분량만큼만 만드니 확실히 식재료 구매량이 적어 좋을 수도 있겠지만, 식재료란 대량으로 구매해야 저렴해지는 것이어서 소량이라면 필연적으로 비용이 올라간다. 게다가 신선식품은 소비기한이 짧아 1인 가구가 구매한 후 다 먹지 못하고 버려지는 경우가 많다.

결국 1인 가구에게 요리란 시간도 비용도 많이 드는 일이다. 그렇다면 편의점의 푸드를 이용하는 것이 하나의 방법이지 않을까. 편의점은 사람들에게 비용절감과 함께 시간을 제공해준다.

지금 일본 편의점 각 업체는 가정식 반찬 PB에 힘을

쏟고 있다. 이것은 시간을 들이지 않고 만들 수 있으면서 비용도 저렴하고 또 맛도 좋은 음식으로 진화 중이다. 다채로운 메뉴도 장점이다. 이것은 일본 편의점이 오랜 경험과 재료의 대량 구매가 가능한 기업의 힘으로 달성한 하나의 성과이다.

일본의 젊은 소비자 중에는 여럿이 함께 외식하기보다 혼자 집에서 게임이나 TV를 보는 편이 낫다는 사람도 늘고 있다. 한국도 이와 비슷한 경향이 있는 듯하다.

젊은 층이 먹고 싶은 것은 무엇일까? 여가를 어떻게 보내려고 할까? 앞으로는 어떤 것을 필요로 할까? 노인뿐 아니라 젊은 층에 관해서도 조사가 필요하다.

어쩌면 한국에서는 일본과는 다른 수요가 편의점에 생길지도 모른다. 일본과는 다른 습관을 지닌 외국에서 편의점을 만들어가는 묘미란 바로 이런 것이다.

아무리 소비불황에 시달리는 나라여도 반드시 거기에는 비즈니스 기회가 숨어 있다.

예를 들면 최근 몇 년 내가 일본에서 추진해온, 드럭스토어나 슈퍼마켓 업태 등에 편의점을 추가하는 '기존 업태+편의점'이란 일체형 서비스가 있다. 이미 존재하는 기존 업태에 고도의 편의점 시스템을 추가함으로 새로운 수요를 창출하는 사업이다.

이 사업에 대해, 한국에서의 가능성을 조금 타진해보고 싶다.

서울의 거리에 기존 업태로는 어떤 가게가 있을까, 현재의 서울 거리를 머릿속으로 떠올려보고자 한다.

나는 서울의 아주 맑은 겨울 하늘을 좋아한다. 맑은 하늘 밑에서 서울의 거리를 걸으며 깨닫는 것은 명동이나 강남의 번화가에는 화장품과 패션 가게도 많지만 그 이상으로 거리 전체에 식당이 많다는 점이다.

정확히 세어본 것은 아니고 어디까지나 내 눈으로 본 느낌이지만, 거리 곳곳에 식당이 있는 것 같다. 한국은 중국이나 베트남과 달리 아침부터 저녁까지 외식하는 문화가 뿌리내려 있지 않다. 그런데 어째서 이 정도로까지 식당이 많은 것일까.

이 의문에 한 일본인 주재원이 답해 주었다. 한국에서 일반인이 가게를 시작하려 할 때 식당이 가장 손쉬운 사업이기 때문이라는 것이었다.

한국 요리 대부분은 가정요리라는 이야기도 이 주재원에게서 들었다. 설렁탕을 필두로 소고기국밥, 칼국수 등의 면 요리, 대구나 동태찌개, 삼계탕, 김밥도 원래는 가정요리라고 한다. 그래서 요리사도 필연적으로 여성이 많다고 들었다.

한국 여성은 부지런한 일꾼이다. 한국전쟁 등을 겪으며 집안의 기둥을 잃은 여성이 가족을 먹여 살려야만 했던 시기에 식당은 가장 만만한 사업이었다. 그 결과 한국에서 요리사는 여성의 일로 비치게 되었다.

한국은 가부장적 사회의 잔재로 남존여비 경향이 아직도 강하다. 그래서 한국에서는 오랫동안 여성의 일로 비친 요리사란 지위 자체도 낮게 인식되었다.

그래도 최근에는 한국도 세계화가 진전되며 남성 요리사도 늘고 있지만, 내가 서울에 살던 무렵에는 요리사는 남성의 일로는 인식되지 않았었다.

당시 어떤 한국 남성에게서 "내 아들이 요리사가 되려하는데, 친척 모두가 집안의 수치이니 그만두라고 말해 곤란할 지경이다"란 말을 들었던 적이 있다. 일본에서는 요리사가 대단한 직업으로 인식되기 때문에 이 말을 들었을 때 놀랐던 기억이 있는데, 이것은 지금으로부터 불과 15년 전 이야기이다.

이 이야기를 떠올리니, 최근 십여 년 동안 가치관이 크게 변하였음을 느낀다. 한국인이면서 아랍에미리트 연방 두바이의 최고급 호텔인 '버즈 알 아랍'의 수석총괄요리사를 역임한 에드워드 권이 모국인 한국에서 인정받은 것은, 요리사에 대한 가치관이 변하고 있음을 보여주는 좋은 예이다.

그런데 머릿속으로 서울 거리를 좀 더 걸으면 약국이 많다는 것도 깨닫게 된다. 최근엔 조금 줄어든 것 같지만 서울 시청 앞에 있는 프라자호텔 뒤의 북창동 주변에는 내가 살던 당시엔 마구잡이로 약국이 많았다. "북창동은 약국 거리인가요?"라고 함께 있던 코리아세븐 직원에게 물었을 정도이다.

직원의 대답은 간단했다. 이곳은 낮에는 비즈니스 거리지만 밤에는 술집 거리로 바뀐다. 그래서 밤에는 숙취 방지용 약이 팔리고 아침에는 숙취를 달래는 약을 찾는 사람이 많다. 따라서 약국이 많아졌다는 내용이었다.

이것은 농담이라 하더라도, '기존 업태+편의점'의 이야기로 돌아오면, 약국이야말로 한국 편의점에도 가장 좋은 '기존 업태'로서의 파트너가 아닐까. 한국의 약국은 전국적으로 약 2만 개가 있다고 한다. 2012년 11월부터는 약사법이 개정되어 약국 이외의 가게에서도 허가된 약은 판매가 가능하다. 약국에 대한 이전과 같은 기득권 보호는 점점 사라지고 있다.

아직 법적인 규제가 있을 수 있지만, 일본에서는 '기존 업태+편의점' 중에서도 약국이 가장 성공적이다.

한국에서도 '약국+편의점'을 시작으로, 업태를 새로운 착안점으로 고민해본다면 재미있을 것 같다.

제2인생을 프랜차이즈 사업으로

　내가 한국에서 생활하던 무렵에는 서울 거리를 걷더라도 프랜차이즈 가게로 편의점과 롯데리아, 맥도날드 등의 패스트푸드와 빵집 체인점 정도가 눈에 뜨였지만 최근의 서울은 다르다.

　기업에 근무하더라도 40세를 넘기면 퇴직률이 높아진다는 한국이다. 정년도 50대의 이른 연령으로 정해진 기업이 많다. 저출산 고령화의 문제를 안고 있는 나라여서인지 2014년부터는 국가에서 60세 정년을 의무화했지만, 이른 퇴직을 바탕으로 한국에서는 퇴직 후의 새로운 일로서 프랜차이즈 수요가 있었다. 또 새로운 부동산 투자처로도 프랜차이즈는 인기가 있는 것 같다.

　한국에서 가장 점포수가 많은 프랜차이즈 사업은 카페라고 한다. 확실히 서울의 거리를 걸으면 카페 투성이다.

　일본에서도 유명한 장근석을 이미지 캐릭터로 내세웠던 '카페베네'와 롯데의 '엔제리너스(구 자바커피)' 등, 지금 거리에서는 카페를 흔히 볼 수 있다.

　한국의 인기 카페 중에는 나와 친한 매일유업의 김정

완 회장이 경영하는 '폴 바셋'도 있다. 이것은 역대 세계 바리스타 선수권WBC에서 최연소 우승을 한 호주인 폴 바셋의 이름을 딴 카페이다. 이곳은 직영점 방식이지만 커피는 정통의 맛을 즐길 수 있고, 디저트 수준도 훌륭하다. 과연 유제품 회사가 운영하는 곳답다.

매일유업 본사가 있는 경복궁 근처의 '폴 바셋'은 항상 만원이다. 카페 투성이인 서울이지만 그중에서도 늦은 밤까지 고객에게 사랑받는 이 매장은 주목할 만한 업태라고 생각한다. 서울에 가게 되면 꼭 한번은 근처 '폴 바셋'에서 커피를 마셔보았으면 한다.

그런데 정작 한국 프랜차이즈 사업에서, 인기가 높은 것은 프라이드치킨 체인이다. 일본으로도 진출한 바 있는 'BBQ'를 비롯하여 '둘둘치킨' 등, 유명 매장이 전국에 퍼져 있다.

옛날 전화번호부에 프라이드치킨 가게를 '켄터키'로 분류할 정도로, 한국에서 인기의 불을 지폈던 것은 바로 켄터키 프라이드치킨이지만, 이것 외에도 한국인 취향에 맞추어 다양한 판매방식이 고안되었다. 닭 한 마리 세트가 기본인 곳, 맥주와 잘 어울린다는 점 그대로를 영업의 기본으로 도입한 호프집 방식의 가게, 가정에서 먹도록 배달을 도입한 가게 등 프라이드치킨은 푸드 부문에선 한국에서 가장 성공한 업태이다.

최근에는 다양한 외식업을 운영하는 더본코리아라는 외식기업이 전국으로 확대 중인데, 여기에 속한 '새마을 식당'도 거리에서 흔히 볼 수 있다. 이곳은 대패로 썬 듯한 돼지고기를 특유의 고추장 양념에 재운 고깃집이다.

사장은 유명 여성 탤런트와 결혼한 백종원이다. 일본인 탤런트 이주인 히카루伊集院光와 꼭 닮은 상냥한 미소가 인상적인데, 본점이 있는 강남구 논현동의 식당 거리에서 여러 가게에 캐릭터로 내걸려 있어 일본인이라도 한번쯤은 본 적이 있을 것이다.

바야흐로 한국의 외식기업은 프랜차이즈 전성시대인 느낌이다. 이 중에는 일본에서 건너온 업태도 많다. '마루가메제면' '코코이찌방야' '사보텐'과 같이 이미 들어온 업체들도 포함하여 한국에는 일본 외식기업의 진출도 증가하고 있다.

한편 한국 프랜차이즈 사업의 선구자적 업태인 편의점은, 지금 여러 가지 문제가 표면화되며 커다란 전환점에 직면해 있다.

한국은 지금 편의점 가맹점주와 본부 간의 여러 가지 문제로 뒤숭숭하다. 세븐일레븐도 CU도, 정부에서는 경제민주화의 일환으로 본부와 가맹점주 간 관계를 엄격히 조사하는 것 같다.

KRN의 2013년 5월 31일 뉴스에 '편의점의 30%가 적자이며, 흑자인 곳은 20%뿐'이라는 기사가 실렸다. 편의점 본부가 가맹점주에게 제시하는 예상 매출에 미달하는 매장이 65.3%를 웃돈다고 한다.

이런 이야기가 표면화된 주요 원인은 2013년에 세븐일레븐과 CU의 가맹점주가 잇달아 자살한 비극적 사건이다.

편의점 가맹점주들이 부당한 약자의 입장에 있다며 국회에서 이를 문제 삼았다. 본부의 24시간 영업 강요, 과도한 폐점 페널티, 본부에 편중된 이익배분을 국회에서 거론하며 본부에 이에 대한 개선을 요구했다.

이 결과의 하나로 2013년 7월 29일, 국회에서 미니스톱의 가맹점주협의회가 본부와 제1차 단체교섭을 시행했다.

국회에서 민간 기업의 단체교섭이 시행되는 것은 일본에서는 생각할 수 없는 일이어서, 한국과의 차이를 느낄 수밖에 없었다. 일본에서 편의점 사업이 시작된 지가 올해로 43년. 물론 일본에서도 본부와 가맹점주 사이에 크고 작은 분쟁이 있었지만 이 같은 문제는 한 번도 없었다고 생각한다.

일본 편의점 사업에서는 매장 가맹점주도 고객이다.

본부와 가맹점주는 대등한 관계이며 양측 모두의 노력으로 매장에 오는 고객을 만족시키는 것이 대전제이다. 이 결과로 매장이 이익을 내면 본부도 이익이 나는 형태이다. 정말로 한쪽에서만 이익을 취하고 다른 한쪽을 착취하는 것이라면, 40년 이상 지난 오늘날까지 지속해서 성장하기란 불가능했을 것이다.

경제에 오랜 전통이 없는 한국에서는 편의점 업계뿐 아니라 다른 프랜차이즈 사업에서도 문제가 나타나고 있는 것 같다. 원인의 대부분은 오직 점포수 늘리는 것만을 수익의 주체로 삼아왔기 때문이라고 생각한다. 일본 프랜차이즈 사업의 대부분은, 점포수 증대도 물론 목표 중 하나이지만, 더욱 중요한 것은 매장에 상품 공급을 포함한 경영 노하우를 지속적으로 제공함으로 얻는 이익을 수익의 주체로 둔다는 점이다.

점포수 늘리는 것을 사업의 중심으로 삼으면, 매장이 포화상태가 되었을 때 이 비즈니스 모델은 끝나 버린다.

프랜차이즈 사업에서 가장 좋은 형태는 '본부도 돈을 벌고 가게도 돈을 번다'는 상생win-win의 관계이다. 가맹점주도 고객이지만 가장 중요한 것은 역시 매장에 오는 고객이다. 가장 중요한 고객이 외면한다면 본부도 가맹점주도 어쩔 수가 없다.

2015년 한국에서 〈베테랑〉이란 형사 액션 영화가 흥행에 성공했다. 개봉 1개월 동안 관객수가 1,100만 명을 넘었다.

한국 영화는 흥행에 성공하면 관객수가 1,000만 명을 넘는다. 같은 시기에 이 작품과 함께 흥행에 성공한 영화 〈암살〉도 1,230만 명을 넘기며, 한국 영화계가 활기를 띠었다.

1999년 흥행작 〈쉬리〉가 620만 명을 넘기면서 한국은 시네마 콤플렉스의 시대를 맞았고 흥행작의 관객수는 매년 늘어났다. 2003년에는 〈실미도〉가 1,100만 명을 넘어섰고 이후로도 많은 작품이 한국에서 관객수 1,000만 명을 넘기는 실적을 거두었다.

일본의 경우 일본영화 중 관객수 제1위는 미야자키 하야오宮崎駿 감독의 〈센과 치히로의 행방불명〉으로 2,350만 명이라는 숫자를 기록했다. 하지만 이외에 일본영화로 1,000만 명을 넘겼던 영화는 세어보아도 8개밖에는 안 된다. 그것도 미야자키 하야오 감독의 애니메이션이

이 중 4개를 차지한다.

일본에서 실사영화 중 최다 관객 기록은 1965년 〈도쿄 올림픽〉의 1,950만 명이다. 그렇지만 이 숫자는 너무 오래전 기록이어서 과거 20년 동안만 돌이켜보면, 2003년에 〈춤추는 대수사선2: 레인보우 브릿지를 봉쇄하라!〉가 1,260만 명을 달성했다.

하지만 한국에서는 최근 10년 동안에만 12편의 실사영화가 1,000만 명을 넘겼다. 게다가 한국 인구가 일본의 절반도 채 안 되는 약 5천만 명임을 고려하면 한국의 관객수가 얼마나 대단한 것인지 알 수 있다.

참고로 한국에서 역대 관객수 1위는 〈명량〉(2014년)의 1,760만 명이다. 조선의 이순신 장군이 일본 도요토미 군대를 격파했던 명량해전을 그린 영화이다.

그런데 앞의 〈베테랑〉은 형사영화지만, 지금까지의 한국 흥행작 중 현대 액션물이 1,000만 명을 넘긴 기록은 드물다. 현대 액션물로 유일하게 해당하는 것이 2012년 〈도둑들〉의 1,290만 명 정도이고, 나머지는 역사물이 많다.

이 〈베테랑〉은 세상 민심을 배경으로 성공한 것 같다. 돈의 힘으로 정부까지 움직이는 악덕 재벌 조태오와 주인공인 형사가 속한 수사팀 간의 정의를 건 싸움을 그렸다.

지금까지 한국영화에서 이런 종류의 영화가 없었던

것은 아니지만 이렇게까지 흥행에 성공한 영화는 처음이다. 적어도 베스트50 이내에 재벌을 악역으로 한 영화는 들어있지 않다.

〈베테랑〉은 재벌기업인 CJ엔터테인먼트가 제작했다. 한국 영화계에서는 CJ와 롯데, 오리온그룹의 쇼박스가 많은 대작 영화에 투자하고 있다. 이곳 모두가 재벌이라 불리는 그룹의 기업들이지만, 시대의 물결이 재벌 후계자가 범인인 영화를 만들게 했고, 그것에 많은 한국인이 관심을 가졌던 것 같다.

예전부터 한국의 텔레비전 드라마에는 재벌이 주인공인 드라마가 많았다. 하지만 그 속에 등장하는 재벌은 서민들 동경의 대상이었다. 그랬던 것이 이 영화에서는 악한 재벌의 이미지로 그려졌다는 점이 특별했다.

이 배경에는 2014년 땅콩 회항 사건도 크게 작용했다. 이것은 미국의 존 F. 케네디 공항에서 이륙하기 위해 활주로를 향해 이미 움직이던 대한항공 기내에서 일어난 일이다. 그 날 퍼스트클래스에 타고 있던 대한항공 조현아 부사장이, 땅콩이 봉지에 든 채 그대로 제공되자 이에 클레임을 걸었고 결국 비행기를 탑승구로 되돌리면서 국제적으로 화제가 되었던 일이다. 이 사건으로 한국 재벌의 공과를 포함한 일화가 국내외에서 공론화되었다.

한국 경제에서 재벌 10개사의 매출은 한국 국내총생산의 70%를 차지한다. 삼성그룹만으로도 국내총생산의 20%를 차지한다.

편의점 상품을 보더라도 그 축소판이다. 한국 제품의 대부분은 재벌계 제조업체에서 만들어진다. 일본에서 중소기업을 포함한 실로 다양한 규모의 기업이 인기상품의 대부분을 만들어 내는 것과는 큰 차이가 있다. 과자 종류 하나를 보더라도 작은 회사가 인기상품을 만들어내는 것은 일본에서 흔한 일이다.

앞에서 한국 편의점은 일본보다 매장 면적이 좁다는 이야기를 했지만, 일본과 비교했을 때 상품이 다양하지 않은 것도 이와 관계가 있다.

한국경제가 세계적으로 성공한 원동력은 확실히 재벌의 존재였다. 재벌의 지도력이 주효했던 시기는 일본의 잃어버린 20년 무렵으로, 이때 일본은 한국 재벌의 지도력에 많은 부분을 추월당했다.

하지만 한국을 견인해온 재벌 총수의 대부분이 세대교체의 시기를 맞고 있다. 지금 한국경제는 세계 최고 수준이지만, 재벌을 악으로 묘사한 영화가 흥행한 배경을 보더라도 한국 재벌의 존재 방식은 변화할 수밖에 없는 시기로 접어들고 있다.

블랙 프라이데이와 할인

한국 유통업계에는 '블랙 프라이데이'란 말이 있다. 재고정리를 위해 11월 넷째 주 금요일에 실시하는 초대형 할인 이벤트이다. 일본에서 말하는 '연말 재고정리 세일'에 해당하지만 나 같은 일본인이 들으면 가슴이 철렁 내려앉는 표현이다. '블랙⋯⋯'이란 말을 들으면 나는 1987년 10월 19일에 일어난 세계 동시 주가 대폭락의 '블랙 먼데이'가 떠오르기 때문이다.

어째서 이런 표현이 나온 것일까. 원래는 미국에서 추수감사절인 11월 네 번째 목요일에 맞춰, 그다음 날인 금요일부터 시작하는 크리스마스 세일과 함께 팔다 남은 추수감사절 선물을 정리하는 세일인데 이 기간의 매출로 소매점은 흑자black figure가 된다. 그래서 '블랙 프라이데이'가 되었다고 한다. 미국의 '블랙 프라이데이'는 1961년 무렵 필라델피아에서 시작되어 1975년에 전국으로 일반화되었다.

아무래도 일본 유통업계에서는 '블랙 프라이데이'란 말을 사용하기가 어렵겠지만 한국에서는 미국의 표현을 그대로 사용한다. 과연 서양식에 익숙한 한국이다.

최근엔 한국의 불경기로 침체된 시장에 구매의욕을 불러일으키고자 11월 말에 행하는 바겐세일 외에도 대규모 세일이 풍성하다.

일본 유통업계에서도 저성장시대에는 백화점도 양판점도 모두가 빠짐없이 일찍부터 재고정리 세일을 실시했었다.

하지만 그다지 효과는 없었다. 지금의 일본을 보고 있노라면 역시 가장 좋은 소비 활성화는 경기회복임을 알 수 있다.

일본의 백화점과 양판점이 바겐세일에 주력하던 당시, 편의점은 매장에 오는 고객을 관찰하며 이들의 니즈를 간파하고자 노력했고, 바겐세일에 휩쓸리지 않는 마케팅을 시행하며 성장했다.

나는 편의점 업계에서 필사적으로 일하고 있었으므로 백화점, 양판점이 애쓴 노고는 잘 모르지만, 그 와중에도 편의점에 이윤이 남는 푸드를 개발하기 위해 애쓰고 있었다.

편의점은 세상 흐름이 염가 매출로 움직이던 시기에도 정가제였다. 다른 곳에서 싸게 팔아도 정가제인 편의점으로 손님을 끌어들이려면 어떡해야 좋을까, 이런 과제를 풀기 위해 머리를 짜내고 있었다.

거리의 슈퍼마켓과 똑같아서는 안 된다는 것은 명백했다. 해결책은 푸드를 충실히 개발하는 것이었다. 당시엔 술이나 담배를 파는 편의점도 많지 않았기 때문에 한층 더 푸드에 힘을 쏟았던 면도 있다.

편의점의 가장 큰 장점은 '고객 가까이에 있다'는 점이다. 당시 고객을 매장으로 끌어들이려면 어떤 부류의 상품을 눈에 잘 띄도록 놓아야 좋을지를 여러 가지로 분석했는데, 역시 결론은 푸드였다. 기타 일용품도 매장에 잘 갖춰 놓아야 하겠지만 극단적인 예를 들자면, 귀이개 같은 상품이 매일 팔리지는 않는다.

하지만 음식만은 인간에게 절대적으로 필요하다. 거리에 많은 음식점이 있어도 그곳보다 싸고 맛있는 푸드가 있다면 고객은 반드시 오게 될 것이다.

한국도 소비 침체의 시대이다. 편의점도 고객을 끌어들일 상품을 만들어, 반드시 이 시대를 개척해 나가길 바란다.

일본에서 신년도는 4월에 시작한다. 학교도 기업도 벚꽃 피는 4월부터 새로운 해를 시작한다.

그런데 나같이 유통에 종사해온 사람에게 신년도는 3월부터 시작한다. 일반 사람들보다 조금 일찍 시작하지만 여기에는 그 나름의 이유가 있다. 여기서 조금 주제에서 벗어나 세계의 결산기를 살펴보고자 한다.

최근에는 그다지 사용하지 않지만, '닛파치二八'라는 말이 있다. 옛날 유통업계에서 2월과 8월은 매출이 떨어지는 시기의 대명사였다. 지금은 매출을 올리기 위해 다양한 이벤트를 기획하므로 예전만큼은 매출이 떨어지지 않고 지나가지만, 예전의 2월은 1월까지의 새해 판매 전쟁이 끝난 후 잠깐의 숨고르기와 겨울의 추운 시기가 겹치면서 소비가 꽤 많이 떨어졌었다. 8월도 마찬가지 이유로 오추겐 선물 판매 전쟁이 끝나고 여름 무더위가 한창일 때여서 사람들의 소비가 전반적으로 떨어진다.

다른 업계와 동일하게 유통업계도 3월을 마지막 달로 삼아도 괜찮으리란 생각이 들겠지만 이렇게 되면 3월, 4

월의 신년도 교체기를 겨냥한 판매 전쟁과 겹쳐버린다. 마찬가지로 8월, 9월에 전반기를 끝내면 가을, 겨울의 판매 전쟁에 지장을 초래한다.

따라서 유통업계는 2월에 연간 결산을 하게 되었다.

컴퓨터가 없던 시대에는 결산작업을 모두 주판이나 손 계산으로 했다. 방대한 전표를 모두 손으로 썼다. 비수기가 아니라면 1년 총결산은 불가능했다.

지금이야 모두 컴퓨터로 처리하고, 자동으로 분류하여, 결산서를 작성하므로 전표작업은 상당히 편해졌다.

하지만 옛날과 비교하면 장사의 구조는 복잡해지고, 업무를 기록한 전표의 양도 비교가 안 될 정도로 늘었다. 후속 검증작업이나 세무처리는 너무나 복잡해졌다. 지금도 기업에게 결산업무란 밖에서는 보이지 않지만 회사 내에선 아주 굉장한 연례행사다.

특히 상장기업은 일반 주주에게 설명해야 한다. 정확성이 요구되는 작업이고, 다음 해 사업계획도 공개해야 하기 때문에 옛날 이상으로 어렵고 힘든 작업이다.

결산업무에는 회계 담당자뿐 아니라 영업 담당자도 참여한다. 다양한 자료 작성이 필요한 일이기 때문이다. 임원도 바쁘다. 회사 전체가 결산업무에 몰린다.

그래서 일 년 중 조금이라도 한가한 시기에 결산할 수

밖에 없다. 지금도 일본의 대다수 유통기업은 2월에 결산을 마치고 3월부터를 신년도로 여긴다. 유통업계 외에는 외식산업이 마찬가지 이유로 2월 결산이 많다는 사실에 수긍이 간다.

하지만 이것은 일본의 이야기로, 미국이나 한국의 유통기업은 다르다. 대부분 기업이 12월 결산이다. 최근에는 일본에서도 12월 결산을 채택하는 회사가 늘고 있다.

세계의 사정이야 어떻든, 여전히 일본에는 변함없이 4월부터 이듬해 3월까지를 회계연도로 삼는 기업이 많다. 그 이유를 생각해보니, 일본 정부의 회계연도가 4월부터 이듬해 3월까지인 것에서 기인하는 것 같다. 정부의 회계연도에 맞추면 뭔가 편리한 점도 많기 때문이다.

이런 생각에서 조사해 보니, 4월~3월의 회계연도를 채택한 나라는 일본 정부 외에 영국, 덴마크, 캐나다, 인도, 파키스탄 등이 있었다.

중국, 한국, 프랑스, 독일, 네덜란드, 벨기에, 스위스, 러시아 등은 1월~12월이었다. 의외였던 것은 12월 결산기업이 많은 미국 정부의 회계연도가 10월~9월이라는 점이다. 정부의 회계연도는 위의 3가지 기간 외에도 호주, 필리핀, 노르웨이, 스웨덴과 얼마 전 국제적으로 떠들썩했던 그리스의 7월~6월이 있다. 일본인에게는 조금 낯선 회계 기간이지만 아마 그 나름의 나라별 사정이 있을 것이다.

회계 기간은 나라별로 그 체질에 맞는 기간을 선택하면 된다. 내가 종사하는 유통업계의 3월~2월은 바로 기업의 체질에 맞춰 회계 기간을 채용한 것으로, 국제적인 흐름의 12월 결산은 연말 판매전쟁을 고려하면 역시나 어려우리라 생각된다.

새해 1월 정도는 천천히 일하고 싶다. 만약 12월 결산을 채용하면 유통에 종사하는 사람들은 연말부터 1월까지 계속 일해야만 한다. 이런 것을 고려한다면 역시 2월 결산이 좋다는 생각이다.

한국의 신문이나 잡지를 보면 지금의 경제둔화나 원화강세보다도, 20여 년에 달했던 일본형 경기침체 같은 것이 한국에도 닥칠까봐 걱정이라는 기사가 눈에 띈다.

확실히 일본이 엔화강세를 바탕으로 해외로부터의 수입품 가격을 낮추며 장기 디플레이션 시대의 기반을 만들었던 것은 사실이다.

디플레이션이나 불황이 경제적으로 나쁜 것인가의 문제와는 별개로, 일본의 장기 불황에서 유일하게 좋았던 것이 있다면 사람들의 업무가 줄며 급여도 내려가 물가가 떨어졌다는 점이다. 소비자 관점에서 본다면 생활에는 다소 도움이 되었다.

유통의 관점에서 돌이켜보면, 일본은 불황이던 20여 년간 유통의 주인공이 크게 바뀌었다. 백화점에서 양판점으로, 양판점에서 할인점으로 소비자는 자신의 생활을 유지하기 위해 구매처를 바꾸었다. 싼 쪽으로, 더 싼 쪽으로 소비자는 선택을 바꾸어 갔다.

양판점은 본래 나카우치 이사오中內功의 다이에Daiei로 상징되듯이 할인점이었는데 조직이 거대화되면서 후발 할인점에 유연하게 대응할 수 없게 되었다.

후발 할인점으로 분류되는 기업들은 간소화된 조직으로 투자금을 낮추어, 기존 양판점보다 적은 이익으로도 돈을 버는 시스템을 만들어냈다. 저가격 정책을 철저히 실천하면서 소비자에게 인정받았다.

특히 전문양판점의 진출이 눈부시다. 대표적인 전문양판점으로 의류에는 유니클로ユニクロ, 가전에는 야마다전기ヤマダ電機, 식품에는 야오코ヤオコー 등이 있다.

다이에 등의 기존 양판점은 '무엇이든 판다'를 시행한 결과, 거대해진 '조직'을 품게 되어 '고객'보다 '조직'이 우선시되고 말았다. 조직을 유지하는 것에 주안점을 두게 되면서, 고객을 향한 섬세한 '변화대응'이 불가능해져 버렸다. 이미 거대해진 조직을 슬림화하기는 어렵다. 거대한 공룡이 환경 변화에 맞춰 몸을 바꾸지 못해 쓰러졌던 것처럼 거대 양판점은 점차 약해져 갔다. 시대 변화에 대응할 수 없었던 것이다.

한편 살아남은 양판점은 상품을 전문화하면서 '고객'을 계속 맞이할 수 있었다. 소비자 니즈를 공들여 예측하고, 스스로 '변화대응'을 지속함으로, 소비침체 시대에서도 꾸준히 성장하며 살아남았다.

이러한 시대를 겪으며 일본 편의점도 성장해왔다. 세븐일레븐, 로손, 훼미리마트의 3대 편의점이 대표적으로 보여주듯이, 일본 편의점 업계가 소비침체 시대에도 꾸준히 성장할 수 있었던 이유는, 항상 '소비자'와 밀접하게 접하고 그들의 생활 방식이나 니즈를 민감하게 감지하면서 지속적으로 자신의 판매방식을 변화시켜왔기 때문이다.

이제 편의점은 식품이나 일용잡화뿐 아니라 서비스, 금융, 택배 등으로 분야를 넓혀 소비자 일상생활에 대응하고 있다.

대응 방법을 생각하더라도 성과 없는 회의를 반복해서는 안 된다. 정말로 고객이 원하는 것을 찾아 이것을 기본으로 고객의 니즈를 확인하고 이 니즈에 대한 해결책을 찾는다. 이것이 불가능하다면 진정한 '변화대응'과 '솔루션'이 아니다.

양판점은 아무래도 매장 규모 때문에 매장 개수가 한정되어 고객이 일부러 찾아가야만 한다. 반면 편의점은 고객이 필요로 할 때면 언제나 손닿는 거리에 있다. 그만큼 매일 고객과 접할 기회가 더 많다.

이런 기회를 더욱 유용하게 사용하도록 편의점의 계산대는 일부러 고객과 마주 보도록 만들었다. 효율을 따지는 양판점의 계산대와는 다르다. 편의점에서는 매장 점원이 고객과 마주한 응대가 가능하다.

마주 보고 응대하며 얻어진 정보는 본부 및 매장과 공유하여, 변화대응, 상품제조, 품목구비, 주문 수발주 등, 유효한 시스템을 통해 최대한으로 활용된다. 이것이야말로 일본 편의점을 지금의 위치까지 지속해서 성장시킬 수 있었던 성공의 주요 요인이다.

유통은 고객이 보이지 않게 된다면 그걸로 끝장이다.

일본의 '잃어버린 20년'에서 배우다

최근 한국 분들이 종종 질문하는 화제가 있다.

일본사람들은 어떻게 '잃어버린 20년'이란 불황의 시기를 보냈느냐는 질문이다.

한국에서 소비불황의 폭풍은 더욱 거세지는 것 같다. 소비를 지탱해주던 중국인 관광객도 줄어들었다. 반면 경제적으로 위축되어 있던 일본 경기는 어느 사이엔가 약간 호전되면서, 뒤처지는 듯한 불안을 느끼는 사람도 많은 것 같다. 하지만 실제 일본인 대다수는 그렇게 경기가 호전되었다고는 느끼지 않는다. 미래의 소비세 10%*에 불안해하며 아베노믹스 목표 중 하나였던 물가상승으로 무척 힘들어하는 실정이지만, 한국은 이보다 더 혹독한 것 같다.

한국은 원화강세와 소비불황에 허덕이고 있다. 일본의 '잃어버린 20년'을 참고해야만 하는 것 아니냐는 분위기이다.

---

* 아베 정권은 2015년 10월 소비세율을 현행 8%에서 10%로 인상할 계획이었으나 두 차례 연기 끝에 현재는 2019년 10월 인상으로 예고되어 있다.

질문하는 분 중에는 당연히 유통 관계자도 많지만 언론 쪽이 더 열심이다. 뉴스의 입장에서는 독자들이 요청한 내용이겠지만, 그래도 조금은 안타깝다.

'잃어버린 20년'을 일본인은 어떻게 견디며 살아왔느냐는 질문을 받을 때마다 나는 이렇게 대답했다.

"일본의 디플레이션은 일본 경제로서는 나쁜 악이었지만, 경기침체 가운데 있는 소비자로서는 살아가는데 많은 도움이 되었다"고.

이렇게 말씀드리면 언론인들은 충분히 이해해주었다.

사실 지금까지 몇 번이나 언급했지만 유통은 소비자를 둘러싼 환경 변화에 항상 지속해서 대응해 가야만 하는 업종이다. 따라서 불황이 닥치면 불황에 맞서 변화하면서 살아남고, 거기로부터 다음 변화에 맞서며 성장해가는 수밖에 없다.

편의점은 그 전형이다. 성장의 과정 중에 과점화되었지만 이것은 편의점의 진정한 의미를 이해하지 못했던 기업이 탈락했던 것뿐으로, 소비의 '변화대응'에 적응한 기업은 모두 성공했다.

외식산업도 저가격 노선을 걸어온 기업이 '잃어버린 20년'에서는 승자가 되었지만, 아베노믹스가 시작된 이후로는 저가격 노선을 지탱해온 과중한 노동이 표면화되면서 저가격 노선을 지속하기가 어려워졌다.

저가격을 지탱해준 엔고 시대에는 원료조달을 해외에 의존할 수밖에 없었지만 그만큼 해외에서 발생한 문제가 소비자의 불신감을 초래하며 실적이 부진해진 기업도 생겨났다.

'잃어버린 20년' 시대에는 저가격 노선이 소비자 생활을 지켜줬던 것도 사실이다. 일이 없어 급여가 오르기는 커녕 오히려 떨어지기만 하는 시대를 살아가는 소비자로서는 저가격이 구원의 신이었다.

예전에 일본 대형 급식업체 관계자와 이야기할 기회가 있었다. 이 기업은 전국 1,800개나 되는 기업에서 급식을 담당하고 있었는데, 이 '잃어버린 20년' 동안은 어떻게 하면 타사보다 싸게 할 수 있을까가 생존을 위한 주요 과제였다고 한다. 그런데 최근엔 어떻게 하면 매력적인 급식을 제공할 수 있을까가 주요 과제가 되었다고 한다.

어느새 싼 것만으로는 '싸지만 맛이 없다'는 기업 직원들의 불만을 초래하여 계약을 파기하는 시대가 된 것이다. 지금까지는 싸게 제공하면 선정되었지만 시대가 변하여 지금은 기업급식에도 '쁘띠 사치*'를 도입하지 않으

* 쁘띠petit는 프랑스어로 작다는 뜻. 일본에서 시작된, 적은 비용으로 비교적 큰 만족감을 얻는다는 새로운 소비 방식

면 살아남지 못하는 시대가 되었다.

이를 위해 기존 급식에서는 사용하지 않았을 고급 식재료도 사용하며, '쁘띠 사치'의 요구에 부응하려 한다고 한다.

지금 한국에서는 CJ푸드빌이 시작한 '계절밥상'이라는 한국요리를 고수한 뷔페가 인기이다. 이랜드는 '자연별곡' 신세계는 '올반'으로, 여러 기업이 차례로 진출했다. 어느 곳이든 2시간 대기는 당연할 정도로 인기가 높다.

이런 업태는 일본에서 과거 20년 전쯤에 유행하기 시작했던 자연식 뷔페가 모델이다. 일본에서는 최근 인기가 시들해지며 폐점하는 가게도 많다. 자연식 뷔페는 일본의 '잃어버린 20년'에서 태어난 틈새 업태였다. 이것이 한국에서는 지금 한창 인기라는 점도 생각해볼 일이다.

디플레이션과 규동

　일본은 '잃어버린 20년' 동안 유통이나 외식 단가가 좀처럼 오르지 못했다. 디플레이션의 대표 음식으로 '규동(소고기덮밥)'을 떠올리는 사람도 있을 것이다.

　버블이 붕괴한 1993년 무렵 규동 가격은 400엔으로 안정적이었다. 그런데 1986년부터 1994년까지 진행된 우루과이 라운드에서, 일본의 소고기 관세율은 50%에서 38.5%로 단계적 인하가 결정되었다. 이 무렵부터 규동의 가격인하 전쟁이 시작되었다. 소고기 수입가격은 TPP(환태평양 경제동반자 협정)로 인한 추가 인하도 결정되었다. TPP는 발효 시점에 27.5%로 그리고 16년간 단계적으로 9%로까지 인하하기로 결정했다.

　소고기 관세가 인하된 1995년부터 규동은 250엔과 400엔 사이에서 가격이 심하게 요동쳤다. 2003년 12월에는 미국 BSE(광우병) 발병을 계기로 미국산 소고기 수입이 금지되며 규동 가격이 한동안 인상되었지만, 2008년 9월의 리먼사태를 계기로 다시금 불황이 닥치고 소비가 침체되면서 바로 가격인하 전쟁으로 빠져들었다.

평론가 중에는, 체인점을 운영하는 외식산업 중에 요시노야*의 규동은 타의 추종을 불허하는 맛이므로, 소비자가 길들여졌다고까지 느끼기 때문에 요시노야 만큼은 부진에 빠지지 않을 것이라고 말하는 사람도 있었다. 하지만 스키야가 점포수에서 요시노야를 앞지른 무렵부터 요시노야의 실적이 부진에 빠지더니 한때 규동의 왕좌를 빼앗기는 사태로까지 떨어졌다.

평론가는 이 사건을, 저가 공세로 소비자가 스키야를 자주 찾게 되면서 스키야의 맛에 길든 것으로 분석했다. 이 말을 듣고 나는 평론가의 '변화대응'이 민첩함에 감탄했다.

보통은 아무리 가격을 인하하고 싶어도 원가가 상승하면 당연히 제품 가격도 상승할 수밖에 없다. 하지만 일본의 '잃어버린 20년' 동안에는 이것이 어려웠음을 규동 사례가 말해 준다.

당시 소비자는 좌우지간 싼 물건 쪽으로 달렸다. 이에 맞추려면 원재료를 싸게 구매해야만 했다. 여기에는 일본 특유의 유통구조가 가격인상을 어렵게 만들었던 현실적 요소도 있다.

• 요시노야(吉野家), 스키야(すき家) , 마쓰야(松屋)는 일본의 3대 대형 규동 체인점으로 저렴한 가격으로 서민들에게 인기이다.

일본의 관용어 중에는 '엿장수 맘대로는 안 된다そうは 問屋が卸さない*'란 말이 있다. 일본의 경우 도매상의 존재가, 바로 이 어구의 의미대로 가격인상 억제의 일익을 담당했다.

규동의 경우가 그랬다. 도매상은 재고 기능과 구매력으로 시세를 최대한 억눌러 원료의 가격인상을 억제함으로, 규동의 가격 전쟁을 거들었다.

한국, 미국, EU의 주요 국가에도 도매상은 존재하지만 그 기능과 존재감은 일본에서 더욱 돋보인다.

미쓰비시식품三菱食品, 고쿠분国分, 니혼악세스日本アクセス 등의 기업 이름을 들어본 적이 있으리라 생각하는데, 이 기업들은 일본을 대표하는 도매상이다.

평소 소비자 측에서 보면 이 도매상의 존재는 그다지 보이지 않지만, 중간유통을 담당하는 도매상은 일본에서는 무시할 수 없는 존재이다.

미국이나 한국의 경우에는, 소매업체와 공급을 담당하는 제조업체가 직접 상담하고, 제품도 제조업체가 직접 소매업체의 창고나 센터로 직송한다. 또 창고나 센터로부터 소매업체가 직접 매장 배송을 하므로 시장 시세를

• 직역하면 '그런 가격에 도매상이 도매하지 않는다'로 도매상의 가격 조정 기능으로 가격이 생각대로 바뀌지는 않는다는 의미

좌우할 요인이 적다.

하지만 일본은 이 중간에 도매상이 들어간다. 도매상은 물류뿐 아니라 재고관리 및 영업 기능도 담당한다. 이 때문에 도매상은 제조업체와 편의점, 양판점, 외식업체 사이에서, 미국이나 한국보다 더 많이 시세에 관여한다.

미국이나 한국의 방식으로는 제조업체와 양판점 및 외식업체 사이에서 직접 가격이 결정되므로 가격은 직통으로 소비자에게 전달된다. 시세는 두 업체 사이의 수요와 공급으로 좌우된다.

그런데 일본은 이 둘 사이에 도매상이 존재한다. 심지어 일본에서는 소매업체가 일단 원가인상을 받아들였어도, 도매상이 지닌 구매력으로 원가인상 이후 제조사로부터 인상분을 보전받아 이것으로 다시 소매업체를 보전한 일도 있었다. 직접 거래 구조에는 없는 부분으로, 복잡한 상업 거래로 도매상이 가격상승의 흡수 기능을 담당했던 적도 많다. 또 도매상에는 구매력이 있기 때문에 시세를 좌우할 힘도 지니고 있다. 규동의 가격전쟁이 지속될 수 있었던 것도 도매상과 같은 일본 특유의 유통구조 덕분이라고 생각한다.

지금 한국에서 소비는 불황이지만 소비자물가는 오르고 있다. 불황 당시 일본의 소비자물가는 마이너스였다.

이 점을 본다면, 과거의 일본과 똑같은 디플레이션 악순환에 빠질 위험성은 낮다. 따라서 한국 분들이 조금은 안심해도 괜찮으리란 생각이다.

유통의 미래를 그리다

2013년 7월 16일자 중앙일보에, 김관기 시사미디어 본부장이 쓴 칼럼 '일본 경제의 부활에서 배운다'가 게재되었다.

최근 도쿄를 방문한 김관기 본부장은 도쿄의 쇼핑가와 식당, 차량 정체 등에서 활기가 되살아나고 있음을 느꼈던 것 같다. 그는 한국에 있을 당시에는 아베노믹스로 금융완화가 진행되긴 했어도 성장전략에는 진척이 없는 것으로 알았는데, 도쿄에 다녀오니 그게 아니었음을 실감했다고 한다.

기업은 구조개혁에 성공하고, 정치권은 산업개혁과 규제개혁에서 산업계와 손을 잡았다. TPP 시대가 오면 일본의 폐쇄성도 획기적으로 개선되리란 기대감을 품었다고 한다. 아베노믹스 효과가 기업뿐 아니라 가계 부문도 개선하면서, 취업률이 97%에 이르는 것에 감탄하기도 했다.

또한 일본 경제가 단지 엔저에만 의존하는 것이 아니라 기업의 구조개혁으로 국제 경쟁력이 부활하고 있다고 평가했다. 지금까지 계속 일본은, 경제가 해야 할 일과 해서는 안 될 일을 한국에 보여줘 왔는데, 지금의 한국은 일본이 '잃어버린 20년'에서 애써 보여준 잘못된 선택을 굳이 택하려는 것은 아닌가 하는 우려로 이어졌다.

나는 이 기사가 게재된 중앙일보뿐 아니라 다른 많은 신문사로부터 '잃어버린 20년'에 관한 여러 가지 질문을 받아, 이것에 대한 의견을 피력해 왔다.

일본은 분명 전후에, 경제에서는 한국보다 앞서서 여러 가지를 경험하며 성공시켜 왔다. 그리고 세계적으로 유례가 없는 디플레이션 악순환에 빠져 '잃어버린 20년'이라 불리는 실패를 경험했던 것도 사실이다.

칼럼 중에는 일본의 정치권과 산업계가 손을 잡았다는 평가가 있는데, 이 점이 지금의 한국에서는 어려운 부분인 것 같다. 한국의 유통이나 외식산업 환경이 현재 혹독한 것은, 정치권이 약자를 보호한다는 대의명분으로 대형할인점의 주말 휴업을 규제하고 프랜차이즈의 가맹점주를 지킨다는 명목으로 프랜차이즈 업계에 여러 가지 규제를 가하는 것과도 관계가 있다. 김관기 본부장이 우려하는 것에는 이런 부류의 사정도 있을 것이다.

일본에서도 정치권에 의한 유통업 규제는 있었다. 대점법이 좋은 예이다. 대점법大店法*은 1973년에 제정되어 세계화가 진행되던 2000년에 폐지되었다. 시대의 흐름에서 보면, 일본의 버블이 붕괴한 1990년부터 완화되기 시작하여, 법으로도 주요 지방도시 상점가가 쇠락하는 것을 막지 못하고 세계로부터의 압력도 생기자 결국에는 폐지되었다.

유통의 기본은 고객이다. 대점법의 추진은 기존 상점가 보호가 주된 목적이었다. 하지만 기존 상점가가 고객에게 매력적인 상품을 제공하지 못하면 보호는 결국 보호일 뿐이고 고객이 다시 찾아올 만한 활기는 잃어버리고 만다. '보호'라는 말을 생각해보면 '소멸해가는 것을 지킨다'라는 의미가 강하다. 법률로써 새의 멸종을 막는다는 보호조保護鳥라는 말이 있긴 하지만, 유통업계에서 '보호'시키는 업태는 이미 그 역할이 다한 것이다.

유통은 항상 고객 니즈에 대응해 나가야 하는 것이 숙명이다. 정부로부터 어떠한 보호가 있어도 고객에게 버림받은 업태는 생존할 수 없다.

한국은 지금 고령화 사회가 도래하고 있다. 아직 일본에 비해 20년 정도 시차가 있지만 앞으로는 일본보다 심각한 고령화 사회로 돌입할 것이다. 이런 사정도 한국인

• 영업시간, 휴일일수 등 대형 매장의 영업을 엄격히 제한했던 일본의 대규모 점포 규제법

이 '잃어버린 시대'로 돌입하는 것을 진짜로 두려워하는 이유 중 하나이다.

확실히 일본을 반면교사로 삼아 대응책을 취해야 하겠지만, 여기서 중요한 것은 두려움에만 사로잡혀 있어서는 안 된다는 점이다.

인간의 심리란 재미있다. 몇 년 전 미국에서 유행하며 많은 책과 비디오가 출간되었던 '끌어당김의 법칙'이라는 것이 있다. '끌어당김의 법칙'을 간단히 말하면, 원하는 것을 간절히 바라면 본인 믿음의 힘으로 반드시 이룬다는 내용이다.

그러나 여기에는 주의사항이 있는데, 두려움을 느껴서 거기서 벗어나려 할 때는 그 두려움을 완전히 없애는 것이 중요하다는 점이다. 왜냐하면 인간은 약한 존재이기 때문에 이 두려움의 원인을 '두렵다'고 생각하는 감정이 남아 있으면 아무리 행복을 염원해도 그 반대 측에 있는 나쁜 것을 불러들이게 되기 때문이라고 한다. 즉 아무리 행복해지고 싶다는 염원을 하더라도 그 이면에 '불행해지고 싶지 않아'라는 불안이 강하게 달라붙어 있으면, 오히려 이 불안을 불러들이고 만다는 것이다.

한국인들도 '일본의 잃어버린 20년'을 너무 지나치게 걱정한다면, 반대로 이것에 사로잡혀버릴 수도 있다. 중

양일보 기사가 지적하듯이 일본을 반면교사로 삼아 참고하는 것은 좋지만, '잃어버린 20년'이 될까봐 너무 두려워하지는 말았으면 하는 바람이다.

분명히 예전의 일본 상황과 지금의 한국 상황이 비슷하다는 것은 알고 있다. 알지만 이 20년 동안 한국은 세계에서 인정받는 경제대국으로 성장했다. 일본에 따라붙은 것도 있지만 일본을 넘어선 놀라운 면도 많다.

인구 비율에서 고령화가 진행되고 일본과 마찬가지로 고령화 사회로 나아가는 것은 어쩔 수 없는 일이다. 하지만 뒤집어 말하면, 일본에는 과거 20년간 행했던 고령화 사회 대책에 대한 성공과 실패의 사례가 있기 때문에 이것은 더없이 좋은 참고가 될 수 있다.

일본을 잘 분석하면 고령화 사회에서 지금 한국 정부가 꼭 해야만 하는 일이 틀림없이 보일 것이다.

그리고 경제에 대해 말하면, 디플레이션은 경제의 일시적인 현상이다. 과거에도 디플레이션은 항상 반복되었다.

한국에서 유통의 세계에 몸을 담그고 있는 분들에게 "고객 니즈의 변화를 항상 놓치지 마시기 바랍니다"라는 말을 전하고 싶다.

역사 깊은 도시에서 '관용과 개방의 정신'을 배우다

예전에 한국의 중앙일보에 게재된 '매력적인 국가의 조건'이란 기사를 흥미롭게 읽었다.

이 기사는 벽란도라는, 현재 북한 개성의 북서쪽에 위치한 오래된 국제무역항을 소개하는 것으로 시작되는데, 나로서는 처음 듣는 도시의 이름, 그 발음 소리에 흥미가 끌렸다.

태조 왕건에 의해 건립된 고려의 수도는 개성이지만 당시에는 개경이라 불렸다. 고려는 918년 태조 왕건에 의해 통일되었고, 1392년에 조선 왕조의 초대왕인 이성계에게 멸망당할 때까지 지속되었다.

고려시대 벽란도는 일본으로 치면 메이지시대 도쿄에 대한 요코하마 같은 도시였던 것 같다.

당시 고려는 이 벽란도를 국제무역항으로 육성했다. 중국의 송으로부터는 견직물이나 약제, 서적, 악기 등을 수입했고, 한편으로는 자국의 금, 은, 인삼 등의 원료를 비롯해 종이, 붓, 먹, 부채, 나전칠기, 화문석 등의 수공예품을 수출했다.

이 시대에는 많은 아라비아 상인들도 수은, 향료, 산호 등을 고려에 수출하기 위해 이곳에 왔으며 그들이 고려란 이름을 COREA로써 세계에 전했다고 한다. 현재의 'K'로 시작하는 이름 이전에 있었던 코리아의 기원이다.

한강, 임진강, 예성강이 합류하는 파도가 넘실대는 푸른 장소.

벽란도의 '란澜'은 파도를 의미한다. 세 강의 합류로 파도가 일어나며 푸른 바다로 이어진 길, 이곳이 벽란도였다. 화려한 문화의 꽃을 피우고 '고려가 세계를 품었다'고 표현한 땅. 국제적 색채로 풍부하게 장식된 당시의 아름다운 거리 모습이 연상된다.

이 기사에서 흥미로웠던 점은, 벽란도가 아시아의 대표적인 무역항이 될 수 있었던 것은 특유의 개방적인 다문화 정신을 지녔었기 때문이라는 분석이었다.

당시의 수도인 개성도, 거리에는 송, 거란, 여진을 비롯한 아라비아 상인들이 왕래하던 화려한 모습의 국제도시였다고 한다. 외국에서 들여온 물품은 새롭게 고려의 정신을 담아 재창조되었고 이것 또한 실크로드를 통해 세계로 퍼져나갔다.

이 벽란도 정신이 '매력 국가'의 필수 요건이라고, 신문에서는 '오래된 미래'란 말로 표현하고 있었다.

경희대 정진영 부총장(국제관계학)은 '오래된 미래'를 이렇게 빗대어 말했다.

"17세기의 네덜란드도 관용과 개방의 이념을 기반으로 많은 인재와 문화를 받아들이며 매력적인 국가로 부상했다. 고려시대의 벽란도도 성공한 개방정책의 대표 사례다"(중앙일보 일본어판)라고.

'관용과 개방의 정신'이 있는 곳에서는 외국인들이 장사하기 쉽다. '그것은 안 돼, 이것도 안 돼'여서는 아무것도 할 수가 없고 또한 아무것도 하고 싶지 않게 된다. 폐쇄적인 정신으로 가득한 땅, 그곳으로는 아무도 가려하지 않을 것이다.

당시 벽란도에서는 중국의 과거제도를 도입하는 등 적극적으로 국가 요직에 외국인을 등용했다고 한다. 요직을 맡은 중국인만 40명이 넘었으며, 몽골, 아랍인도 국정에 참가했다고 하니 놀랍기만 하다. 귀화한 일반 외국인만도 전체 인구의 8.5%를 차지할 정도로 다문화 사회였다고 한다.

한국이 매력적인 국가가 되기 위해 벽란도가 지녔던 '관용과 개방의 정신'을 재검토하자는 기사에는 외국인인 나도 공감이 갔다. 내가 서울에 있던 당시에는 삼성, 현대, SK, LG, 롯데와 같은 재벌이 이런 '관용과 개방의 정신'을 가지고 있었다.

내가 서울에 살기 시작한 1998년 무렵의 한국은, 1997
년 외환위기에 빠져, 그해 2월에 대통령으로 취임한 김
대중 대통령 지휘 하에 IMF에 의한 재정재건을 목표로
하던 시기이기도 했다.

'금융기관의 구조조정과 구조개혁' '통상장벽 자유화'
'외국자본투자의 자유화' '기업 지배구조의 투명화' '노동
시장 개혁', 이것들이 국제협력 하에서 차례차례 시행되
고 있었다.

특히 '통상장벽 자유화'와 '외국자본투자의 자유화'로
전 세계에서 사업가가 모여들며 '관용과 개방의 정신' 아
래 거리는 활기로 넘치었다.

하지만 최근 몇 년간 한국을 보면, 그 당시 발생했던
악영향을 없애려는 건지, 어느새 '관용과 개방의 정신'을
망각해버렸다는 생각이 든다.

벽란도 정신을 이제 다시 서울로 되찾았으면 한다.

'관용과 개방의 정신'이 넘치는 도시로서 세계를 품는
것이, 한국에게는 지금의 침체기를 극복하는데 필요한
국가로서의 '변화대응'이다.

제8장

일을 한다는 것

편의점은 거리의 '솔루션 매장'

2013년, 세븐일레븐재팬은 창립 40주년을 맞았다. 도쿄에 있는 그랜드프린스호텔신타카나와 연회장에서 개최된 세븐일레븐 40주년 기념 파티에는 나도 세븐일레븐의 OB멤버로서 초대되었다.

연회장에서는 세븐일레븐의 40년 발자취를 30분 정도의 영상으로 소개했다.

제목은 '끝없는 도전'.

이 영상 중에는 인상적인 장면이 있었다. 세계적 경제학자인 고 피터 드러커가 전하는 이야기였다.

"이토요카도에서 매우 감탄한 부분은 세븐일레븐이다.

개인이 운영하는 상점에 미래의 수입을 가져다줄 방법을 고안했다.

위대한 사회혁명이다."

편의점이란 본래 고객의 '솔루션 매장'이어야 함을 지금까지 수차례 이야기했다.

하지만 여기서 말하는 '고객'이란 편의점을 방문하는 소비자뿐 아니라 거리의 개인 상점이나 중소기업에서 고

생하는 사람들도 가리킨다.

개인으로는 지속하기 어려운 장사라도 편의점이라는 다른 형태를 취하면 지속할 수 있다는 의미에서, 편의점은 소유자에게 하나의 '솔루션' 즉 가능성을 제시해 준다.

예를 들어 일본의 경우를 이야기하면, 일찍이 동네에서 장사해온 술집이나 쌀가게가 국가의 법률 개정으로 기존의 기득권이 사라지자 이익을 낼 수 없게 되면서 폐업할 수밖에 없는 가게가 많았던 시절이 있었다. 그런데 이러한 개인 상점의 문제를 해결하였던 것이 편의점이었다.

일본에서는 40년 동안 몇 차례 유통에 관한 법률개정이 있었다. 특히 1995년 식량법 제정으로 누구라도 쌀을 팔 수 있게 되면서 거리의 쌀가게는 갑자기 경쟁사회에 휩쓸려 버렸다. 그때까지 쌀가게는 마을의 중요한 식량 공급기지로서 다른 업종의 가게가 진입할 수 없는 사업이었지만, 법률개정으로 사람들은 쌀가게가 아닌 곳에서도 쌀을 살 수 있게 되어버렸다.

경영이 어려워진 쌀가게 중에는 폐업을 고려한 사람도 많았다. 대대로 쌀을 생업으로 이어왔던 가게가 다른 업종의 진입으로 경쟁이 격화되자 사업 승계가 어려워진 탓이다.

쌀가게는 비교적 좋은 위치에 가게를 낸 경우가 많아

서 그곳을 다른 가게에 임대하는 것도 선택할 수 있었던 하나의 방안이었다. 하지만 그렇게 되면 오랜 기간 심혈을 쏟아왔던 장사를 할 수 없게 되어 버린다.

여기에 나타난 또 하나의 선택 방안이 세븐일레븐을 필두로 당시 빠르게 성장하던 편의점이었다.

이 무렵 세븐일레븐은 창립한지 20년을 넘기며 거리의 편리한 가게로 완전히 인식되어 있었다. 하지만 아직 점포수는 6,373개에 불과한 규모였다. 따라서 기존에 장사하던 쌀가게가 세븐일레븐의 신규 매장으로 개점한 경우도 많았다.

비슷한 일은 주점 업계에서도 일어났다. 주류 판매면허가 완화되어 일반 슈퍼에서도 술을 살 수 있게 되자, 술집 중에는 경영이 어려워지며 가게를 닫으려는 사람도 많았지만 편의점 사업으로 전환하고자 했던 사람도 있었다.

편의점 본부로서도 술집은 이미 주류 판매면허를 가지고 있으므로, 그들이 그대로 간판을 바꿔달고 편의점을 경영해준다면 대환영이었다. 편의점 업계에서 서로 쟁탈전을 벌였던 가맹점주도 많았던 기억이 난다.

쌀가게와 술집을 예로 들었지만 이것 외에도 기존 가게를 편의점으로 바꿔서 성공한 소매점은 많이 있었다.

드러커 씨는 이런 측면에서 세븐일레븐을 높이 평가했던 것이다.

한국에서는 최근, 재벌이나 대기업이 개인 상점과 중소기업이 운영하는 소매업으로 진출하려는 것을 국가가 막는 사례가 늘고 있다. 하지만 재벌이나 대기업의 독점을 저지하려다 본질을 놓치는 경우도 많은 것 같다는 생각이 든다. 약자에게 불공정한 사례는 계속 바로잡아야겠지만, 대기업이 소매로 뛰어드는 사업은 모두 '악하다'로 일방적으로 단정해버리는 풍조는 과연 괜찮은 것일까.

확실히 한국의 기존 편의점 사업 중에는 한국 정부가 유감을 표하더라도 어쩔 수 없을 것 같은 매장도 있었다. 편의점이라는 형태만 도입하여 프랜차이즈 사업으로서 점포수 늘리는 것에만 집중하였기 때문이다. 그래서 인구는 일본의 약 40% 정도인데, 점포수만은 급속히 늘면서 2만 5천 개를 넘어서 일본의 절반 가까이나 된다.

나는 "한국의 편의점을 어떻게 생각하십니까?"란 질문을 종종 듣지만 그럴 때면 "점포수만 편의점입니다"라고 대답한다.

점포수만 보면 멋지게 성공한 것처럼 보이지만 그 내막엔 아직 개선의 여지가 많다. 점포수를 늘리고 싶은 마음에서, 매장 위치나 그곳에서의 사업성 검증도 등한시

한 채 일단 오픈해버리는 경우도 많다. 가맹점주 희망자에 대한 자세한 조사 없이 매장을 열어버리기도 한다. 그 결과 인근 주민이나 직원들과 문제를 일으키거나, 매장 자체에 이익이 나지 않으면 본부로부터 착취당했다 말하는 문제가 일어나기도 한다. 이런 점을 개선해 나가야만 정부나 사회가 가지는 편의점에 대한 이미지도 향상될 것이다.

기존 중소소매점에서 또는 그 반대의 대형 백화점이나 할인점에서는 하지 못하는, 세세한 니즈에 대응한 상품력과 서비스는 편의점으로서 가장 자신 있는 분야이다. 앞으로 이 문제를 제대로 해결하면서 현지사회가 인정할만한 방향성을 명확히 제시한다면, 반드시 거리의 '솔루션 매장'이란 사명을 틀림없이 완수할 수 있으리라 생각한다.

이 장에서는 한국이라는 테두리를 벗어나 내가 생각하는 편의점 업태의 바람직한 모습을 엮어가고자 한다. 현재 많은 나라에 편의점은 존재한다. 나라마다 사정은 있겠지만, 결국 편의점으로서 '고객 생활을 편리하게 한다'라는 궁극의 목표는 바뀌지 않을 것이다.

이제 여기서 한 번 더, 편의점이란 어떤 것인가를 여러분 모두에게 알려주고자 한다.

앞장에서는 일본의 '잃어버린 20년'을 이야기했다. 일본에서는 이 시기에 양판점이 크게 바뀌었지만 동시에 슈퍼, 백화점, 편의점 매출에도 변화가 있었다.

1998년 매출액을 보자. 당시 슈퍼 업태의 매출은 16.8조엔, 백화점이 9.1조엔, 편의점은 6.1조엔 규모였다.

이러던 것이 10년이 지난 2008년에는 슈퍼가 13.2조엔, 편의점이 백화점 매출을 넘긴 8조엔, 백화점은 7.3조엔이 되었다.

슈퍼와 백화점 매출이 줄어드는 중에도 편의점은 착실히 지속 성장해왔다. 현재 편의점은 10조엔 규모의 업태로 성장하여 중장기적으로는 12조엔 시장이 될 것으로 예상된다.

이 성장의 원동력은 무엇이었을까를 돌이켜보면, 편의점이 솔선해서 시작한 '단품관리'의 성과였던 것 같다. 이것은 '단품'으로 상품 판매를 확인하고, 재고를 관리하며, 주문을 내는 관리방법이다.

'단품관리' 자체는 오래전부터 행해지던 방법이다. 예

전에는 수작업으로 재고를 헤아려 상품의 이동을 확인하던 작업을 가리키는 것으로, 1960년대 일부 양판점에서 행해졌었다.

이 단품관리가 더욱 진화하여, 1965년에 최소재고관리단위SKU, Stock Keeping Unit로 '단품' 개념을 도입한 기업이 있었다. 이것이 그 후 편의점의 수요주도형 운영기법으로 세련되게 다듬어져, 철저히 고객 수요가 있는 품목의 구비를 추구하는 업태로 진화했다. 게다가 이것은 '자기혁신'을 끊임없이 실천하기 위한 경영사상 체계로 진화해 갔다.

'단품관리'에서 가장 중요한 것은 매출이 부진하고 이익이 안 나는 '죽은 상품'의 파악과 제거이다. 그리고 이 작업에 공헌한 것이 편의점에서, 슈퍼에 앞서 미국으로부터 도입한 컴퓨터 관리 시스템인 'POS 시스템Point of Sales system'(판매시점 정보관리 시스템)이다.

편의점은 기존에는 없던 새로운 업태의 매장업무였기 때문에 이 단품관리 시스템에 곧 익숙해졌지만 슈퍼나 백화점에선 익숙해지는 것에 시간이 걸렸다.

이것은 슈퍼가 '단품관리'라는 사상보다는 '고객을 위해서는 무엇이든 갖춰두고 싶다'는 사상으로 발전해왔기 때문이기도 하다. 이 때문에 각 부문이 각각 재고를 관리하고 주문하는 기존 방식의 관리를 쉽게 변화시킬 수 없었다.

백화점은 슈퍼보다 더 오래된 체질이다. 유연하게 변화하는 것이 더욱 어려웠다.

한편 POS로 시작된 유통시스템의 변화는 편의점 서비스에 잇달아 새로운 힘을 부여해 주었다. 전 매장에 컴퓨터가 도입되면서 다양한 데이터 서비스가 편의점 매장에서 가능해졌다.

은행의 ATM, 공공요금 납부, 각종 티켓 판매 등, 기존에는 일부러 은행 등에 가서 지정 창구에서만 신청할 수 있었던 일을 가까운 편의점에서 대행할 수 있게 되었다. 이제 주민 투표도 편의점 매장에서 받을 수 있다. 그러면 편의점에 간 소비자를 따라, 구매 행동도 늘어난다.

'단품관리'에서 시작되었다고도 할 수 있는 '변화대응'의 정신은 앞으로도 편의점 성장의 핵심이 될 것임이 틀림없다.

팔리는 조건 만들기

편의점은 '단품관리' 개념을 확립하여, IT시스템 발전과 함께 소비자 수요를 주도해왔다.

여기서 기초가 되었던 것은 편의점 일상에서의 실무 이론화였다. 이 이론은 크게 6가지로 분류되는데 여기서 이것을 간단히 소개하겠다.

① 팔리는 조건 만들기
② 매일의 주문 및 매장의 미세 조정
③ 문제 파악과 해결
④ 구조 개혁
⑤ 연구 과제
⑥ 관리

간단히 이 이론들을 설명하고자 한다.

① 팔리는 조건 만들기
이것은 코리아세븐 시절을 그린 장에서 에피소드로

몇 가지 소개했다.

'팔리는 조건 만들기'란 요컨대 매장의 '청결'을 철저히 하고, 점원은 '친절'로 고객을 대하며, 진열 상품의 '신선도'를 유지해서 항상 좋은 상태로 관리하고, '가격'은 알맞게 설정하며, 각 상품을 설명해줄 'POP, 가격카드'를 제대로 표시하는 것이다.

이상의 것 모두가 함께 어우러져야 비로소 고객의 구매의욕이 솟아오른다.

그리고 또 한 가지 중요한 것은 '품절'을 기본으로 고려한다는 점이다. 상품 선반이 비어서 고객이 구매하려던 기회를 놓치지 않도록 해야 한다.

기회손실이 없도록, 그리고 죽은 상품이 선반에 놓이지 않도록, 단품관리를 철저히 하는 것이 '팔리는 조건 만들기'의 기본이다.

② 매일의 주문 및 매장의 미세 조정

매장에 진열할 상품은, 단품관리를 기반으로, 단순한 판매 동향 관리를 비롯해 매출에 영향을 주는 다양한 조건을 고려하여 선정해야 한다.

"이 상품(신제품 포함)은 매장에서 얼마나 팔릴까" "어떻게 하면 더 잘 팔릴까" 등에 관한 가설과 검증을 해보고 나서 주문을 한다. 또 상품을 단지 나란히만 놓는다고 좋은 것이 아니다. 매장마다 판매대를 미세하게 조정할 필요가 있다.

③ 문제 파악과 해결

우리는 항상 고객을 중심으로 고객 입장에 서서 모든 것을 생각해야만 한다. 이를 위해서는 매장 작업을 '검증'하고 여기서 도출된 문제를 파악하여 이 문제를 어떻게 해결할지 고민하는 작업이 필요한데, 이를 위한 노하우이다. 여기서는 고객을 중심으로 한 '가설'이 중요한 역할을 담당한다.

④ 구조 개혁

유통에서는 고객을 중심으로 수요주도형 운영을 하면서, 어디까지나 '고객이 무엇을 원하는가'란 가설을 세우고 이 가설을 검증하여 어떻게 고품질의 만족도 높은 상품을 진열할 것인가 또 지금 이상의 서비스를 어떻게 제공할 수 있을까를 고민해야만 한다. 항상 개혁 정신을 잊어서는 안 된다.

지금은 당연해진 서비스지만 공공요금 등의 납부 대행 서비스도 IT시스템 개혁의 성과로 탄생했다.

⑤ 연구 과제

'구조 개혁'과 마찬가지로 고객 수요에 대한 대응이 중심이지만, 여기서는 이것에 더해 사회 전체의 커다란 변화까지도 감안한다. 협의의 의미에서는, 매장이 고객에게 제시할만한 더 많은 상품과 서비스를 찾는 것을 비롯해 편의점이 할 수 있는 더 많은 사회의 잠재된 니즈를 찾는 것도 중요하다.

⑥ 관리

이 이론은 주로 매장의 '관리management'를 가리킨다. 아르바이트생 관리부터 해당 지역을 관리하는 본부의 책임자 관리, 가맹점주의 대응 요령에 이르기까지, 매장 운영 전반에 걸친 업무를 구체적으로 이론화한 것이다.

이 이론의 확립과 실천으로 일본 편의점은 오늘날의 번영을 일구었으며 이 중 대부분은 현재 외국의 편의점에서도 활용되고 있다.

우리가 고생해서 만들어낸 이 시스템의 기본은, 언제 어떤 상황에서도 고객이 중심인 수요주도형 운영이다. 철저히 고객주도의 시장에 대응해온 이 이론은 향후 여러 나라에도 도움이 될 것이다.

'판매자 시장'에서 '구매자 시장'으로

일본이 '잃어버린 20년'으로 들어서기 전, 그리고 편의점 업계에 앞서 설명한 수요주도형 운영이 시스템의 핵심으로 자리 잡기까지, 세상은 판매자 위주의 시장이었다.

판매자가 상품을 골라 넓은 매장에 진열하면, 소비자는 그곳으로 가서 방대한 상품 중에 자신이 원하는 것과 가까운 것을 선택했다.

하지만 편의점은 이 '소비자'를 보다 더 이해하는 것이 중요하다고 생각했다. 여기에는 편의점 매장이 좁은 것도 관계가 있다. 백화점이나 슈퍼는 광대한 매장 면적을 강점으로 발전해왔지만, 편의점은 불과 20평, 30평의 부지로 승부를 겨뤄야만 한다. 당연히 비치되는 품목의 수, 아이템은 한정된다.

어떻게 하면 좁은 공간을 효율적으로 활용할 수 있을까.

편의점에 들어온 고객이 "사고 싶은 물건이 없다"면서 아무것도 사지 않은 채 가게를 나서는 것이 아니라, 확실히 편의점에는 "사고 싶은 물건이 있다"고 생각하게끔 하려면 어떻게 해야 좋을까.

이를 위해서는 매장에 '잘 팔리는 물건'과 '그럭저럭 팔리는 물건' '거의 팔리지 않는 물건'이 막연히 혼재되어 있으면 안 된다. 팔리지 않는 물건이 상품진열대를 차지하는 바람에 어쩌면 잘 팔릴 물건은 진열조차 못 했을 수도 있다. 팔리지 않는 상품 요컨대 '죽은 상품'은 철저히 배제해야만 한다.

이것을 판별하기 위한 것이 단품관리이며, 그래서 등장한 것이 수천가지 품목 중에 어떤 것이 팔리는 상품이고 어떤 것이 '죽은 상품'인지를 알려주는 POS(판매시점 정보관리) 시스템이다.

각 매장 직원의 직감이나 확신에 의존하는 것이 아닌, 과거 어떤 상품이 어디에서 팔렸는가를 비롯한 다양한 정보가 가득 담긴 시스템, 이것이 POS이다. 이 이론과 IT 시스템을 활용하여 고객의 세밀한 니즈를 파악하며 편의점은 소비불황을 극복해왔다.

사실 이전에도 이론화까지는 아니지만 소비자 니즈 주도의 운영이 중요하다는 것을 알았던 사람이 있었다. 이 분의 노력이 없었다면 편의점도 '잃어버린 20년'을 극복하지 못했을지 모른다.

이 분은 1957년 고베에서 '주부의 가게, 다이에'를 창업한 나카우치 이사오다. 그의 사업 신념에는 항상 '소비자'가 있었다.

나카우치 이사오는 어쨌든 싸게 파는 것에 철저했다. '소비자'를 고려한 '염가 매출'을 표방하며 식품, 의류 제조업체를 포섭하여 유통의 힘을 높이는 것에 성공했다.

당시는 아직 제조업체의 힘이 강한 판매자 시장이었는데, '유통은 구매자 시장의 주역이 되어야만 한다'라며 유통이 주도권을 잡도록 노력한 분이었다. 다행히 식품이나 의류는 일상생활에서 빼놓을 수 없는 상품이어서 그는 항상 소비자 가까이에 있을 수 있었다. 나카우치 씨의 노력에 효과가 있어, 차츰 식품과 의류 분야에서는 제조업체도 나름대로 유통의 의향을 존중해주어 양측이 동반성장할 수 있었다.

다이에가 성공하며 시대의 총아로 호평을 받은 나카우치 씨가 다음으로 노린 것은 가전이었다.

당시 일본의 가전업체는 마쓰시타松下, 도시바東芝, 히타치日立, 미쓰비시三菱, 소니ソニー 등의 쟁쟁한 회사들이었으며, 이들은 텔레비전의 해외수출과 트랜지스터라디오의 세계적 성공 등으로 일본의 고도성장을 지탱해왔다고 자부하고 있었다. 완전히 제조업체가 주도하는 판매자 시장이었다.

당시 유통은 산업계에서 신분이 낮았다. 이런 시대에 나카우치 씨는 마쓰시타전기의 텔레비전을 염가로 판매하려다 마쓰시타전기를 상대로 한바탕 전쟁을 치러야했다.

유통의 역사에서 '다이에 마쓰시타 전쟁'으로 회자하는 일화로, 이 기간에 마쓰시타전기는 다이에로 상품을 일절 출하하지 않았다. 이 '전쟁'은 1964년부터 1994년까지 30년간 계속되었다.

결말은 마쓰시타전기가 다이에에 굽히는 형태로 끝났지만, 30년간이다. 마쓰시타전기도 대단하지만 나카우치 씨의 의지도 상당했다.

하지만 공교롭게 양측이 화해한 1994년, 이미 일본에 '잃어버린 20년'이 시작되면서 세상은 디플레이션을 향해 치달았다.

결과는 차치하더라도, 나카우치 씨의 30년에 걸친 전쟁의 공적은 컸다. 그때까지 판매자 시장 중심이었던 일본이 시대의 변화를 깨달아 구매자 시장의 중요성을 이해하게 되었다. 이것의 진화한 형태가 판매자와 소비자가 이해할 수 있는 현재의 수요주도형 운영의 확립으로 이어지는 하나의 계기가 되었다.

유감스럽게도 나카우치 씨는 이후 유통 무대를 떠났다.

1980년대의 일본 버블 붕괴는 극복되었지만 아직 완전히 버블이 붕괴하지 않았던 시기에 나카우치 씨는 본업인 유통 이외의 다른 사업으로도 투자를 계속하다가, 1990년대 후반부터 시작된 '잃어버린 20년'을 맞닥뜨리고 수요주도형 운영이란 시류에도 뒤처지며 유통 무대를 떠나게 되었다. 하지만 나카우치 씨가 있었기 때문에 오늘날 편의점의 핵심인 수요주도형 운영이 발전했던 것은 확실하다.

이후로도 일본의 가전업체는 해외에서 판매자 시장을 고수했다. 하지만 이들은 한국의 가전업체가 이미 해외의 니즈를 철저하게 파악하여 저가격 고품질의 상품을 생산, 출하하며, 일본 업체의 지위를 위협하기 시작했음을 깨닫지 못했다. 해외시장에서 거둔 텔레비전을 비롯한 가전의 성공에 만족하면서 과거의 성공으로, '일본의 가전제품은 비싸더라도 확실히 우수한 제품이므로 분명 계속 팔릴 것이다'란 생각에 빠져 태평하게 팔짱만 끼고 있었다.

일본의 성공을 추격하던 한국은, 그사이 해외 니즈의 변화를 확실히 이해하며 이에 능숙하게 대응해 나갔다. 샤프가 미국 전시회에서 삼성과 LG의 TV 디자인을 보고는 놀라서 황급히 자사 디자인을 반성하고 해외 수요에 맞춰 변경했다는 일화가 있는데, 이것은 세계의 흐름이 판매자 시장에서 구매자 시장으로 변화했음을 보여주는 상징적인 사건이다.

하지만 당시 해외 시장의 니즈를 헤아리던 한국 가전 업체들도 지금은 어렵다고 들었다. 소비자불황으로 불안에 사로잡힌 나머지 정작 자신이 나아갈 방향을 잃고, 당시의 일본 제조업체와 같은 실수를 범하고 있는 것은 아닐까.

소비자 니즈는 항상 유동적이어서 한 곳에 머무르지 않는다. 변화가 일어난 다음이면 이미 늦었다. 항상 변화가 일어날 전조를 찾으려는 자세가 어느 업태든 모두에게 필요하다.

POS는 중요하지만 전부는 아니다

앞서 '단품관리' 이야기 중에 '죽은 상품'을 파악하기 위해 POS 시스템이 발전했다는 이야기를 했다. POS는 이제 편의점 마케팅이나 주문을 위해 빼놓을 수 없는 편리한 시스템이지만, 취급에 주의가 필요한 측면도 있다. POS에 의지해버리면 보이지 않는 정보도 생기기 때문이다.

예전에 미국에서 세븐일레븐을 운영하였던 사우스랜드사는, 1991년 경영 파탄으로 일본 세븐일레븐을 경영하는 이토요카도 산하가 되었다.

세븐일레븐잉크로 사명을 바꾼 미국의 세븐일레븐은, 일본에서 경영을 재건한 세븐일레븐재팬에게, 일본에서 이미 활약 중이던 POS 시스템을 미국 매장으로도 도입해 달라고 요청했다.

"일본은 POS가 있어서 실적이 늘었다"면서.

그들이 보기에 일본에서 세븐일레븐이 이 정도로 성공한 것은, 정밀한 정보를 집어내는 POS의 존재 덕분이라고 생각했기 때문이다. 따라서 미국으로도 도입해 달라는 요청을 스즈키 도시후미에게 전했는데 호되게 야단을 맞았다.

"아무것도 모르잖아!"라면서.

POS는 이것을 사용할 줄 모르는 사람에게는 유용하게 활용되는 물건이 아니다. 오히려 그 안의 정보에 놀아나면서 눈앞의 상품 움직임이나 고객을 보지 못할 우려가 있다.

예를 들어 지난주에 판매된 어떤 상품의 수량 정보를 POS로부터 끄집어냈는데, 여기서 나온 정보에는 그다지 신통치 않은 데이터가 실려 있었다고 하자.

하지만 여기서 이 정보를 그대로 받아들여선 안 된다. 왜냐하면 이 상품이 고객 눈에 잘 띄는 선반 상단에 있었는지 아니면 가장 아랫단의 보이지 않는 곳에 있었는지 또는 전혀 팔리지 않은 상품 옆에 유해물질이 놓여 있었는지, 이런 정보까지는 POS에 들어있지 않기 때문이다. 이런 것은 숫자 정보로는 보이지 않는다. 눈앞에 있는 상품을 어떤 고객이 손에 집을지를 꾸준히 지켜보는 수밖에 없다.

스즈키 도시후미는 미국에 있는 세븐일레븐 매장에 전 상품을 매일같이 조사하라는 지시를 내렸다. 각각의 상품이 재고가 몇 개이며, 매일 몇 개씩 팔리는지, 현재 재고는 얼마나 있는지 등을 억척스러울 정도로 기록하게 했다. 그것도 매일매일, 전체 품목을 확인하라는 것이었다.

장사의 기본 중의 기본도 안 갖춰진 사람이 고도의 시스템을 갖추게 되면 정보에 놀아날 뿐이라는 확고한 생각이 거기에 있었다.

결과는 어떻게 되었을까.

미국으로부터 점차 "포테이토칩은 가장 아랫단에 놓인 것보다 윗단에 놓인 것이 잘 팔립니다!"라는, 너무 기본적이어서 웃음이 나오지만 진지한 놀라움으로 가득한 보고가 도달했다.

아마도 이것을 인식한 매장에서는 판매 장소에 대해 여러 가지로 공부가 되었을 것이다. 팔고 싶은 상품을 팔리는 선반에 두고, 언제까지고 팔리지 않는 상품이나 이렇게 저렇게 해보아도 팔리지 않는 상품은 놓아봤자 소용이 없다는 것도 알았을 것이다. 탁상궁리가 아니라 몸으로 직접 '단품관리'라는 개념을 체득한 것이다.

세븐일레븐재팬의 관리를 받으며 7년을 보낸 후, 마침내 스즈키 씨로부터 "좋아, 미국에 POS를 도입하게"라는 지시가 내려왔다.

그 결과 미국의 세븐일레븐은 전년 대비 두 자릿수의 성장을 보였다.

도구는 결국 도구일 뿐이다. 사용할 수 있는 사람이 실력을 갖췄을 때 비로소 도구는 활용된다. 장사에 비책은 없다. 매일매일 노력하는 사람에게는 누구도 이길 수 없는 법이다.

똑같은 봄은 다시 오지 않는다

　광고대행사에 때때로 조사를 의뢰한다. 소비자가 지금 무엇을 원하는지에 관한 데이터를 얻기 위해서다.

　하지만 빅데이터 자체에 그다지 미덥지 못한 구석이 있다. 소비자 동향 조사를 의뢰하면 두꺼운 보고서가 오는데, 이것을 보면 "그래서 어떻게 해야 좋다는 거지?"인 경우가 대부분이다.

　100명의 데이터를 취해서 그 평균을 보는 것으로는 팔리는 상품을 만들 수 없다. 각기 개성적인 의견이 있더라도 100이라는 숫자로 희석돼, 무난하지만 독으로도 약으로도 쓰일 수 없는 보고가 되어버리기 때문이다.

　오히려 이런 데이터에서 참고할만한 것이 있다면, 각각 마음대로 생각을 발산한 100명의 의견 그 자체. 이들의 목소리 중에는 불현듯이 "이거다!"라고 할 만한 번뜩이는 의견이 숨어 있다. 이것은 100명 중 단지 한 사람의 의견에 지나지 않을 수 있다. 냉정하게 생각하면 이 의견대로 제품을 만들어도 100명 중 한 사람 밖에는 사지 않을 수도 있다. 하지만 평균치의 상품을 만드는 것보다 훨씬 유익하다.

이것은 앞서 설명한 POS의 내용과 연결되는 이야기이다. 정보는 중요하지만 모든 정보가 그런 것은 아니다. 또 어느 각도에서 잘라낸 정보인지가 중요하기 때문에, 만 명에게 쓸 만한 정보란 결국 누구도 쓸 수 없는 정보이다.

매장은 입지, 고객 연령층, 남녀 구성비, 주변 환경에 따라 각각 필요한 제품이 다르다. 사무실가에서 잘 팔리는 상품이더라도 지방 주택가에 그 상품을 비치한다고 잘 팔릴지는 또 별개의 문제이다. 또한 같은 상품이더라도 그냥 다른 상품들에 줄지어 놓았는지 아니면 신경 써서 판촉을 걸었는지에 따라 당연히 판매 양상은 달라진다. 이런 전제 조건이 빠지면, '언제 어떤 제품이 얼마나 팔렸다'는 정보만 *끄*집어내서는 각각의 사례에 대응할 수가 없다.

사람들의 취향은 변한다. 과거에 팔리지 않았기 때문에 현재도 그럴 것이라고는 한정 지을 수 없다. 고객 자체가 변화하는 존재이기 때문이다.

한국 편의점에서 예전에는 미네랄워터인 에비앙을 매장에 두지 않았었다. 이유를 직원에게 물으니 "과거에 판매했었는데 그때 팔리지 않아서 이후로는 매장에 두지 않게 되었다"라고 대답했다.

하지만 이것은 그 과거 시점에서만 팔리지 않았던 것일지도 모른다. 사실 에비앙은 지금도 세계에서 가장 잘 팔리는 미네랄워터 중 하나이다. 몇 년 선에는 전혀 팔리지 않았어도 현재는 이미 백화점 매장에서 가장 잘 팔리는 물이 되었다.

확실히 예전의 소비자는 익숙한 한국의 물과는 맛이 달라 거부감을 지녔던 것일 수 있다. 하지만 그 후 시대가 흘러 해외 여행객이나 부유층이 늘었다. 해외 여행지에서 마셨거나 해외 식재료를 취급하는 매장이나 레스토랑에서 마실 기회도 늘었을 것이다. 그렇다면 지금은 한층 에비앙 맛에 익숙해져서 일상적으로 마시고 싶어 할 수도 있다.

고객의 경험이 변하는데 언제까지나 과거의 경험만으로 잘 팔리는 물건을 판단하는 것은 말도 안 되는 이야기이다.

이렇듯 POS는 과거의 정보를 많이 가지고 있지만 이것들은 참고 정도로만 해야 하고 결정요소로 사용해서는 안 된다. 본래 유통업에서 과거의 경험은 일절 통용되지 않는다. 중요한 것은 오직 자신의 머리로 가설을 세우고 이것이 정말로 그러한 것인지를 검증하는 작업뿐이다.

매년 똑같은 봄이 오고, 여름이 오고, 가을과 겨울이 도래한다. 하지만 과거와 똑같아 보이는 봄이어도 실은 그해 봄은 비가 적고 기온도 낮아 꽃의 색은 희미하고 채소 맛도 연할지 모른다. 가만히 생각해보면 '과거와 똑같은 봄'이 다시 올 리가 없다.

모든 것이 새로운 하루이므로 사람들의 심리도 항상 똑같은 상태로 유지될 리가 없다.

그러므로 매장을 항상 바꿔가야만 한다.

'봄이 왔으면' 하는 소비자 심리를 읽는다

편의점에서 봄은 중요한 계절이다.

2월은 봄이 시작되는 달이지만 실제 기온은 아직 낮아서 추위가 심하다.

하지만 소비자 심리는 다르다. 사람들은 이미 긴 겨울에 싫증이 나서 이제 슬슬 봄이 오면 좋겠다고 느낀다. 이런 봄을 향한 기대감이 실제의 기온과는 다른 소비행동을 일으킨다는 점이 편의점 사업의 재미있는 부분이다.

예를 들면 샌드위치나 햄버거 등은 기온이 따뜻해진 이후에 잘 팔리는 상품이지만 '봄을 손꼽아 기다리는 소비자 심리' 때문에 사람들은 2월에도 이런 상품을 집어들고야 만다.

아직 바깥 공기는 추워도 마음은 들뜬 봄 기분이어서 밝은 색상의 옷을 입고 거리를 걷는 여성이 있는 것이다.

그런 사람들이 편의점으로 들어왔는데, 매장 안은 아직 겨울 분위기다. 계산대 앞에는 따뜻한 어묵과 찐빵에 고기만두, 따뜻한 음료가 진열되어 있고 매장의 POP 광고에도 아직 겨울 디자인이 남아 있다. 게다가 잘 보면 살짝 먼지조차 덮여있다…… 이런 매장이라면 고객 기분은 엉망이 된다.

봄을 맞아 상품 전체를 상쾌하게, 판촉 자료 디자인도 새롭게 바꿔야 한다. 특히 매장 청결에는 한층 더 신경을 써야 한다. 상쾌한 봄에 더러운 매장은 어울리지 않는다. 밖이 침침한 계절에는 더러워도 괜찮다는 말이 아니라, 햇빛이 밝게 빛나는 계절에 매장 안이 반짝반짝 윤나지 않으면, 밝은 매장 밖과 대비되어 매장 안은 칙칙해질 수밖에 없다.

다음으로는 제품을 살펴보겠다. 2월의 편의점에 겨울용 장갑이나 두꺼운 양말은 필요 없다. 비록 아직 밖은 추워서 사람들이 코트를 껴입고 있더라도, 앞으로 곧 봄이 올 텐데 이제 와서 고객이 겨울 상품을 사겠는가?

계절상품은 계절에 앞서 판매를 시작하고 가장 먼저 매장에서 자취를 감추어야 한다. 성수기가 되면 할인점에도 다양한 상품이 풍부하다. 종류가 적은 편의점으로는 급한 경우가 아니라면 사람들이 일부러 사러 오지 않는다.

마찬가지로 자외선 차단제가 편의점에서 팔리는 것은 8월이 아니다. 5월이다. 아직 집에 차단제를 마련하지 않았는데 봄이 되어 갑자기 바깥 햇볕이 강해지면 사람은 당황해서 편의점으로 달려간다. 자외선이 가장 강한 것은 한여름이 아니라 봄이기 때문이다.

상품을 진열할 장소도 고민해야 한다. 만일 인기 상품이어서 일 년 내내 재구매가 많은 초콜릿비스킷 과자가 있다고 하자. 이 상품은 겨울에 가장 잘 팔리지만 다른 계절에도 꾸준히 팔리는 상품이다. 밖은 더워도 시원한 사무실에서 배가 출출할 때 간식으로 먹으려는 수요가 있기 때문이다.

이런 상품은 시즌이 끝나더라도 '죽은 상품'이 아니다. 날씨가 따뜻해졌다고 매장에서 치워버리면 아깝다. 그렇다고 봄, 여름처럼 기온이 오르는 계절에, 더운 길을 걷다가 매장으로 들어온 고객이, 우연히 눈에 띄었다고 해서 초콜릿비스킷 과자를 살 것 같지는 않다.

그렇다면 이 초콜릿비스킷을 비치할 장소는 어디일까. 겨울엔 계속 팔릴 것으로 기대되므로 맨 위 가장 눈에 잘 띄는 팔리는 공간에 두고, 봄이 되면 약간 덜 부각되는 두 번째 또는 세 번째 단으로 옮겨야 한다. 그리고 여름. 이때는 이 상품을 일부러 사러 오는 고객이 찾아내면 되는 것이어서 가장 아랫단에 두고, 윗단은 여름에 어울리는 시원한 과자에 자리를 내주어야 한다.

나는 이 책에서 장황하리만치 '변화대응'의 중요성을

반복했지만 어찌 보면 세상에는 정말 많은 '변화'가 잠재되어 있는 것 같다.

계절의 변화, 기온의 변화, 시간의 변화, 소비자 심리의 변화, 라이프 스타일의 변화, 유행의 변화, 사람들이 먹고 싶어 하는 음식의 변화……

세상의 다양한 '변화'에 편의점으로서 대응해 나갈 포인트는 얼마든지 있다. 여기서 언급했듯이 매장에서 상품의 위치를 바꾸는 것도 하나의 유용한 수단이다.

하지만 궁극적으로 '변화대응'을 실현하려면 이것은 재고를 버리는 일이다.

물건을 버리는 것은 누구에게나 괴로운 일이다. 가정에서도 필요 없는 물건을 선별해 버리는 일은 입으로 말하기엔 간단하지만 실제 행동으로 옮기기는 어렵다. 하물며 매장에서 구매한 재고를 폐기하는 작업에는 상당한 용기가 필요하다. 폐기손실이 두렵기 때문에 처음부터 주문을 조금만 해버리는 주인들의 마음도 모르는 것은 아니다.

하지만 봄이 되어 기온이 점점 오르면 겨울에 요긴했던 두툼한 내복이나 양말, 겨울에 먹으면 맛있는 과자 등은 점점 '팔리는 상품'에서 '팔리지 않는 상품'으로 바뀌게 된다. 요컨대 '죽은 상품'이다.

매장 안이 '팔리지 않는 상품'으로 꽉 차 있다. 이것은 높은 임대료를 내면서 폐기물을 쌓아놓은 것과 같다. 만일 매장의 50%가 죽은 상품들로 꽉 차 있으면 매장은 나머지 절반 공간 밖에는 사용할 수가 없다. 얼마나 아까운 이야기인가. 항상 새로운 상품으로 교체한다면 임대료 이상의 매출을 올리며 이익을 가져다줄텐데.

더러운 물이 고인 욕조에 아무리 깨끗한 물을 부어도 전체가 깨끗해지지는 않는다. '매력적인 상품이 놓인' 매장으로 바꾸기 위해서는 물 전체를 한 번에 모두 버리고 새로 깨끗한 물을 담으려는 각오가 필요하다.

봄이 되면 사람들은 옷을 갈아입는다. 백화점에서도 봄의 화려한 장식으로 매장을 바꾼다. 우리 편의점만 내용과 외관이 항상 바뀌지 않는다면 좋을 리가 없다.

기회손실은 폐기손실의 3배

내가 아직 한국에 있던 시절의 일이다. 편의점이 아닌 다른 업종이긴 했지만, 기회손실을 연달아 눈앞에서 직접 본 적이 있었다.

어느 백화점의 구두 매장을 지날 때의 일이다. 매장에 디스플레이 되어 있는 신상품 중 내가 원하는 상품이 있었다. 그래서 점원에게 내 발 사이즈인 260mm 구두를 보여 달라고 요청했더니 이 사이즈는 없다고 한다. 어쩔 수 없이 한 사이즈 낮춘 255mm를 요청했는데 이것도 없다고 한다.

그러면 어떤 사이즈가 있느냐고 물었더니 놀랍게도 250mm 한 벌뿐이라는 대답이었다. 더구나 이것은 매장 앞에 디스플레이 되어 있던 그 상품이었다.

정말이지 기회손실의 전형인 셈이다.

신상품을 매장 앞에 디스플레이하면, 내가 아니어도 많은 고객이 흥미를 보이며 자신에게 맞는 사이즈를 찾아 매장으로 들어가게 된다. 그런데도 디스플레이 된 한 벌 밖에는 재고가 없다. 팔 생각이 없는 것이라 말할 수밖에는 없다.

나는 구두를 단념하고 이번에는 신사복 매장으로 갔다. 열 장 정도 나란히 걸려있는 스웨터 중 마음에 든 디자인이 있어서 사이즈를 찾아보니 이번에도 내게 맞는 사이즈가 보이지 않았다. 나는 극히 표준인 사이즈여서 이상하게 생각하며 점원에게 물었더니 특정 두 개 사이즈 외에는 물건이 없다고 한다. 그것 외에는 재고가 전혀 없었던 것이다.

확실히 재고를 최대한 줄이려는 노력은 필요하지만 잘 팔리는 상품의 재고마저 가지지 않으면 도대체 어떤 장사를 할 수 있겠는가.

이탈리아 요리점에서 식사 후 에스프레소를 주문했다. 그러자 이곳에서도 종업원으로부터 '없다'는 답변을 들었다. 이유를 물으니 '전에는 있었지만, 만들기가 번거로워 그만두었다'고 한다. 현기증이 나는 것 같았다. 에스프레소 없는 이탈리아 요리는 김치 없는 한국 요리인 셈이다.

잇따라 이런 경험을 하는 사람도 드물 것이다. 하지만 이렇게까지 충격이 큰 경험이 아니더라도 우리는 알지 못하는 사이에 많은 기회손실을 발생시킨다.

코리아세븐 매장 중에는 많은 골동품 상점이 줄지어

있는 지역에 출점한 곳이 있었다. 공휴일에는 보행자 천국이 되기도 하고 날씨가 좋은 계절에는 상당한 인파가 몰리는 곳이다.

그런데 어느 공휴일, 오후에 매장을 방문해보고는 깜짝 놀랐다. 일일 배송 상품, 특히 푸드가 아무것도 없었다.

이런 좋은 기회에 주인은 도대체 무얼 하고 있었던 것일까. 상품이 없으면 판매할 수도 없다.

그 날은 공휴일이고, 날씨도 좋고, 걷기에 기분 좋은 계절, 이런 것은 특별한 노력 없이도 조금만 생각하면 알 수 있는 정보이다. 하늘을 보거나 뉴스를 보거나 혹은 이웃 사람과 이야기만 나눠도 충분히 알 수 있는 정보이다. 그런데 이런 조사조차 하지 않고 단지 매장을 24시간 열어놓기만 하면, 고객이 저절로 와서는 상품이 없어도 돈을 떨구고 가리란 생각이라도 하였던 것일까.

이 매장에서도 주문 업무는 했을 것이다. 하지만 위와 같은 종류의 정보는 POS 데이터로는 얻을 수 없다. 앞에서도 언급했지만 POS 데이터는 어디까지나 '과거의' 데이터이지 현재의 것은 아니기 때문이다.

그러므로 가설이 중요하다.

'00일은 공휴일이므로 인파가 몰린다. 어슬렁어슬렁 걸으며 골동품 가게를 도는 사람도 많을 것이다. 날씨가 좋고 기온도 높아 음료나 아이스크림이 잘 팔릴 것 같다. 도시락을 사서 근처에서 먹는 사람도 있을 것이다' 이렇게 가설을 세우고 평상시의 네다섯 배로 주문을 하여 확실하게 매출과 결부시켜야 한다.

각 매장의 가맹점주는 자신이 소유한 매장의 위치부터 시간대별 손님의 추이, 연령층과 고객층의 판별, 돌아다니며 먹거리를 즐기는 곳인지 등 고려해야 할 것이 너무나 많다.

품절이라는 기회손실은 일반적으로 폐기손실의 3배라고 한다.

폐기손실이 두려워 주문을 조금만 하는 가맹점주가 많은데, 실은 이것이야말로 커다란 실수이다.

필요한 폐기와 비정상적인 폐기를 구별하지 못하는 가맹점주가 있다. 이들은 '폐기물은 없는 것이 이상적'이라고 믿기 때문이다.

닥치는 대로 대량 주문을 해서 폐기 더미를 쌓는 것은 논외로 하고, 일일 배송 상품은 약간의 폐기는 감수하면서 주문을 해야 매출을 늘릴 수 있다.

만일 판매 목표를 10개로 정한 상품이 있다고 하자. 얼마만큼 주문해야 할까. 정답은 10개가 아니라 12개이다. 처음부터 2개는 불가피한 폐기물로 생각해야 한다.

10개 팔고 싶은 상품을 10개 주문한다면 결과적으로 그 선반은 비게 된다. 주문을 넣었던 사람은 이것을 보고 기뻐할 게 아니라 아쉬워해야 한다. 더 많이 주문했다면 더 많이 팔았을지도 모르기 때문이다. 여기서 기회손실이 발생했을 가능성이 높다.

매장 운영에서 적정한 폐기는 불가피한 판촉 투자임을 우선 이해해야 한다.

더구나 신상품이어서 얼마나 팔릴지 모른다는 이유로

시험 삼아 한 개만 주문해 보는 것은 헛수고를 넘어 해악
일 수 있다.

한 개 주문해서 그것을 매장에 두더라고 아마 그 한
개는 팔리지 않을 것이다. 재고가 한 개인 상황에서 이미
폐기 상품을 두고 있는 셈이다. 이럴 바에는 차라리 처음
부터 그 상품은 주문하지 말고 확실히 팔릴만한 다른 상
품을 진열하는 편이 낫다.

매장 공간이 좁고 손님수도 적은 매장이라면 어떨까.

이런 매장에서는 넓고 얕게 항목수만 늘려 재고가 각
각 한두 개뿐인 상황을 만들어선 안 된다. 항목수를 줄여
서 각 상품은 부족함 없이 재고를 지니고 있어야 한다.
항목수를 늘려 각각 한두 개씩만 주문하겠다는 발상으로
매장에 많은 상품을 둘 수 있을 것 같지만, 이것이야말로
폐기 더미를 쌓아놓는 자살행위이다.

편의점과 같은 좁은 매장에서는 '만일을 위해' 상품을
비치해둘 공간이 없다. 막연히 상품이 있다는 것만으로
는 고객에게 어필할 수가 없다.

또한 마찬가지로 결코 넓다고는 말하기 어려운 매장
공간에서는, 비 오는 날에는 우천용 상품을 맑은 날에는
맑은 날용 상품만 비치해야 함도 알아 두어야 한다. 날씨
가 좋은 날에 비 올 때 필요한 물건까지 고려하여, '만일

을 위해' 우산도 진열해 둘 여유는 없다.

따라서 매일 일기예보에 주의를 기울이고 기온, 체감, 사람들의 움직임을 분석하여 주문에 활용해야만 한다.

자랑은 아니지만 나는 어떤 의미에서는 기상청보다 진지하게 기온과 마주한다고 생각한다. 더 정확히 말하면 절대적인 '체감기온'을 가지고 있다. 편의점 업계에서 생활한 지 40년 이상, 매일매일 그날의 기온과 날씨와 씨름하며 살아왔기 때문이다.

예를 들면 여름 판촉상품인 냉라면은 외부 기온이 20도를 넘는 순간부터 팔리기 시작한다. 그전의 3주 동안은 일기예보와 마주하며 언제쯤 20도를 넘을까 예측에 예측을 세우고 여기에 판촉을 건다. 계절이 진짜 여름이 되고 나서야 가까스로 냉라면에 판촉을 거는 것만큼 바보 같은 일은 없다.

어째서 편의점은 하루 세 번씩이라도 푸드를 배송하는가를 이야기하면, 이것은 고객의 세밀한 요구에 응하기 위해, 그리고 대량의 재고를 지니지 않으려는 매장을 대신해 센터가 상품을 떠안기 위함이다.

매장이 위치한 주변 고객층에 맞춰 상품 품목을 추리고 정보를 덧붙여 판매한다. 이것이야말로 편의점의 올바른 전략이다.

고객은 물건이 아니라 자극을 원한다

한 고객이 편의점으로 들어왔다고 하자.

매장 안을 돌아보더니 아무것도 사지 않고 매장을 나선다.

어쩌면 본인도 무엇을 원하는지 몰라, 일단 매장으로 들어왔을 수도 있다. 하지만 그래도 매장을 돌았는데 수천 가지 상품 중에 원하는 물건이 하나도 없었다면, 우리가 뭔가를 잘못하고 있을지도 모른다는 생각을 해야 한다.

소비자 니즈와 심리는 시대와 함께 차츰 변화한다. 옛날에는 이 '물건'을 가지고 있지 않아서 쇼핑하러 갔을 것이다. 하지만 지금은 집에 이미 이 '물건'을 가지고 있어도 그 위에 또 두 번째, 세 번째를 구매하는 시대이다.

또는 특별히 필요한 것은 아니지만 매장에서 잠깐 눈에 띄었던 상품을 집어 자신에 대한 보상으로 사기도 하는 시대이다.

고객의 소비행동은 '물건이 없어서 산다'는 소비에서 '어떠한 자극을 받아 구매행동으로 표출'하는 소비로 변해왔다. 뒤집어 말하면, '자극'이 없으면 고객은 지갑을 열지 않는다.

우리 사회는 30년, 40년 전보다 훨씬 편리해졌다. 손을 조금만 뻗으면 슈퍼나 백화점에서 또는 할인점에서 다양한 품목 중에 자신이 원하는 상품을 선택할 수 있다. 이렇듯 물건이 넘치는 시대에 구태여 지나는 길에 들른 편의점에서 상품을 사게 하려면 소비자의 마음을 끌어당길 자극이 필요하다.

예를 들면 편의점의 일상용품 코너에서는 손수건, 수건, 양말, 스타킹 등도 판매한다. 어느 것이나 모두 다른 가게에도 충분히 갖춰 놓은 상품들이다. 아니 오히려 백화점에 간다면 훨씬 많은 종류 중에서 더 고급스러운 것을 살 수 있고 반대로 할인점에 간다면 보다 저렴하게 살 수도 있다.

이 와중에 우리 편의점은 어떤 물건을 갖춰 놓아야 좋을까. 매장 공간은 제한적이다. 다양한 종류를 준비하여 이 중에서 고객이 취향에 맞는 것을 선택하도록 하는 것은 거의 불가능하다. 하지만 불과 두세 종류의 상품이라도 엄선하여 그해 유행하는 디자인으로 대상을 좁힐 수 있다.

예전에는 그다지 팔리지 않았던 스타킹을, 더욱 고급스러운 제품으로 교체했더니 매출이 급격히 오른 일이 있었다.

싸면 쌀수록 좋다는 시대는 끝났고, 이제 고객은 다소 비싸더라도 제대로 된 품질을 원한다. 마찬가지로 넥타이와 손수건의 질을 높이고 디자인을 엄선하였더니 여기서도 매출이 늘었다. 같은 시기에 수건은 여전히 팔리지 않았는데 이것은 상품을 완전히 바꾸지 않았기 때문으로 분석되었다.

편의점은 고객의 요구를 정말로 깊이 고민하고 연구하면 한 만큼 결과가 따라오는 정말로 단순한 사업이다. 고객이 어떤 물건을 보았을 때 마음에 감동을 느껴 지갑을 여는 것인지 이것을 깊이 생각해야만 한다.

현재 일본의 편의점은 매우 좁은 상권에서 장사하고 있다. 2011년에 일본 편의점은 한 매장당 상권인구가 삼천 명이었다.

참고로 이 상권인구라는 숫자는 업태에 따라 다른데, 일본 편의점 상권인구는 경제산업성이 몇 년 전 발간한 보고서에 따르면, 반경 500m 이내에 3천 명이라고 한다. 이 정도 상권 안에 다섯 곳 이상의 편의점이 있으면 과당경쟁으로 정의된다.

이 정의로 보면, 일본 편의점은 훨씬 전부터 이미 정체산업이었다 해도 이상하지 않다. 2016년 현재 일본에서 편의점 수는 5만 4천 개 이상이다. 원래 일본에서는 편의점이 5만 개를 넘으면 이미 포화상태가 되어 이 업태는 정체한다고 알려져 왔지만 현실에서는 정체하기는커녕 점점 진화해가고 있다.

이런 좁은 상권에서, 사람에 따라서는 일주일에 몇 번이라도 또는 하루에 두세 번씩 들르는 고객도 있다. 그렇다면 인간의 심리상 언제 가더라도 똑같은 매장, 똑같은 상품이라면 싫증나는 것이 당연하다. 항상 매장 자체가 바뀌지 않으면 고객을 지속해서 자극할 수가 없다.

그렇기 때문에 편의점에서는 연간 많을 때는 70%까지도 상품이 교체된다. 신상품 개발은 물론이고 팔리는 상품이라도 항상 리뉴얼 버전을 연구한다. 이 외에 상품을 안내하는 POP나 판촉활동, 상품 패키지에 변화를 주기도 한다. 하루 동안 아침, 점심, 저녁으로 매장 구성을 바꿔도 좋을 정도이다.

매장에 서 있는 직원은 물론 상품개발부, 운영부 각각은 항상 고객에게 매장이 식상하지는 않은지 점검해야만 한다. 이것이야말로 진정한 '변화대응'이다. 만약 전년도 실적을 항상 밑도는 매장이 있다면 이곳이 인근 고객들에게 식상해졌을 가능성을 생각해 보아야 한다.

마케팅은 어디서나 가능하다

　고객이 지금 무엇을 가장 원하는지, 편의점 사업에 종사하는 사람이라면 항상 눈을 크게 뜨고 찾는다. '마케팅'이라 하면, 뭔가 대단히 수준 높은 일처럼 느껴질 수도 있지만 사실 특별한 것이 아니더라도 일상생활 속에서 얼마든지 마케팅은 가능하다.

　편의점에서는 가맹점주나 점장뿐 아니라 아르바이트생과 파트타이머여도 주문을 담당하는 경우가 많다. 하지만 이 중에서도 특히 주부가 하는 주문은 정밀도가 높은 것으로 알려져 있다. 언뜻 보기에 마케팅이란 단어와는 관계가 먼 존재로 보이지만 사실 연륜에서 나오는 그녀들의 감각이야말로 우리가 소중히 여겨야 할 부분이다.

　그녀들은 지역 정보와 밀착해서 생활한다. 인근 학교에 언제 어떤 행사가 있는지, 이미 벚꽃이 핀 공원은 어디인지, 다음 주말 날씨가 좋으면 아이를 동반한 행락객은 어디로 모여들지 등 정말이지 편의점으로서 너무나 갖고 싶은 정보를 축적하고 있는 경우가 많다.

　사실 이런 정보는 누구나 조금만 주의를 기울이면 언

을 수 있다. 현재 시중에는 어떤 책이 잘 팔리는지, 어떤 가게가 유행하는지, 젊은이들은 어떤 옷을 입고 어떤 여가를 보내는지, 프로야구 시범경기의 개막은 언제인지, 축구 리그에서는 무엇이 화제인지, 이처럼 하찮아 보이는 정보야말로 소중하다.

예를 들어 프로야구가 개막한다고 하자.

사람들은 시합결과나 내용을 알고 싶어 신문을 사려 할 것이다. 선수 정보를 알고 싶어 전문잡지도 살 것이다. 야구장 가까이에 있는 매장이라면 경기 중에 먹을 푸드나 음료가 잘 팔릴 것이다.

겨우 이 정도만 알아도, 아무런 고민 없이 막연히 그저 주문업무만 하는 것보다 훨씬 낫다.

한국에서 도시락 매출을 어떻게든 올리려고 노력하던 무렵, 여전히 본부와 가맹점주는 '한국에서 도시락은 팔리지 않는다'는 자세를 고수하고 있었다.

그러던 어느 날 한 매장을 방문했던 나는, 그 매장 바로 옆에 있는 도시락 가게에서 네다섯 명의 주부들이 줄을 서서 가족 전체 분량으로 생각되는 개수의 도시락을 사고 있는 것을 목격했다.

더구나 그 후로도 주의해서 살펴보니, 그 도시락 가게는 점점 번창하여 처음에는 주인과 한 명의 직원만으로 꾸려나가던 것이 곧 여섯 명 정도의 직원이 항상 바쁘게 일할 정도로까지 커졌다.

니는 신경이 쓰여 이 도시락 가게를 엿보러 갔던 것이지만, 붐비는 시간에는 몇 명이고 줄을 서서 자신의 차례가 오기를 기다리고 있었다.

결국 '한국에서 도시락은 팔리지 않는다'라는 말은 본부만의 확신이었다.

나는 이 가게에서 도시락을 사서 나오던 주부 한 사람에게 여기서 도시락을 사는 이유를 물어보았다. 그러자 "종류도 많고 따뜻한 도시락을 살 수 있어서 편리하다"는 대답이 돌아왔다. '참고'로 바로 가까이 있는 세븐일레븐에서도 도시락을 살 수 있음을 알고 있는지 물었더니,

"알고는 있지만, 항상 한 개나 두 개 정도 밖에는 놓여 있지 않아 살 기분이 들지 않는다" 라는 답변이었다.

이것으로 분명해졌다. '한국인은 도시락을 사지 않는다'가 아니라 우리들의 일 처리가 잘못되었기 때문에 사러 오지 않는 것이다.

도시락 가게의 도시락과 편의점 도시락의 차이는 '따뜻한 도시락'이라는 개념 정도였다. 그 도시락 가게의 도시락도 내가 먹어봤지만 내용이 그다지 훌륭하다는 생각은 들지 않았다. 갓 지은 것도 아닌 밥에 냉동식품의 튀김

이 올라갔을 뿐인 도시락으로, 가격이라고 특별히 싸지도 않았다. 솔직히 매일 먹고 싶다는 생각은 들지 않았다.

이 정도라면 우리가 파는 도시락 쪽이 원가가 훨씬 높아 맛있으면서 싸게 제공된다는 자부심이 들었다.

하지만 팔리지 않는 것이 현실이다.

이유는 대부분 알고 있었다. 어느 주부가 말한 대로, 언제 가더라도 도시락은 형식적으로 두세 개밖에 놓여 있지 않고 신선한 느낌도 들지 않아 사고 싶은 의욕은 꺾이고 만다. 게다가 문제의 그 매장에서는 모처럼의 싸고 맛있는 도시락을, 10℃ 정도의 너무 차가운 온도로 설정된 오픈 케이스 안에 두었다. 그러면 고급 도시락이나 불고기 도시락의 고기 표면은 너무 차가워져 하얗게 굳어 버린다. 이런 사정이라면, 분명 몇 시간 전에 지었다고는 해도 눈앞에서 보온밥솥으로부터 담아주는 밥 위로 튀김을 올려주는 도시락 쪽이 그런대로 맛있어 보여도 어쩔 수 없었다.

매장에서 도시락이 더욱 맛있어 보이도록 노력할 여지는 많았다. 또한 상품부에서도 만약 필요하다면 얼마든지 이 도시락 가게의 잘 팔리는 상품은 무엇인지, 붐비는 시간대에는 어떠한 고객층이 다녀가는지와 같은 것들을 조사할 수 있다. 아니면 이 도시락 가게의 한산한 시간대를 겨냥한 상품 구성으로 맞설 수도 있다.

마케팅은 반드시 돈을 들이지 않더라도 가능하다. 고객이 원하는 상품을, 원하는 양만큼, 원하는 시점에 제공하는 것이 마케팅이다. 편의점에 필요한 고객 니즈를 간파하여 주문하는 업무야말로 가맹점주의 가장 큰 판단업무이며 이것의 정확도가 높아지도록 항상 의식해야만 한다.

편의점은 가맹점주에게 정보를 팔아 이익을 얻는다

자동차 운전에 비유하면 편의점을 경영하는 가맹점주는 운전사이다. 매장이라는 이름의 자동차를 운전한다.

가맹점주가 운전사라면 본부의 직원은 그들이 운전하는데 필요한 모든 것을 제공하는 조력자이다. 매장이라는 이름의 자동차를 항상 최신 상태로 개발하여 유지 보수하며 관리한다. 이 차가 어느 정도로 속도가 나는지, 온도계와 연료계는 제대로 작동하는지 그리고 온갖 정보를 담은 내비게이션은 항상 최신 상태로 갱신되어 있는지 이 모든 것을 매장 컴퓨터 혹은 본부가 전달하는 정보라는 형태로 섬세하게 지원한다.

그리고 매장을 정기적으로 순회하는 FC는, 차의 상태가 제대로 유지되어 운전사가 기분 좋게 운전할 수 있는지를 가까이에서 확인하며 운전사인 가맹점주를 안내하는 역할이다.

FC는 본부가 지닌 방대한 정보를 분석하여 가맹점주에게 조언하지만, 정작 상품의 구색을 어떻게 해야 할지 주변 상황을 지켜보며 주문하는 일은 운전사인 가맹점주의 몫이다.

하지만 만약 운전사가 노력해도 매출이 좀처럼 늘지 않으면 이번에는 FC가 의사가 되어 어떤 치료가 가능할지를 고민해야 한다. 간단한 치료로 개선할 것인지 아니면 대수술이 필요할지. 우선은 문제점을 찾는 것부터 시작한다.

이때 두통이 있는 곳에 복통약만 내어준다면 증상이 개선되기는커녕 방치되어 치명적인 문제로 커질 수도 있다. FC가 진단을 잘못하면 환자는 죽게 된다.

편의점은 프랜차이즈 계약을 한 가맹점주가 존재하는 업태이다. 우리들은 매장 단위로 가맹점주와 개별적인 계약을 맺고 이 계약 위에서 장사한다. 이것은 어디까지나 대등한 관계이다.

본부로서는 전국에 있는 수천 또는 일만 수천 개 매장 중 한 곳에 불과하지만 가맹점주에게는 이 하나의 매장이 전부이다. 재산이고 생명이다.

만약 전년도 이하로 매출이 떨어졌거나 최근 침체에 빠진 매장이 있다면 지금까지 이 매장을 정말로 치밀하게 잘 관리해 왔는지 되돌아보아야 한다. 그리고 문제가 있었다면 반성하고 전폭적으로 가맹점주를 지원하는 것이 FC의 일이다.

물론 FC가 이런 일을 제대로 수행할 수 있는지를 조사하는 것은 말할 것도 없이 본부의 책임이다. 레이아웃을 바꾸거나 죽은 상품을 정리할 때 혹은 매장을 재단장할 때에는 본부에서도 비용을 들여 가맹점주를 지원할 필요가 있다. 만약 개점 당시의 참신한 기분을 잃어버린 가맹점주가 있다면 그 기분을 되찾을 수 있도록 노력해야 한다.

한국에 있던 시절, 한 매장의 수준이 유독 낮아 몇 번이고 FC를 통해 주의를 주었지만 개선되지 않았던 일이 있었다. 언제 가더라도 매장 구석구석 청소가 안 되어있고 상품의 30%는 진열되어 있지도 않았으며 아이스크림 냉동고에는 서리가 7㎝나 들러붙어 있었다. 어째서 이런 상태로 방치하는지 이해할 수 없는 수준이었다.

몇 번이고 FC를 통해 주의를 주어도 개선되지 않자 결국엔 가맹점주를 교체했다.

그런데 새로운 가맹점주로 바뀌어도 그 상태는 계속되었다. 매장은 변함없이 더러운 채였고 상품 회전도 나빴다. 요컨대 그 매장은 가맹점주도 물론 문제였지만 그 이상으로 매장을 지원하는 FC의 수준도 매우 문제였다.

"주의를 주었지만 개선되지 않는다" "가맹점주에게 책임이 있다"는 FC의 보고 자체가, 자신의 임무를 다하지 않은 것을 덮어 버린, 말하자면 거짓 보고였다.

매장을 끊임없이 가꾸지 않으면, 개점 당일 하루만 예쁠 뿐이다. 사람의 출입이 삿은 업태인 까닭에 당연히 그 이후로는 점점 더러워진다. 여간한 노력이 아니면 항상 깨끗하게 유지할 수가 없다.

하지만 지역 내 한 곳이라도 더러운 매장이 있으면 그 악영향은 주변 이삼십 개 점포로까지 미친다. 매장 단 한 곳의 잘못이, 성실하게 일하는 주변 가맹점주에게 돌이킬 수 없는 사태를 초래해 버린다.

매장은 FC 수준 이상으로는 만들어지기 어렵다. 그러므로 본부도 FC에 대한 교육과 인식 제고에 노력을 아끼지 말아야 한다.

편의점이라는 일은 프랜차이즈 사업이어서 언뜻 보면 누가 하더라도 똑같으리라 생각할 수 있지만, 실제 업무에 종사해보면 이것만큼 개인의 창의성이 집결된 업태는 없으리란 생각이 든다.

물론 본부의 기본 방침은 지켜야하지만 이것만 맹목적으로 지켜서는 매출이 커지지 않는다. 가맹점주와 FC는 회사 방침을 기반으로 점포 경영을 100% 담당한다. 자신들의 아이디어는 바로 매출이라는 눈에 보이는 형태로 나타나므로, 아니다 싶으면 바로 업무 방식을 바꿔 볼 수도 있다. 업무 방식을 조금 바꿨을 뿐인데도 고객들은 바로 반응한다. 이렇게 재미있는 업무는 어디에도 없을 것이다. 이것은 진심이다.

앞서도 언급했지만 일본 편의점은 기본적으로 반경 500m라는 협소한 상권에서 장사하기 때문에 고객은 자신의 생활 패턴을 바꾸는 일 없이 그냥 들르게 된다. 이것이 일상의 생활 패턴을 바꿔가며 일부러 사러 가야만 하는 전자제품 대리점, 백화점, 할인점과 결정적으로 다른 점이다.

아무 생각 없이 불쑥 들러 뭔가 원하는 것을 찾아서 살 수 있다.

이런 편리함, 편안함, 즐거움, 이것이 편의점이다.

따라서 편의점은 100% 고객이 원하는 대로 매장을 바꿔가야만 한다. 그렇게 하지 않으면 고객이 이용하지 않기 때문이다.

매장을 방문했는데 원하는 물건이 하나도 없고, 뭔가 발견할만한 것도 없는, 이런 경험이 반복된다면 고객은 그 매장을 들르지 않게 된다.

우리의 비즈니스는 겨우 30평인 좁은 매장 안에 모든 것이 있다.

가맹점주가 열심히 경영하는 그 마음이 구체적인 형

태로 나타난다.

편의점은 지금 어디에든 있기 때문에 고객 입장에서는 딱히 우리가 경영하는 회사의 매장이 아닌 어디라도 상관없을 것이다. 이곳을 어떻게 바꿔야 고객이 매일 들리도록 할 수 있을까, 이것을 연구하는 것이 즐겁다.

지금 한국과 일본에선 파출소, 우체국, 동 주민센터 등 어떤 공공시설보다도 편의점 점포수가 더 많다. 지방이 야 어떻든 도시의 거리를 조금만 걸으면 어느 업체의 것 이든 편의점을 찾을 수 있다.

어떠한 은행이나 공공시설보다도 숫자가 많다. 게다가 24시간 영업하는 이 인프라는 최첨단 정보와 물류를 제 대로 갖추고 있다. 일본에서는 이 인프라를 활용하려고 정부에서도 다양한 연구회를 발족하여 계획을 세우고 있 다. 실제 공공요금 납부, 택배 대행 서비스, 은행 기능 등 이 가능한 편의점은, 이미 기존 '소매업'의 구조를 크게 넘어 사람들 생활에 없어서는 안 될 존재로 발전했다.

하지만 지금 한국에서 편의점이 이러한 기능을 완수 하기까지는 시간이 좀 걸릴 것 같다. 여러 가지 규제가 완화되어야하지만, 우선은 편의점이 사람들 생활 속에 뿌리 내려야만하기 때문이다.

직장 여성이 많아지면서 여성의 가사 노동 시간이 줄 고, 젊은이들의 라이프스타일이 바뀌는 가운데, 편의점이 가정의 주방, 가정의 냉장고로 정착하지 않으면 다음 단계로 나아가기 어렵다. '편의점=일상생활에 필요한 편리한 가게'로 인식되지 않으면 아무리 일본저럼 택배나 공공요금 납부 등의 서비스를 갖추어도 이용되지 않는다.

일본 편의점은 이미 '가정의 주방' 역할을 담당하고 있다.

나는 해외에 가면 종종 그 나라에서 가전을 취급하는 가게로 가서 어떤 냉장고가 잘 팔리는지를 살펴본다. 이곳에서는 그 나라 가정의 주방이 보이기 때문이다.

예를 들어 베트남은 지금이야 냉장고 보급률이 82% 정도이지만 그 용량은 250ℓ인 소형이 주류이다. 그렇다면 가정주부들은 기본적으로 매일 장 보러 가는 생활을 하고 있을 것이다. 고기도, 생선도, 채소도 한 번에 많이 사서 냉장고에 보관하는 것이 아니라 매일 시장에서 필요한 분량만큼 사서 요리하는 스타일이다.

일본에서도 오랫동안 450ℓ 정도의 냉장고가 주류였지만 지금 가전양판점을 들여다보면 600ℓ, 650ℓ가 많아지며 미국 수준으로 커졌다. 지금 도심의 가정은 대가족보다도 2~4명의 소규모 가족이 기본인데 대용량 냉장고가 필요하다는 것은, 식재료를 대부분 한 번에 몰아서 산다는 의미이다. 게다가 냉장고를 잘 살펴보면 용량이 늘어난 부분은 주로 냉동실과 가공식품 전용실이다.

다시 말해, 집에서 삼시 세끼를 모두 만들어 먹는 가정은 이미 줄고 있다. 냉동식품이나 간편식, 마지막 단계의 조리만 해주면 완성되는 조리 키트 등을 이용하는 가정이 늘고 있다.

도쿄에서는 이미 전 세대의 50%가 1인 가구인 상황이다. 이것은 젊은이도 노인도 모두 포함된 수치이지만 이미 혼자 생활하는 경우엔 집에서 요리하는 것보다 밖에서 도시락이나 간편식을 사는 것이 더 저렴하다.

요리하는 수고와 소요 시간이 줄어들면서, 도쿄에는 1인 가구용 맨션 등 간단한 조리설비만 갖춰진 집도 많다.

일본에서는 오랫동안 외식산업이 23조엔 시장에 머무르며, 극단적으로 감소하지는 않았지만 성장하지도 않았다. 대신 성장하는 것은 간편식 산업이다. 집에서 요리하지 않지만 그렇다고 외식도 하지 않는다. 밖에서 사와 집에서 먹는 간편식이 점점 늘고 있다.

다른 나라에는 다른 나라의 사정이 또 있겠지만 잠시나마 내가 살았던 한국에는 틀림없이 가까운 미래에 이러한 일본 흐름이 유입될 것이다. 앞에서 언급한대로 저출산 고령화의 물결 속에 1인 가구도 급속히 늘고 있기 때문이다.

예전 한국 편의점에서는 푸드가 팔리지 않는 것이 상식이었다. 팔리지 않으므로 신상품이 개발되지 않았던 것인지, 맛있는 상품이 개발되지 않아 팔리지 않았던 것인지, 악순환이 이어지는 와중에 편의점은 여전히 '거리의 담배 가게' '거리의 술집'으로 인식되었지만 마침내 최근 몇 년 사이 변화가 나타났다. 최고 매출은 변함없이 담배이지만 그래도 푸드 매출이 증가하고 있다.

불과 몇 년 전까지 한국 편의점의 하루 평균 매출은 좋게 봐도 160만원 정도였지만 최근 1, 2년 사이 200만원 정도가 되었다. 일본 편의점의 하루 매출이 500만원에서 700만원 규모라는 사실로 본다면 아직은 비교가 안 되지만 이것은 놀라운 성장이다.

내가 한국에서 살며 통감했던 것은 '맛의 강매는 불가능하다'는 점이다. 아무리 맛있는 것이어도 이것이 받아들여지려면 토양이 갖춰져야만 한다. 사람은 "어머니의 맛"에서 좀처럼 벗어나지 못하기 때문이다.

예전에 한국에서, 일본 편의점에서 하는 것처럼 카페에서 마시는 것 같은 맛있는 커피를 판매하려고 시도했던 적이 있었다. 일본에서는 모든 편의점 체인에서 판매하는데 어느 곳에서든 그 깊은 맛에 호평을 받았다.

그런데 한국에서 해보니 이것은 그다지 인기를 끌지

못했다. 전시회에서는 가맹점주들에게 좋은 평판을 받았지만 실제 매장에서 해보니 매출이 별로였다.

한국의 커피 열풍은 규제완화의 문제도 있어 일본보다 한걸음 늦었다. 일반인의 90%가 인스턴트커피를 마시는 곳으로 갑자기 원두커피를 가지고 와 "이게 더 맛있어"를 외친다고, 단숨에 사람들의 입맛이 바뀔 리가 없다.

한국에서는 최근 서구화된 생활이 반영되고 정부 규제완화가 진행되면서 외식산업도 성업 중이다. 하지만 편의점이 푸드 사업을 할 때에는 외식산업과는 명확히 다른 콘셉트가 그곳에 있다.

이것은 편의점이 일상 속으로 완전히 녹아들어야 한다는 점이다. 가족과 함께 또는 친구나 애인과 외식하는 것은 즐거운 일이지만 아무래도 이것은 비일상적인 이벤트이다.

편의점 푸드는 어디까지나 일상적이어야 한다. 이따금 가서 "맛있다!"고 감탄하는 식사와 매일 먹어도 질리지 않는 식사는 다르다. 외식은 매일 먹기에는 맛이 너무 진하거나 조리에 공이 너무 많이 들어, 평상시 먹는 가정의 맛과는 다르다. 편의점이 지향하는 것은 매일 먹는 가정의 맛이다. 우리가 간편식을 추구하는 것도 이런 콘셉트이다.

현재 편의점에서 제공하는 커피, 프라이드치킨, 도넛 등도 기존에는 전문점에서나 맛볼 수 있는 상품이었지만 이러한 상품개발의 근간에도 "너무 맛있어서는 안 돼"라는 생각이 있었다.

너무 맛있다는 고객은 처음에는 매일 먹으러 온다. 하지만 너무 맛있다는 것은 바로 질려 버린다와 같은 말이다. 이것이 상품개발의 어려운 점이라고 생각한다.

미국에서 생겨난 편의점이 일본으로 들어와 일본 특유의 삼각김밥, 찐빵, 고기만두 등이 히트했던 것처럼, 해외에도 그 나라 특유의 '어머니의 맛'과 같은 음식이 있다. 이번에 나는 한국에서 일본 태생의 삼각김밥을 어떻게 해서든 히트시키려 노력했고 성과도 있었지만, 이 나라 고유의 맛을 편의점에서 확대해 나간다면 이 또한 매우 기쁠 것이다.

한국의 어느 대기업 사장과 레스토랑에서 회식할 때의 일이다. 훈제 연어 샐러드를 주문했는데 나온 연어가 얼어있는 상태였다.

중요한 회식 자리이다. 이것만으로도 주최 측에서는 고객에게 면목이 없어지고 만다. 일단 유명 레스토랑에서 이런 요리가 나오는 것은 있을 수 없는 일이다.

그런데 매니저를 불러 주의를 주었더니 이렇게 답하는 것이었다.

"괜찮습니다. 먹는 사이에 녹을 것입니다."

그러고는 그대로 가버린 매니저를 보며 어이가 없어, 다른 여직원을 불러 똑같은 말을 했더니 그녀는 즉시,

"죄송합니다. 바로 바꿔드리겠습니다"라고 말하며 그 접시를 들고 황급히 주방으로 향했다.

얼마 지나지 않아 새로운 요리를 들고 온 그녀는 거듭 사죄의 말을 전하며 "다음부터는 조심하겠습니다"란 말을 덧붙였다.

일개 종업원이지만 제대로 대응한 그녀와 실수가 있

었음에도 사과하지 않은 매니저의 태도 간 차이는 명백했다.

이 자리에 함께 있던 사장은 이 레스토랑의 주주이기도 했다. 다음 주 그 매니저는 해고되었다.

서비스업은 냉엄하다. 주어진 일을 실수 없이 처리하는 것만으로는 부족하며, 어떻게 손님을 맞아야 고객이 가장 기분 좋게 받아들일지를 스스로 생각하는 사고력과 유연한 감성이 필요하다. 이것도 모르고 그런 매니저를 계속 고용하는 것만으로도 이 레스토랑의 미래는 위태로운 것이다.

편의점과 관련하여 지금까지 계속 서비스란 무엇인지, 고객을 기쁘게 하려면 어떡해야 좋은지 등을 생각해왔다.

그 결과, 한 가지 결론에 도달했다. 유통업에 종사하는 사람에게 필요한 자질, 서비스를 제공하는 사람에게 중요한 자질, 이것은 '솔직함'이다.

영어로 유창하게 말하거나 프레젠테이션 능력이 있다거나 사람을 능숙하게 다룬다거나, 비즈니스에서 유용한 능력은 여러 가지가 있겠지만 유통업에서 최종적으로 성장하는 사람은 결국 솔직한 사람이다.

사람 의견에 귀를 기울이고 주변 변화에 유연하게 대

응할 수 있는 사람, 이것이 유통업 중에서도 특히 변화의 간격이 짧은 편의점 업계에서 필요한 자질이다.

편의점은 일반 사람들의 평범한 일상에 상당히 밀착된 업태이다. 출근 전이나 퇴근하며, 또는 평일이나 휴일에, 출장지이든 집이든, 평상복 차림 그대로라도 사람들은 무심코 편의점으로 향한다. 일반인들은 무엇을 생각하고 무엇을 원하고 있을까, 두루두루 상상하는 것으로부터 우리들의 업무는 시작된다.

여기에 과거의 경험이나 화려한 성공의 기억 따위는 필요 없다. 오히려 과거를 미련 없이 떨치고 현재 그리고 미래로 끊임없이 시선을 돌리는 사람만이 할 수 있는 일이다.

또한 '솔직함'은 새로운 세계에 접했을 때 그 가치관을 받아들이는 유연성과도 통한다. 세상에는 미래의 가능성에 눈을 돌리는 유연한 생각의 사람과 과거의 데이터에 매여 상상력을 발휘하지 못하는 사람이 있는데, 특히 외국에서 일할 경우 후자 같은 사람은 큰 기회를 놓칠 수도 있다. 외국에서 모르는 사건, 자신이 알지 못하는 세계, 익숙하지 않은 상식에 대해 "이것은 잘못되었다"며 단칼에 단정 지어버리면, 논의는 그때부터 절대 앞으로 나아가지 못하기 때문이다. 자신이 본 그대로를 솔직히 받아들이고 거기서 자신이 무엇을 할 수 있을지를 생각하는 사람은 어느 곳에 있든 미래를 열어갈 것이다.

최근 한 편의점의 동남아시아 현지 사장인 일본인 집을 방문할 기회가 있었다. 훌륭한 고층 아파트에 살고 있던 그에게 무심코 내가 말해버렸다.

"안됩니다, 이런 곳에서 살면."

확실히 그곳이라면 치안 면에서 안전하게, 쾌적하고 즐겁게 살 수 있을지 모른다. 그리고 무역회사 주재원이나 다른 업계의 사람이라면 그런대로 괜찮다.

하지만 우리같이 유통에 종사하는 사람이라면, 더욱 그 나라 일반 서민의 감각에 푹 빠져있어야만 그들이 바라는 소비나 서비스를 알 수 있다. 아무리 훌륭한 마케팅을 시행하고 보고서를 보아도, 이웃에 사는 아줌마가 "너무 많이 만들었다"며 반찬을 가지고와 함께 서서 이야기하면서 얻는 정보보다 유용한 것은 없다.

앞으로의 '편의'를 상상하며

2003년, 나는 5년간 지냈던 한국을 떠나 일본으로 귀국했다.

한국에서 세븐일레븐 발전에 종사했던 경험을 바탕으로 이번에는 다른 업종인 스기약국スギ薬局과 가전양판점 라옥스LAOX의 사업 재건에 몸담게 되었다.

그리고 2009년에 에이엠피엠am/pm재팬 사장으로 취임하며 다시 편의점 업계로 돌아왔다.

에이엠피엠재팬은 2010년에 훼미리마트로의 인수가 결정되어, 그 후 나는 예전에 일했던 세븐일레븐의 경쟁업체인 훼미리마트에서 상품 본부장과 물류 및 품질 관리 본부장을 겸임하여 일하고 있다.

오랜 기간 고향이었던 편의점 업계로 돌아와 느끼는 것은, 편의점에 관한 것은 오감으로 느껴진다는 점이다. 직책은 전무이사 집행임원이지만 매일 매장에 들려 편의점 도시락을 먹으며, 다양한 상품 개발에 종사하는 나날은 역시 즐거운 자극으로 가득하다.

몇몇 나라나 다른 업태의 사람들과 일을 하면서 절실

히 느끼는 것은, 일이란 많은 사람과의 유대가 있을 때 비로소 성취된다는 점이다.

이 책에 여러 가지를 언급했지만 이렇게 말하는 나도 슈퍼맨은 아니다. 혼자서 모든 것을 파악할 수는 없고 그런 지식도 없다. 언제든 이 길의 전문가로부터 배움을 청하고 협조를 받아 여러 국면을 극복할 수 있었고 그런 분들의 지식을 빌려 다양한 상품과 서비스를 개발할 수 있었다.

협업collaboration이란 말이 한동안 유행할 때 아무래도 이 말의 가벼운 느낌이 어색했었는데, 결국은 이런 것이다. 지금은 자동차든, 자기 혼자서 모든 것을 만드는 것은 불가능하다.

편의점도 택배서비스 회사와, 우체국과, 은행과, 아마존과 협력하는 등, 다양한 업태와 '협업'하면서 현재의 형태를 완성했다. 앞으로도 이런 추세는 가속화될지언정 없어지지는 않을 것이다.

나는 이 책에 한국에서의 5년간 추억을 써내려갔다.

부임 초기, 현지의 편의점이 내가 생각했던 모습이 아닌 것에 놀라고 분개했던 일도 이제는 그리운 추억이다. 시간은 흘러 현재 한국에서 주가가 가장 높은 것은 편의점이다. 백화점도 양판점도 아닌 편의점이다. 신문을 펼

치면 유통 관련 기사에는 편의점 업계 뉴스가 튀어나온다. 마치 유통업계의 왕자 같은 인상마저 받는다.

최근 한국 신문을 읽다가 놀랐던 것은 한국에서 편의점 도시락이 급성장하고 있다는 기사였다. 예전에는 2,500원 정도의 상품밖에는 팔리지 않던 것이 이제 1, 2년이 지나자 4,000원짜리 도시락이 팔리기 시작했으며 그것도 두 배, 세 배로 팔린다고 한다.

저출산 고령화로 1인 가구가 늘어난 것, 도시락의 가치를 사람들이 알아차린 것, 각각의 편의점 체인에서 맛있는 도시락을 개발하는 것 등 여러 가지 요인이 있겠지만, 예전의 초라했던 한국의 편의점 푸드를 떠올리면 감회가 깊어진다.

내가 길러온 업무 기술은, 말할 것도 없이 나를 키워준 세븐일레븐에서 몸에 익힌 것이다. 하지만 궁극적으로 일에서는 세븐일레븐도 훼미리마트도 이 외의 다른 체인에도 큰 차이는 없다는 생각이다. 좀 더 나아가 한국과 일본, 그리고 다른 나라 간 차이도 없다.

있는 것은 일의 본질뿐.

중요한 것은 편의점의 본질을 얼마만큼 이해할 수 있는지 뿐이다.

이 책에서 나는 편의점을 도시의 '솔루션 매장'이라고

2001년 12월, 코리아세븐 1,000개 매장 달성

계속 언급했는데, 사람들의 생활 속 문제를 해결(솔루션) 한다는 것은, 과장이 아니라 사람들의 라이프 스타일을 바꾸는 것이기도 하다.

시간을 보내는 방법을, 식사의 선택권을, 우편, 택배, 은행 등 다양한 절차의 잡무 해결 방안을 제공함으로, 편의점은 여러분 모두의 생활을 편리하게 향상시켰다.

처음에는 시간의 "편의성convenience"을 가장 많이 판매했던 편의점convenience store이 이제부터 앞으로는 어떠한 새로운 "편의성"을 세상에 내놓게 될까.

아직도 나는 이 일의 매력에 빠져 있다.

내 수중에는 한국에서 지내던 시절의 OB회 명단이 남아 있다.

스즈키 슈지鈴木修二, 아사노 히로시浅野寛, 마나베 아키오眞鍋明男, 아다치 유키타카足立幸隆, 하야미 요시하루速水義治, 스기오카 이치로杉岡一郎, 사토 후미오佐藤文雄, 고 이토 사다오伊藤貞生, 모리타 사토시森田賢. 모두 그리운 이름으로 한국에서의 날들이 떠오른다.

스즈키 씨, 아사노 씨, 마나베 씨, 아다치 씨는 코리아세븐을 도와준 멤버. 하야미 씨, 스기오카 씨가 롯데마트. 사토 씨는 한국 최초의 중형 식품 슈퍼인 롯데레몬. 이토 씨는 롯데후레쉬델리카의 고문. 모리타 씨는 롯데로지스틱스. 이 명단은 내가 서울에 있던 시절에 도움을 주셨던 사람 중 극히 일부이다.

이 명단의 멤버 외에도 정말로 많은 일본 분들에게 신세를 졌다. 내가 코리아세븐이나 롯데레몬 사업 등 한국에서 나름의 일을 이룰 수 있었던 것은 많은 일본인의 도움 덕분이다.

특히 당시 미쓰이물산의 석유화학 범용수지 본부에서 합성수지 제3부장이었던 미즈카미 히로카즈水上博一에게는, 내 업무를 지원할 다양한 방법을 소개해준 것에 감사의 마음을 금치 못한다. 내가 일본에서 일하던 당시와 똑같이, 필요한 포장재 등을 일본에서 공급해주는 등 적잖은 도움을 받았다. 감사한 마음에 미즈카미 씨와는 지금도 가끔 술잔을 주고받는다.

코리아세븐의 본사는 처음에는 대학로 혜화동 로터리에 인접한 세븐일레븐 매장 2층을 빌려 쓰고 있었다. 이 사무실은 매장이 늘어나면서 순식간에 좁아졌지만, 이 좁은 사무실에서 모두 함께 땀 흘리던 나날은 나로서는 잊을 수 없는 소중한 추억이다.

또한 일본인 협력자뿐 아니라 정말로 많은 한국 기업인들에게도 도움을 받았다.

이분들 중에는 매일유업의 김복용 초대 회장도 계신다. 몇 년 전 서울을 방문했을 때에 나는 매일유업의 김정완 현재 회장과 만났는데, 매일유업이 경영하는 강남의 일본요리점인 '하카타 타츠미즈시'에 마련된 자리에서 예전에 내가 정말로 많은 신세를 졌던 김복용 초대 회장이 2006년 1월 2일에 돌아가셨음을 알았다.

당시 김복용 회장과는 회장의 별장이나 매일유업이

경영하는 레스토랑, 그 밖에 여러 회식 자리를 함께했는데 그때마다 매번 회장은 나에게 한국의 여러 사정부터 시작하여 실로 다양한 많은 것을 가르쳐 주셨다.

매일유업은 공장은 가지고 있지만 한국 재벌로는 드물게 본사 빌딩을 소유하고 있지 않다. "본사 빌딩에 투자할 돈이 있으면 국민에게 도움이 될 공장이나 연구에 돈을 사용해야 한다"는 신념 때문이다. 또한 김복용 회장은 "회사는 소비자에게 신뢰받는 것이 가장 중요하다"는 신념을 지니고 계셨는데 이것은 바로 내가 추구하는 바와 똑같았다. 국적은 달라도 같은 뜻을 지녔던 대선배에게, 외국 땅에서 이끌어주셨던 것에 진심으로 감사드린다.

이 외에 헤아릴 수 없을 정도로 많은 분에게 신세를 졌다. 내가 외국 땅에서 사업에 전념할 수 있었던 것은 한국과 일본의 많은 분이 협력해 주셨기 때문이다. 이 자리를 빌려 다시 한번 진심으로 감사드리고 싶다.

또한 이 책을 쓰면서, 예전에 기록했던 문장을 수정하여 새롭게 보완한 부분이 있는데 여기에는 당시 한국에서 고락을 함께하며 일했던 아다치 유키타카가 남겨준 상세한 기록이 도움이 되었다. 그리고 일본으로 돌아간 후 다양한 방면에서 나를 지원해 준 요시노 마사히로吉野正洋에게도 이번 집필에 도움을 받았다. 두 분에게 이 자리를 빌려 다시 한번 감사를 드린다.

　서울에서 5년을 산 후 그 땅을 떠나지 벌써 13년 정도 지났다.

　한국의 겨울은 혹독하다. 그러나 밖이 아무리 추워도 집안으로 한 걸음 발을 들여놓으면 이곳은 온돌이 발달한 나라, 스며드는 따뜻함에 언 몸은 스르르 풀린다.

　서울의 거리와 이곳에 사는 사람들의 따뜻함은 언제든지 내게 온돌 같은 따스함을 느끼게 해준다.

　최근의 한일 관계는 역사적 배경 탓도 있어 삐거덕거리고 있다. 하지만 그런데도 이 나라 사람들은 언제 가더라고 나를 다정하게 대해준다. 일본의 보도를 보면 한국에 사는 사람들 모두가 일본인을 싫어하는 것 같은 인상을 받지만 적어도 내가 접했던 한국인은 항상 친절하여, 이런 보도는 딴 세상일처럼 생각된다.

　최근 몇 년 동안 일본인이 한국을 방문하는 비율은 급감하고 있다. 그러나 한편 한국에선 '정부는 정부, 민간은 민간'으로 딱 잘라 나누어 생각하는 사람도 많은 것이 현실이다. 특히 젊은이들은 일본 애니메이션, 만화, 소설, 드라마, 영화 등 일본 문화를 접하며 성장한다. 국가 간 불화와는 상관없이 일본에 친밀감을 보이는 사람도 많다.

실제 서울의 거리를 걷더라도 곳곳이 일본 물건으로 넘쳐나고 있음을 깨닫게 된다. 얼마 전 우연히 혼자인 시간이 생겨 예전에 내가 살았던 강남역 주변을 걷다 보니, 예전에는 아직 낡은 식당가가 남아 있었던 곳이 지금은 멋쟁이 젊은이들에게 인기 있는 지역으로 변모해 있었다. 그곳은 마치 일본의 어느 거리 같았다. 왜냐하면 일본 가게들이 우후죽순으로 늘어나 있었기 때문이다.

대로변에는 무지MUJI와 유니클로 같은 패션 계통 상점이 늘어서 있고 골목길로 들어서면 이번에는 아사히 맥주를 파는 호프집을 시작으로 조금 어설픈 일본어로 쓰인 간판이 익살스러운 일본식 선술집이 점점 많아진다.

내가 살던 무렵 이 길에 일본어 간판은 하나도 없었다. 일본어는커녕 한자도 영문표기의 가게도 거의 없었다. 하지만 이것은 어느새 먼 과거의 이야기이다.

일본 오리지널 햄버거 체인인 모스버거, 카레 체인인 코코이찌방야, 우동 체인인 마루가메제면과 같은 매장 안에서는 한국인 젊은 남녀와 가족동반 일행들이 즐겁게 일본 음식을 맛보고 있다.

정부 사이의 분쟁은 있지만 분쟁은 분쟁일 뿐. 일본의 좋은 점은 적극적으로 받아들이고 즐긴다. 여기에는 유연한 자세로 외국의 것을 받아들이는 사람들의 모습이 있었다.

일본은 앞으로 인구가 줄어드는 시대로 돌입한다. 2015년 인구조사에 따르면 일본의 인구는 1억 2711만 47명으로, 5년 전보다 94만 7,305명이 줄었다고 한다. 일본 시장이 축소되고 있기 때문에 아무래도 해외에서 시장을 찾게 될 것이다. 한국뿐 아니라 외국에서 새로운 판로를 찾으려는 분들에게 조금이나마 이 책이 참고가 된다면 기쁘겠다.

저자 소개

혼다 도시노리 本多利範

1949년 3월 5일 가나가와현 출생
1971년 메이지대학 정치경제학부 졸업
1971년 ㈜다이와증권 입사
1977년 ㈜세븐일레븐재팬 입사
    위 회사의 이사회 일원으로 '단품관리' '가설검증의 구조' '물류정보 시스템' 등 일본 편의점 업계의 기초를 만듦.
1998년 롯데그룹 전무이사
    경영위기이던 한국세븐일레븐(코리아세븐)의 재건을 위해 초빙되어 2001년 흑자전환, 점포수는 130개에서 1,500개로 늘림. 삼각김밥을 히트시켜 한국에선 드물게 전용 삼각김밥/도시락 공장을 창립하는 등 한국 편의점 발전에 기여.
2003년 ㈜스기약국 전무이사
    편의점 사업에서 배양된 체인점 이론을 도입하고, 머천다이징, 매니지먼트, 정보시스템 등을 정비하여 1부 상장기업으로서의 기초를 공고히 함.
2005년 LAOX㈜ 대표이사 사장 겸 영업본부장
    펀드 자본으로 위 회사의 재건을 도모. 가전업계에 체인점 이론을 응용했고, 아키하바라에서 시작된 새로운 업태 개발에도 매진하여 현재의 '아키바' 문화 기반 조성에 기여.
2008년 ㈜am/pm재팬 부사장 집행임원
2009년 ㈜am/pm재팬 대표이사 사장
    적자 체질 탈피를 목표로 수익성을 개선하여 훼미리마트 매각으로의 길을 닦음.
2010년 ㈜훼미리마트 상무 집행임원
2015년 위 회사의 상품 및 물류, 품질관리 본부장을 겸임.
    지금까지의 경험을 살려 편의점과 약국, 편의점과 슈퍼마켓 등 타 업종과의 일체형 매장을 만듦.

삼각김밥 혼다씨

초판 인쇄 2018년 7월 17일
초판 발행 2018년 7월 24일

지은이 혼다 도시노리
옮긴이 오연정
펴낸이 김승욱
편 집 김승욱 한지완 심재헌
디자인 김선미
마케팅 최향모 강혜연 이지민
홍 보 김희숙 김상만 이천희 이가을
제 작 강신은 김동욱 임현식

펴낸곳 이콘출판(주)
출판등록 2003년 3월 12일 제406-2003-059호

주소 10881 경기도 파주시 회동길 455-3
전자우편 book@econbook.com
전화 031-8071-8677
팩스 031-8071-8672

ISBN 978-89-97453-99-3 03320

이 도서의 국립중앙도서관 출판시도서목록(CIP)은 e-CIP 홈페이지(http://www.nl.go.kr/ecip)와 국가자료공동목록시스템(http://www.nl.go.kr/kolisnet)에서 이용하실 수 있습니다. (CIP제어번호: CIP2018017713)